D0998735

**LA COLECCIÓN DEL INSTITUTO DE LA
INDUMENTARIA DE KIOTO**

HISTORIA DE LA
MODA

Del siglo XVIII al siglo XX

LA COLECCIÓN DEL INSTITUTO DE LA
INDUMENTARIA DE KIOTO

HISTORIA DE LA MODA

Del siglo XVIII al siglo XX

TASCHEN

Bibliotheca Universalis

ÍNDICE

PRÓLOGO

Akiko Fukai, directora y curadora emérita del Instituto
de la Indumentaria de Kioto

Este libro contiene quinientas fotografías de prendas de vestir seleccionadas entre las extensas colecciones del Instituto de la Indumentaria de Kioto (Kyoto Costume Institute, KCI). Desde su inauguración en 1978, el KCI ha llevado exposiciones a todo el mundo como una forma de organizar la investigación sobre la moda occidental. Estas exposiciones y los catálogos que las han acompañado han recibido la aclamación tanto del público internacional como de los principales diseñadores de todo el mundo.

Parte del reconocimiento recibido por el KCI se deriva de su política de exhibir las prendas de una forma tanto académicamente correcta como realista. En otras palabras, el KCI presenta la ropa no solo como artículos históricos, sino también como elementos vitales de la moda. Las exposiciones captan la elegancia y el encanto que la indumentaria tuvo en su día, como si simplemente se acabara de despertar tras un largo sueño. El KCI confía en que esta publicación, que cubre una selección histórica de prendas y accesorios de moda desde el siglo XVIII al XX, permita a un público cada vez más numeroso apreciar la maravilla y el placer de la moda.

El Instituto de la Indumentaria de Tokio

El Instituto de la Indumentaria de Kioto fue inaugurado en 1978, tras la exhibición de moda a gran escala titulada «Ropa creativa, 1909–1939» que se realizó en Japón; esta exposición tuvo su origen en el Museo Metropolitano de Nueva York. Totalmente fascinado por ella, Koichi Tsukamoto, presidente de la Wacoal Corporation, uno de los principales fabricantes de lencería japoneses, y vicepresidente de la Cámara de Comercio e Industria de Kioto en esa época, percibió la necesidad de contar en Japón con una institución donde poder coleccionar de forma sistemática artículos de moda occidental para su estudio y exhibición. Bajo los auspicios de la Agencia Gubernamental Japonesa de Asuntos Culturales, Tsukamoto fundó el Instituto de la Indumentaria de Kioto en abril de 1978.

El Instituto se ha marcado como objetivo llegar a una comprensión esencial de la indumentaria y diseñar un método para predecir la evolución de la moda en el futuro. El KCI considera que la vestimenta es una forma de expresar los sentimientos humanos básicos, y que tal expresión ha ido variando a lo largo del tiempo. Es lógico pues que Yoshikata Tsukamoto, actual presidente de Wacoal Holdings Corp. y director en funciones del KCI, siga los pasos de su padre y colabore para que la institución tenga éxito en su empeño.

Desde sus inicios, el KCI ha concentrado su actividad en aumentar su magnífica colección de indumentaria y en planificar exposiciones basadas en la interpretación de estas colecciones. Hoy día la colección comprende unos 12.000 artículos de vestimenta y más de 20.000 documentos impresos. Los materiales consisten básicamente en ropa occidental y artículos relacionados con ella, como ropa interior, lencería y accesorios. La ropa interior compone una parte extensa de la colección, ya que el KCI cree que esta evoca una característica esencial de la historia de la indumentaria en Occidente. La literatura especializada ofrece una referencia importante para poder estudiar mejor la historia y el trasfondo social de la indumentaria occidental.

La colección va desde principios del siglo XVII hasta la actualidad y contiene tesoros tan inusuales como un corsé de hierro con corpiño bordado del siglo XVII, que se llevó en la época isabelina y en un período posterior. Asimismo, posse una representación de la indumentaria del siglo XVIII tanto masculina como femenina. La rama contemporánea de la colección comprende ropa creada por diseñadores de fama mundial, como Paul Poiret, Madeleine Vionnet, Gabrielle Chanel, Cristóbal Balenciaga, Christian Dior e Yves Saint Laurent, incluyendo numerosas prendas de diseñadores japoneses en activo desde la década de 1970, como por ejemplo Comme des Garçons, que donó unos 2.000 artículos, Issey Miyake, Yohji Yamamoto y otros diseñadores de la nueva generación. El Instituto de la Indumentaria de Kioto ha prestado su colección a museos de gran solera, como el Museo Metropolitano (Nueva York) o el Museo de las Artes de la Moda y del Textil (París), entre otros. El KCI también ha recibido numerosas donaciones de coleccionistas particulares de todo el mundo, entre ellos Chanel, Christian Lacroix, Helmult Lang, Louis Vuitton, Dries Van Noten, Victor & Rolf y muchos diseñadores japoneses. Un entorno profesionalmente controlado, en el que se vigila cuidadosa y constantemente la temperatura y la humedad, garantiza que la colección esté a salvo del paso del tiempo y de otros factores de deterioro. El KCI solo reemplaza algún artículo de la colección cuando es estrictamente necesario, y en ese caso lo hace cuidando al máximo los detalles.

La clave para la exhibición de la indumentaria

Estas normas de calidad y la amplitud de su colección garantizan el éxito de las exposiciones presentadas por el Instituto de la Indumentaria de Kioto. El KCI mantiene una política opuesta a la tendencia general de las últimas dos décadas, en la que se presta más atención al establecimiento de la estructura museística que a la calidad de los artículos que contiene. A pesar de que el KCI ha montado fabulosas exposiciones cada cuatro o cinco años, muchas veces conjuntamente con el Museo Nacional de Arte Moderno de Kioto, el Instituto no cuenta con un espacio propio de exposición a gran escala.

La primera gran exposición del KCI, «La evolución de la moda 1835–1895», se llevó a cabo en el Museo Nacional de Arte Moderno de Kioto en 1980. Esta exposición, y otras que le siguieron, fueron concebidas para presentar la historia general de la moda occidental

como una hermosa propiedad cultural universal de la que todos podemos disfrutar. Muchas de las exposiciones del KCI, como la «Revolución en la moda 1715–1815», «El japonismo en la moda» («Japonismo & Moda»), «Moda en colores» y «Belleza futura», también han viajado a París y a Nueva York, donde tanto la presentación como su catálogo correspondiente han tenido una gran acogida. Una exposición sobre indumentaria requiere un enfoque distinto al de una de pintura o escultura. Por ejemplo, para mostrar la ropa con frecuencia se utilizan maniquíes, y la mayor parte de los museos reconoce que estos son un elemento básico para la adecuada exhibición de las prendas. No obstante, debido a que la moda ha cambiado con el transcurso del tiempo —no solo la hechura de la ropa sino también la forma básica del cuerpo femenino—, el KCI ha puesto un gran interés en la construcción de maniquíes específicos para cada exposición.

El KCI construyó sus propios maniquíes para su primera exposición: «La evolución de la moda 1835–1895», celebrada conjuntamente con el Instituto de la Indumentaria del Museo Metropolitano. Al comprender que los maniquíes actuales no podían ser utilizados para representar la forma corporal de mediados del siglo XIX, el KCI realizó una medición de toda la colección de prendas de esa época hasta encontrar la talla promedio, y a continua-ción construyó unos maniquíes con la forma perfecta para los vestidos de ese período. Gracias a sus articulaciones, especialmente diseñadas, los maniquíes también podían asumir posturas notablemente realistas y expresivas. En la actualidad, el Instituto de la Indumentaria de Kioto cuenta con cinco series de maniquíes de época específicamente diseñados y que han sido reconocidos a nivel internacional como innovaciones sensacionales. Sesenta y seis museos de once países diferentes utilizan los maniquíes del KCI, entre ellos el Museo de la Moda y la Indumentaria de París (Palacio Galliera), el Museo Metropolitano de Nueva York y el Museo de Arte del Condado de Los Ángeles. Todas las fotografías de trajes de fecha anterior al siglo XIX que aparecen en este libro se realizaron con maniquíes especiales del KCI. Asimismo, un factor esencial a la hora de organizar una exposición sobre la indumentaria en el KCI es la forma de vestir a los maniquíes. Se debe reproducir con gran exactitud y fidelidad la silueta exclusiva de la vestimenta de cada época. Además, para reproducir con precisión la moda de un período determinado, el KCI intenta dar el máximo acabado a los maniquíes utilizando sombreros, guantes y zapatos, y examinando e investigando minuciosamente los detalles de los materiales a partir de grabados de moda, revistas, pinturas y fotografías. Como resultado, una vez vestidos los maniquíes ofrecen un aspecto asombrosamente real y reflejan las posturas de su tiempo de una manera conmovedora.

Exposiciones de indumentaria en todo el mundo

La exposición titulada «La evolución de la moda 1835–1895» estaba centrada en la transformación que sufrió el vestuario occidental en el siglo XIX. El atuendo de este período reflejaba los significativos cambios en la estructura social de los tiempos modernos:

la ascensión de la clase media, la introducción de nuevas culturas, así como la Revolución Industrial. También era justo que el Instituto de la Indumentaria de Kioto, el primer organismo dedicado a la investigación de la moda occidental en Japón, se centrara en esta etapa para su primera exposición, puesto que fue más o menos por esa época, durante el siglo XIX, cuando los propios japoneses empezaron a adoptar atuendos occidentales.

En 1989, el año del bicentenario de la Revolución Francesa, el KCI montó una exposición titulada «Revolución en la moda 1715–1815» en el Museo Nacional de Arte Moderno de Kioto. En ella se mostraban los espectaculares cambios que experimentó la moda durante la época de la Revolución Francesa. Los trajes exhibidos iban desde la majestuosa moda rococó de la corte hasta el sencillo vestido de algodón que surgió tras la Revolución. El cambio radical del extravagante estilo rococó, del que estaba imbuida la corte, al estilo sencillo del neoclasicismo, que fue surgiendo tras los años revolucionarios, capta muy bien los efectos posteriores de la Revolución Francesa en la historia. El número de visitantes de la muestra batió todos los récords, y con ello quedó confirmado su valor.

Esta misma exposición pasó posteriormente al Instituto Tecnológico de la Moda de Nueva York, a finales de 1989, bajo el título «Antiguo Régimen», y en 1990 al Museo de las Artes de la Moda y del Textil del Louvre parisino, con el título «Elegancias y Modas en Francia en el siglo XVIII». El periódico francés *Libération* hizo un comentario favorable de la muestra en su sección cultural, destacando que los antiguos trajes del siglo XVIII habían sido revitalizados por la exposición del KCI con una belleza realista y sensual. Esta mención, proveniente de París, el centro de la moda mundial, es un buen indicador de la favorable acogida que recibió el KCI.

«El japonismo en la moda», la exposición celebrada en el Museo Nacional de Arte Moderno de Kioto, presentaba una visión general de la influencia japonesa sobre la moda parisina de finales del siglo XIX a principios del XX y examinaba el impacto del kimono en la moda actual. «El japonismo en la moda» pasó a exponerse en siete ciudades principales de diferentes países. Se pudo ver en el Museo de la Moda y de la Indumentaria, París (Palacio Galliera), y en los museos de arte de Los Ángeles y de Brooklyn, entre otros.

Aquellos de nosotros que trabajamos en el KCI hemos vuelto a evaluar la historia de la moda a través de las exposiciones que hemos celebrado, y nuestras actividades a su vez han fomentado la creatividad en la moda contemporánea. La muestra «Visiones del cuerpo» se celebró en 1999, en el Museo Nacional de Arte Moderno de Kioto y en el Museo de Arte Contemporáneo de Tokio. Esta exposición presentaba la obra de reconocidos artistas y diseñadores del siglo XX y su intento de reinterpretar la moda con relación al cuerpo de quien la viste. «Moda en colores» se centraba en los elementos de color de la indumentaria desde el siglo XVII hasta el presente para mostrar el atractivo inherente, el carácter divertido y la fuerza del color en la ropa. Se exhibió en el Museo Nacional de Arte Moderno de Kioto, el Museo de Arte Mori de Tokio y el Museo Nacional de Diseño Cooper-Hewitt de Nueva York. «Reconsideración del lujo en la moda» examinaba la moda desde el punto de vista del lujo y analizaba la relación entre estos dos conceptos en diferentes sociedades y épocas. Pudo contemplarse en el Museo Nacional de Arte Moderno de Kioto y en el Museo de Arte Contemporáneo de Tokio. La última exposición, «Belleza futura», fue la primera que realizó un estudio exhaustivo de la alta costura japonesa de vanguardia, desde principios de la década de 1980 hasta hoy. Se celebró en la Galería de Arte Barbican de Londres y en la Haus der Kunst de Múnich, y en 2012 se expuso en el Museo de Arte Contemporáneo de Tokio. Exploraba la sensibilidad característica del diseño de moda japonés y su intelecto, encarnado en la ropa. El KCI ha analizado la obra de diseñadores japoneses con estilos innovadores. «Belleza futura» es el fruto de una perseverante labor de investigación y recopilación.

Dedicatoria a todas las personas que llevan ropa

¿Cómo evolucionará la moda en el siglo XXI? A finales del siglo XIX pocas personas creían que las mujeres llegarían a liberarse del corsé o que un día llevarían faldas que permiten ver el muslo. Por lo tanto, es fácil imaginar que en un futuro próximo surgirán nuevas e innovadoras formas de vestir. Podríamos obtener un atisbo de la futura transformación de la moda mediante el estudio de su historia general con relación a su contexto histórico.

El KCI tiene como objetivo volver a evaluar nuestro pasado a través del estudio de la moda occidental, examinar la relación entre moda y vestido, estudiar el significado esencial que se esconde tras el hecho de ponerse un vestido y sugerir el rumbo que la indumentaria tomará en el futuro. El KCI cree que hoy en día la indumentaria es, igual que lo ha sido siempre, una manifestación esencial de nuestro propio ser. Este libro expone la habilidad que se precisa para producir tejidos y diseñar ropa, y lo hermoso que ello resulta, mediante imágenes de gran calidad realizadas por excelentes fotógrafos. El Instituto de la Indumentaria de Kioto desea que todos los países del mundo puedan disfrutar de esta colección como un legado universal. Por último, me gustaría expresar mi más sincero agradecimiento a todos aquellos colaboradores que han dedicado su tiempo y esfuerzo para llevar a cabo esta publicación.

DEL ROCOCÓ A LA REVOLUCIÓN
La moda del siglo XVIII

Con la muerte de Luis XIV y la coronación de Luis XV en 1715, floreció un estilo elegante y refinado llamado «rococó». Aunque el término fue utilizado despectivamente en el siglo XIX, equiparándolo a exceso y frivolidad, hoy día se refiere a un estilo artístico general representativo de la armoniosa cultura francesa. La cultura responsable del estilo rococó se caracterizaba por la búsqueda del placer personal. Como ese placer naturalmente incluía la indumentaria, también esta fue pronto elevada a la categoría de arte. Aunque Francia ya había sido el líder reconocido de la moda durante el reinado de Luis XIV, el período rococó confirmó la reputación del país como líder de la moda femenina de todo el mundo. Tras la popularidad inicial del rococó, el estilo de vestir se dividió en dos direcciones diametralmente opuestas, una que implicaba un fantástico amaneramiento de estética artificiosa, y otra que manifestaba un deseo de volver a la naturaleza. La Revolución Francesa de 1789 modernizó muchos aspectos de la sociedad y ocasionó un claro cambio en la indumentaria: del decorativo rococó a los vestidos más sencillos del neoclasicismo. Este cambio radical en el vestir, fenómeno único en la historia de la moda, es un reflejo de los grandes altibajos que los valores sociales experimentaron en esa época.

La moda rococó femenina

Para las mujeres, el espíritu esencial de la moda rococó residía en la elegancia, el refinamiento y la decoración, pero también había elementos caprichosos y extravagantes, así como coquetería. En contraposición a la digna solemnidad de la indumentaria del siglo XVII, el atuendo femenino del siglo XVIII era a la vez ornamentado y sofisticado. El traje masculino del siglo XVII había sido más extravagante y vistoso que el femenino, pero las mujeres tomaron entonces la iniciativa y sus vestidos de palacio adquirieron una elegancia espléndida. Simultáneamente, la gente también ambicionaba un estilo de vida cómodo que le permitiera pasar horas de ocio en acogedores salones, rodeada por sus cachivaches y sus muebles favoritos. Para satisfacer estas necesidades más cotidianas, también surgió un estilo de vestir relativamente más relajado e informal.

Un nuevo estilo surgido a principios del siglo XVIII fue el de la *robe volante,* o vestido volante, una derivación del *négligé* popular hacia finales del reino de Luis XIV. La característica principal de este vestido era el corpiño, con grandes pliegues que fluían desde los hombros hasta el suelo sobre una falda redonda. Aunque el corpiño iba bien ajustado por un corsé, la túnica tableada y suelta daba la impresión de comodidad y relajación. Después del vestido volante, el otro atuendo femenino típico del rococó era el llamado vestido a la francesa *(robe à la française)*, y este estilo persistió como traje de etiqueta para la corte hasta la época de la Revolución.

A lo largo de este período los elementos básicos del atuendo femenino fueron un vestido con falda y sobrefalda y un peto triangular que cubría el pecho y el estómago bajo la abertura frontal del vestido. Estas prendas se llevaban encima de un corsé y un guardainfantes, que eran los que daban forma a la silueta. (La palabra *corset* –corsé– no se conocía en el siglo XVII, pero la utilizamos aquí para referirnos a la prenda de ropa interior reforzada con varillas de ballena, llamada *corps* –cotilla– o *corps à baleine* –cotilla de ballena–). Estos fueron los componentes básicos de la indumentaria femenina, que solo variaron en sus detalles decorativos, década tras década, hasta la Revolución Francesa.

Pintores como Jean-Antoine Watteau, Nicolas Lancret y Jean-François de Troy captaron estos espléndidos vestidos con todo lujo de detalles y pintaron desde las puntadas individuales del encaje hasta el intrincado calzado. En el cuadro titulado *La galería del comerciante de arte Gersaint* (1720, Castillo de Charlottenburg, Berlín; ilust. pág. 29), Watteau captó de forma espectacular los elegantes vestidos de la época y el delicado movimiento de sus pliegues, así como sus tersas y suaves texturas de raso y seda. Aunque no fue él quien los diseñó, estos pliegues dobles en la espalda se conocieron como «pliegues Watteau».

Los extravagantes tejidos de seda producidos en Lyon resultaban esenciales para la moda rococó. A partir del siglo XVII, el gobierno francés apoyó la diversificación de la producción de tejidos de seda de Lyon mediante el desarrollo de nuevos mecanismos para los telares, así como de tecnología para el tinte. Los tejidos de seda franceses se ganaron una reputación de máxima calidad y sustituyeron a los productos de seda italianos que habían dominado el mercado en el siglo anterior. A mediados del siglo XVIII, la edad de oro del rococó, la amante de Luis XIV, *madame* de Pompadour, apareció en retratos llevando exquisitos vestidos confeccionados con tejidos de seda de la más alta calidad. En el retrato de François Boucher titulado *Madame de Pompadour* (1759, The Wallace Collection, Londres; ilust. pág. 44), lleva un típico vestido a la francesa, con la abertura frontal del mismo sobre un corpiño muy ajustado. Bajo la sobrefalda se puede observar la falda y un peto triangular. El peto está adornado con cintas *(échelle)* en forma escalonada, lo que acentúa el perfil del busto, que queda levantado y moldeado por el corsé de una forma muy seductora. Además, unas *engageantes* de encaje de la mejor calidad adornan los puños del vestido, y este, en su totalidad, está enriquecido con volantes, encaje, cintas y flores artificiales. Aunque seguramente se podría decir que la ornamentación es excesiva, los elementos conservan un equilibrio armonioso y representan el espíritu más sofisticado y delicado del rococó.

Durante la misma época en que el rococó alcanzaba tal profusión decorativa, la aristocracia dirigió la mirada hacia la moda del hombre común para buscar sugerencias que le permitieran vestir de una manera más confortable. Los abrigos y las faldas de la gente plebeya influyeron en el vestido femenino de las aristócratas, que gradualmente fue derivando hacia formas más sencillas, exceptuando las ocasiones en que la etiqueta era de rigor. La práctica chaqueta corta llamada *casaquin* o *caraco* fue adoptada para uso diario, y los vestidos se simplificaron. El peto, por ejemplo, que antes se sujetaba al vestido con alfileres, fue sustituido por la relativa comodidad de dos paneles de tejido *(compères)* que conectaban la abertura frontal del vestido.

La creciente popularidad de los vestidos más simples y funcionales en la Francia de esa época fue debida en parte a la «anglomanía», una fascinación por todo lo inglés que entonces imperaba en la cultura francesa. Las primeras señales de anglomanía en el atuendo masculino pueden encontrarse en los últimos años del reinado de Luis XIV, y posterior-mente en el femenino, a partir de 1770. Cuando la costumbre inglesa de pasear por la campiña y disfrutar del aire libre se popularizó entre los franceses, apareció el vestido arremangado por los bolsillos *(robe retroussée dans les poches)* como estilo de moda para la mujer. Las faldas se arremangaban a través de los cortes laterales para los bolsillos y colgaban por detrás en una práctica disposición. Este vestido fue creado originalmente para las mujeres trabajadoras como prenda para las horas de trabajo y andar por la ciudad.

A esta moda le sucedió el vestido a la polonesa *(robe à la polonaise)*. Según este estilo, la parte trasera de la falda se sujetaba con cordones y quedaba dividida en tres partes drapeadas. Polonia fue dividida (por primera vez) en tres reinos en 1772, y se dice que el término «vestido a la polonesa» se deriva de este hecho político. Cuando los pliegues del centro de la parte posterior del vestido se cosían hasta la cintura, entonces se llamaba vestido a la inglesa *(robe à l'anglaise)* o al estilo inglés. Consistía en un vestido de cierre frontal y una falda que sobresalía por debajo del corpiño posterior, de forma puntiaguda en el extremo inferior. En ocasiones el vestido se llevaba sin guardainfantes y debía su forma redondeada meramente al drapeado de la falda. Más tarde, durante el período de la Revolución, se le incorporó un peto y una falda, y quedó transformado en un vestido de una sola pieza llamado «vestido redondo».

La elegancia en la moda masculina

Durante el siglo XVII fueron apareciendo constantemente nuevos trajes para hombre, vistosos y ornamentados, pero en el XVIII la moda masculina se hizo más estable y menos estridente. El *habit à la française,* un terno francés típico del siglo XVIII, consistía en una casaca (*habit,* llamada *justaucorps* en el siglo XVII) que gradualmente fue adquiriendo una forma más ajustada, así como un chaleco y un calzón. Una camisa blanca, una chorrera, el pañuelo para el cuello y un par de medias de seda completaban el atuendo masculino.

Los colores vivos, los bordados intrincados, los botones decorativos y las complejas chorreras para cuello, pecho y bocamangas fueron elementos de gran relevancia para los caballeros que seguían el estilo rococó. En particular, la casaca y el chaleco del típico terno a la francesa eran cuidadosamente bordados con hilos de oro, plata y colores varios, así como lentejuelas y falsa pedrería. Durante esa época existieron muchos talleres de bordado en París. El tejido para casacas y chalecos muchas veces se bordaba antes de su confección, para que los hombres pudieran elegir sus dibujos preferidos y después encargar el traje confeccionado a su medida.

La anglomanía, evidente en los ternos masculinos franceses desde finales del siglo XVII, siguió estando de moda. Por ejemplo, la casaca inglesa con cuello *(redingote)* para montar a caballo fue adoptada a modo de atuendo urbano como alternativa a la casaca francesa. Durante la segunda mitad del siglo XVIII, apareció la versión francesa de la levita, que se llamó *frac*. Se trataba de una chaqueta con el cuello hacia abajo, generalmente confeccionada con tejido de un único color. En vísperas de la Revolución se pusieron de moda los dibujos a rayas, mientras que la pasión por los intrincados bordados para los trajes masculinos iba desapareciendo. Debido al gusto inglés por la simplicidad, el frac siguió siendo una prenda estándar de vestir a lo largo del siglo XIX, junto con los pantalones que en su momento sustituyeron a las calzas.

Exotismo: chinería e indiana

Hacía tiempo que los europeos sentían gran curiosidad por los diversos productos importados de Oriente. En el siglo XVII, la importación de notables artículos decorativos chinos produjo una nueva forma de exotismo y generó una afición por la chinería *(chinoiserie).* Las complejas y curvilíneas formas basadas en la estética y la sensibilidad oriental inspiraron a pintores como Jean-Antoine Watteau y François Boucher, que se sintieron fascinados por las costumbres y los exóticos paisajes chinos. En las residencias de los aristócratas, la sala de estar solía estar decorada con insólitos muebles y porcelanas chinas, y en el jardín no era raro encontrar un pequeño cenador y una pagoda.

La indumentaria también reflejó esta influencia china. Concretamente los tejidos de dibujos asimétricos y las combinaciones inusuales de colores se hicieron populares en esa época. La curiosidad por los pintorescos detalles culturales y la variedad fomentó el interés por las sedas exóticas, el bordado *ungen,* las rayas de Pequín y el nanquín (algodón amarillo procedente de Nanquín, China). Incluso los nombres de estos materiales evocan un exotismo que la cultura rococó de la última época valoraba. En cuanto a los accesorios, los abanicos plegables orientales, que habían sido complementos importantes de la moda europea desde el siglo XVI, se convirtieron en elementos imprescindibles para completar el «conjunto chino».

Los europeos no concedieron a Japón una identidad cultural diferenciada hasta la segunda mitad del siglo XIX, cuando la tendencia del japonismo cobró auge en Europa. No obstante, en épocas tan tempranas como el siglo XVII y el XVIII, la Dutch East India Company ya importaba kimonos japoneses que los hombres europeos llevaban como batines para estar por casa. Como el suministro de auténticos kimonos japoneses importados era limitado, aparecieron los batines orientales confeccionados con indiana (muselina india) para ayudar a satisfacer la demanda. En Holanda los llamaban *japonsche rocken,* en Francia, *robes de chambre d'indienne* y en Inglaterra, *banianos.* Debido a sus características exóticas y a su relativa escasez, se convirtieron en símbolo de un estatus social y económico elevado.

La tela indiana, un tejido pintado o estampado hecho en la India, se convirtió en algo tan popular entre los europeos del siglo XVII que las autoridades se vieron obligadas a prohibir su importación y producción hasta 1759. Una vez levantada la prohibición, la industria de la estampación prosperó inmediatamente. Entre los muchos tejidos estampados, el de Jouy llegó a ser especialmente apreciado. Christophe P. Oberkampf, creador de la fábrica de Jouy en el distrito de Versalles del mismo nombre, supo aprovechar los convenientes avances tanto en el campo de la física como en el de la química. Gracias a la innovación tecnológica, desarrolló un nuevo sistema de estampación que sustituyó el antiguo método de estampación por reserva, y adoptó las más avanzadas técnicas inglesas.

Los tejidos de algodón estampado se pusieron de moda no solo para vestir sino también para la decoración de interiores; sus llamativos y refinados dibujos multicolores resultaban atractivos y además su precio era más económico que el de los tejidos de seda. Durante el siglo XVIII surgieron fábricas de estampación por toda Europa. Al principio se limitaban a imitar la indiana, pero posteriormente realizaron avances tecnológicos como la invención del sistema de estampación con rodillo de cobre, que hizo posible la producción en masa de tejidos estampados. La popularidad de la tela de algodón durante esta época contribuyó a impulsar un cambio importante en la indumentaria, por lo que respecta al material más común: se pasó de la seda al algodón en el período revolucionario.

La fantástica estética del artificio y el retorno a la naturaleza

Cuando el *ancien régime* se encontraba al borde del colapso, el estilo rococó, ya totalmente maduro, fue perdiendo importancia. En la década de 1770 el vestido de corte femenino más representativo era una enorme falda extendida hacia los costados mediante unos amplios guardainfantes; el conjunto se completaba con un peinado alto que tenía como objetivo exaltar la belleza del artificio. Los vestidos de las mujeres no eran tanto prendas de vestir como increíbles construcciones arquitectónicas hechas de tela. La refinada estética de la cultura rococó desapareció y su delicada ligereza fue reemplazada por las alargadas sombras de la Revolución. Los gigantescos peinados, las enormes pelucas y los atrevidos tocados de este período no hacían más que amplificar la oscuridad de esas sombras. Los rostros femeninos parecían diminutos en medio de una ornamentación tan exagerada. Los peinados solían ser lo suficientemente grandes como para contener reproducciones de carrozas, paisajes, arroyos, cestas de fruta y todo tipo de elementos fantasiosos. Para poder vestir a la moda, los *coiffeurs* (peluqueros) tenían que diseñar, construir y llevar a cabo esos extraordinarios peinados. Resultaba imprescindible la creación de extravagantes decoraciones para los vestidos, ya que debían combinar con el cabello.

Hacia la segunda mitad del siglo XVIII el papel de los *marchands de mode* (merceros) empezó a adquirir importancia, y estos empezaron también a vender varios tipos de adornos para vestidos y peinados. Al diseñar adornos para el pelo y decorar las prendas de vestir hechas por los sastres *(tailleurs)* y modistas *(couturières)*, los *marchands de mode* desplegaron una gran originalidad e iniciaron innumerables y nuevas tendencias de moda.

Un método imprescindible para difundir las tendencias de París era (y sigue siendo) la revista de modas. Aunque ya había aparecido una publicación que presentaba las últimas tendencias de París en el siglo XVII, surgieron otras nuevas e importantes en el período prerrevolucionario. Entre ellas estaban *Le Journal du Goût* (1768–1700), *Le Cabinet des Modes* (1785–1786) y *La Galerie des Modes et du Costume Français* (1778–1788). En las últimas décadas del siglo XIX, con la ayuda de una tecnología más avanzada de impresión y el desarrollo del sistema de entrega por ferrocarril, las revistas de moda se convirtieron en un vehículo aún más importante para la instauración de tendencias y en un buen medio para que los árbitros de la moda parisina difundieran sus creaciones. En marcado contraste con la extravagancia de la indumentaria de la corte, las prendas de vestir comunes tendían a ser sencillas y cómodas. La excavación de las antiguas ruinas romanas de Herculano en 1738 dio un fuerte impulso al naciente estilo neoclásico, basado en el culto a la antigüedad. Al incorporar el concepto de Jean-Jacques Rousseau del «retorno a la naturaleza», este interés por las antiguas Grecia y Roma se convirtió en un punto crucial para los cambiantes ideales de la sociedad europea. Fue un concepto que llegó a dominar el mundo de las artes y el estilo de vida general de los europeos desde la segunda mitad del siglo XVIII hasta principios del XIX.

Un precursor del estilo de indumentaria que iba a reflejar este tema, un estilo influido por la anglomanía, fue el que adoptó María Antonieta. Para escapar de los rigores de la vida de la corte, la joven reina empezó a vestir con un sencillo vestido de algodón y un gran sombrero de paja, y jugaba a ser una pastorcilla en el Hameau de la Reine del Petit Trianon de Versalles. No es pues sorprendente que la reina adoptara también una sencilla camisa de muselina blanca, un estilo que por el año 1775 se empezó a conocer como la *chemise à la reine*. En términos de material y confección, la *chemise à la reine* sirvió como «vehículo» de transición hacia el vestido de cintura alta del período del Directorio. Como consecuencia de ello, la demanda de tela de algodón se incrementó en Europa. El uso generalizado de algodón suministrado por la East Indian Company fue uno de los principales acicates de la Revolución Industrial, especialmente en lo que se refiere a la industria textil. Surgieron nuevas tecnologías en el campo de la hilatura, se produjeron telas de algodón más ligeras y blancas que antes, y por fin el algodón se impuso como material para la indumentaria de la nueva era.

El corsé y el guardainfantes

A lo largo de todo el siglo XVIII, la silueta de la mujer fue moldeada por las prendas de ropa interior, como el corsé y el guardainfantes. En la época rococó la parte superior del corsé fue bajando hasta dejar el pecho parcialmente al descubierto. El corsé ya no comprimía todo el torso, sino que más bien hacía subir el pecho, que asomaba entre un delicado remate de encaje en la parte del escote. La forma antigua del guardainfantes era acampanada, pero a medida que las faldas se fueron ensanchando (hacia la mitad del siglo XVIII), se fue modificando y se dividió en dos mitades, a derecha e izquierda de la falda. Aunque el enorme y poco práctico guardainfantes resultante era muchas veces objeto de caricatura, a las mujeres les encantaba esa moda. En la corte, el guardainfantes ancho finalmente se convirtió en elemento obligatorio de la indumentaria.

Generalmente, las prendas tan complejas como esta eran fabricadas por hombres. Durante la época medieval se había establecido en Francia un gremio de sastres y, desde entonces, cada especialidad dentro de la profesión quedó estrictamente regulada. Aunque en la segunda mitad del siglo XVII había surgido una compañía de mujeres modistas, *Les Maîtresses Couturières,* dedicada a la confección de prendas femeninas, solían ser los sastres (hombres) quienes confeccionaban los trajes de la corte durante todo el siglo XVIII. Los hombres también fabricaban los corsés femeninos, ya que se precisaban unas manos fuertes para coser las varillas al rígido material del corsé.

La moda durante el período revolucionario

En 1789 la Revolución Francesa produjo un profundo cambio en la estética de la moda, y el material favorito cambió de la seda al sencillo algodón. Fue una revolución provocada por diversos factores: el fracaso de la economía nacional, el creciente conflicto entre la aristocracia y aquellos con prerrogativa real, el descontento de una mayoría de ciudadanos frente a las clases más privilegiadas y una prolongada y severa escasez de alimentos. La Revolución adoptó una manera de vestir como objeto de propaganda ideológica de la nueva era, y los revolucionarios manifestaron su espíritu rebelde apropiándose de la indumentaria de las clases bajas.

Aquellos que todavía vestían ropas de seda extravagantes y de vivos colores eran considerados antirrevolucionarios. En lugar del calzón y las medias de seda que simbolizaban la nobleza, los revolucionarios se pusieron pantalones largos llamados *sans-culottes.* Además del pantalón, el simpatizante revolucionario lucía una casaca llamada *carmagnole,* un gorro frigio, una escarapela tricolor y zuecos. Esta moda, que tiene su origen en el gusto inglés, más sencillo, evolucionó hacia un estilo de casaca y pantalón que posteriormente fue adoptado por el ciudadano del siglo XIX.

Pero no todo cambió en 1789. Si bien durante la Revolución surgieron nuevos estilos de moda que se sucedían rápidamente, reflejando la cambiante situación socio-política, el atuendo clásico, como el terno a la francesa, se seguía utilizando como traje oficial de la corte. Las nuevas modas convivieron con las antiguas durante todo el período revolucionario.

En algunos casos el caótico clima social generó modas excéntricas. Los jóvenes franceses, en especial, adoptaron estilos radicales, inusuales y frívolos. Durante el período conocido como Terror, los *muscadins,* un grupo de jóvenes contrarrevolucionarios, protestaron contra el nuevo orden y se vistieron con excéntricas casacas negras de grandes solapas y amplias corbatas. Siguiendo la misma línea de excentricidad, los petimetres *(petits-maîtres),* llamados *incroyables,* aparecieron durante el período del Directorio. Los cuellos extremadamente altos caracterizaban su vestimenta, además de grandes solapas dobladas hacia atrás, chalecos chillones, corbatas anchas, calzones, cabello corto y bicornios en lugar de tricornios. Su equivalente en femenino, las conocidas como *merveilleuses,* lucían vestidos extremadamente finos y diáfanos, sin corsé ni guardainfantes. En las ilustraciones de moda de la *Gallery of Fashion* (1794–1802, Londres), de Nicolaus von Heideloff, se pueden ver vestidos redondos, así como otros con la cintura situada bajo el busto y formados por corpiños y faldas de una sola pieza. El vestido redondo más adelante se transformó en el vestido camisa o camisero, el atuendo de algodón más popular de principios del siglo XIX.

Mientras que en Inglaterra la modernización fue debida a la Revolución Industrial, la sociedad francesa recibió nuevos impulsos en la última época del rococó gracias a la revolución política. Situada frente al telón de fondo de tal malestar social, la moda europea avanzó hacia una nueva modernidad.

Tamami Suoh, conservadora del Instituto de la Indumentaria de Kioto

◄ Vestido a la francesa
(Detalle páginas 22/23)
Hacia 1760; tejido, hacia 1750
Francia
Brocado de Lyon color naranja
con motivo de plantas; ribetes;
manga pagoda con doble
volante; peto, falda de tejido a
juego; *engageantes* de lino calado;
barbas de encaje de Malinas.

◄ Vestido a la francesa
(Detalle páginas 26/27)
Hacia 1760; tejido, hacia 1735
Inglaterra
Brocado de seda de Spitalfields
color marfil con motivo floral
y de frutas; manga pagoda con
doble volante; falda a juego;
engageantes de lino con labor
blanca; fichú de algodón calado.

Zapato
Hacia 1740–1750, Inglaterra
Damasco de seda verde y marfil
con tacones de madera estilo
Luis XV.

Durante el período rococó los trajes femeninos
estaban formados por tres piezas: la sobrefalda,
la falda (interior) y un peto triangular. Estas
prendas se llevaban encima de un corsé y un
guardainfantes. (La palabra «corsé» no apareció
hasta el siglo XIX). Éste fue fundamentalmente
el estilo del atuendo femenino durante todo el
siglo XVIII. El nombre dado a estos vestidos
abiertos frontalmente, de torso ajustado y
pliegues en la espalda, era «vestido a la francesa».
Estos típicos vestidos de estilo rococó fueron
el atuendo de etiqueta hasta la Revolución
Francesa, que no solamente ocasionó drásticos
cambios en la sociedad, sino que también
provocó una revolución en el vestir.

Jean-François de Troy
Declaración de amor, 1731
Castillo de Charlottenburg, Berlín

Un nuevo estilo de principios del siglo XVIII fue la *robe volante,* el vestido volante, una derivación del *négligé,* que se llevó durante los últimos años del reinado de Luis XIV. Se le denominó de esta manera porque lo que caracterizaba este tipo de vestido era el largo volante acampanado de la falda, que bajaba desde los hombros hasta los pies. Y aunque debajo llevaban un corsé bien apretado, el amplio vestido daba la impresión de comodidad y distensión.

◄ **Vestido volante**
Hacia 1720
Tafetán de seda de rayas tornasoladas amarillas y rojas, con manga raqueta; grandes pliegues frontales y posteriores.

► **Jean-Antoine Watteau**
La galería del comerciante de arte Gersaint (detalle), 1720
Castillo de Charlottenburg, Berlín

El encaje, creado con las más delicadas técnicas artesanales, era importante para embellecer los trajes, tanto masculinos como femeninos. El encaje de punto de aguja, basado en técnicas de bordado, y el de bolillos, basado en técnicas de trenzado, estuvieron en auge en la Europa de finales del siglo XVI. La producción de encaje era importante en algunas partes de Italia, Francia y Bélgica, y estos distintos tipos de encaje recibían el nombre de su lugar de producción. En la página izquierda se ven las *quilles* o ribetes encarrujados, que van desde el cuello hasta el bajo de la falda siguiendo la abertura frontal del vestido; las barbas del tocado y las *engageantes* de los puños, todos ellos de encaje, dan al traje un aspecto aún más lujoso. El encaje era el ornamento más caro para adornar un vestido, de manera que el tipo que se utilizaba para las *engageantes* variaba, desde diversas capas de encaje de alta calidad hasta sencillas piezas de algodón calado. El delantal decorativo de encaje fue uno de los elementos más populares del vestuario femenino durante el siglo XVIII.

◄ Vestido a la francesa
Hacia 1760
Tafetán de seda de cuadros rosas y blancos; manga pagoda con doble volante; peto con *échelle* de cintas; *engageantes, quilles* y barbas de encaje de Argentan.

► Vestido
Década de 1760; tejido, hacia 1755
Francia
Damasco de seda rosa con motivo floral; puños con doble volante; falda a juego; peto de raso de seda abullonado adornado con flores y chenilla; *engageantes* de triple capa de algodón calado.

►► Vestido a la francesa
Hacia 1760; tejido, hacia 1755
Francia
Brocado de seda de Lyon blanco con motivos florales, de cintas y plumas de pavo real en color rojo y verde, adornado con un ribete del mismo tejido, trencilla y fleco de pasamanería; manga pagoda con doble volante; falda a juego; *engageantes,* fichú y delantal de lino calado.

François-Hubert Drouais
*La marquesa de Aiguirandes
(detalle)*, 1759
Museo de Arte de Cleveland

Peto
Década de 1760
Suiza
Raso de seda blanco abullonado
adornado con seda polícroma,
hilos de chenilla y pasamanería.

El vestido a la francesa, con
abertura en forma de V en la
parte frontal, se llevaba con
un peto, un panel triangular
de acabado puntiagudo o
redondeado que cubría la parte
frontal del corpiño. A veces se
le añadía un pequeño bolsillo
interior. Para evitar que el pecho
destacara demasiado, el peto iba
extravagantemente adornado
con bordados, encaje, hileras
de lazos de cinta dispuestas
con gran cuidado, llamadas
échelle (escalera), y algunas veces
pedrería. Puesto que los petos
debían llevarse sujetos al vestido
mediante alfileres, ponerse este
atuendo requería mucho tiempo.

1. Peto
Década de 1740
Seda amarilla con decoración
de hilo de oro y lentejuelas.

2. Pièce d'estomac
Década de 1740
Tafetán de seda naranja con
bordado floral multicolor;
la forma tridimensional viene
dada por las varillas sobre fondo
rígido.

3. Pièce d'estomac
Década de 1740
Fondo plateado y bordes
metálicos azul celeste con dibujo
floral tejido de color rosa; las
trencillas plateadas sujetan las
tiras de seda azul celeste; botones
y borlas de hilo de plata en la
parte central y trencilla de hilo
de plata.

4. Pièce d'estomac
Década de 1740
Tafetán de seda color marfil,
bordado floral con sedas
polícromas e hilos de plata; la
forma tridimensional viene dada
por las varillas; ribete decorado
con cinta de seda de motivo
floral.

5. Pièce d'estomac
Década de 1740
Fondo de seda beige con
motivos florales y arabescos de
cordoncillo plata; trabillas de
sujeción a ambos lados.

6. Pièce d'estomac
Década de 1740
Brocado de seda color marfil
con dibujo moteado, bordado
floral multicolor, cordoncillo,
encaje de seda e hilo de plata,
pasamanería y lazo del mismo
tejido.

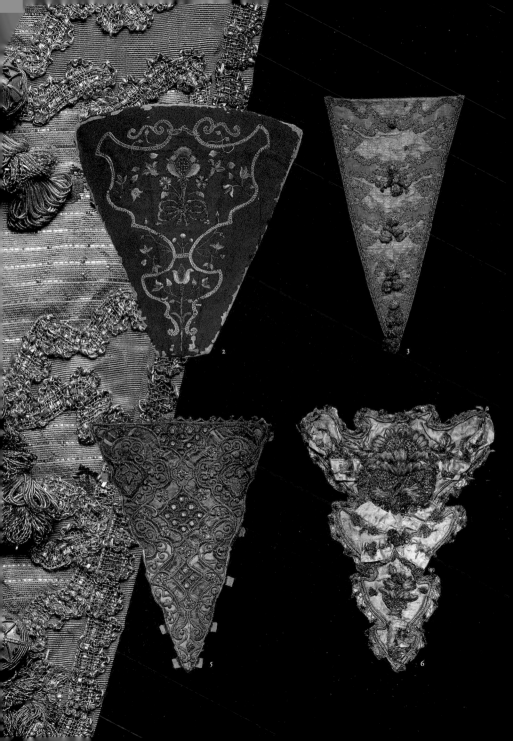

Páginas 36/37
Durante este período, se anhelaba un estilo de vestir más cómodo.

Los corpiños informales y las faldas que llevaba la gente común influyeron en los trajes de las mujeres de clase alta, que por entonces estaban cambiando gradualmente hacia estilos más simples. Aparecieron las prácticas casacas cortas, como el *casaquin* y el *caraco,* de muchas formas y variedades, y cada una de ellas tenía su propio nombre. Tal es el caso de la chaqueta de la fotografía, concretamente llamada *pet-en-l'air.* Durante el siglo XVIII se hicieron populares los mitones o guantes sin dedos. El tipo más común era aquel en que el pulgar quedaba separado de los otros cuatro dedos y el dorso de la mano se cubría con un doblez de forma triangular. Los mitones decorativos se llevaron hasta bien entrado el siglo XIX.

Página 36
Vestido a la francesa
Hacia 1765, Inglaterra
Raso de seda rosa con adornos del mismo tejido; manga pagoda con triple volante; peto y falda a juego.

Página 37
Chaqueta (pet-en-l'air) y falda
Final de la década de 1760
Chaqueta de raso de seda con manga pago-da de doble volante y adorno del mismo tejido; corsé de damasco de seda adornado con tiras de hilo de seda; falda de raso de seda acolchado; mitones de brocado de seda (Francia).

Jean-Etienne Liotard
Madame d'Epinay (detalle), hacia 1769
Museo de Arte y de Historia, Ginebra

Durante el siglo XVIII, el escote de los vestidos era ancho y abierto. Las mujeres se ponían una pañoleta triangular llamada fichú sobre los hombros, que cubría la zona abierta e iba sujeta al peto. Como puede verse en este vestido, la forma en que ambos extremos del fichú se entrecruzan sobre el peto es similar al estilo que puede observarse en el cuadro de *Madame d'Epinay*, pintado por Jean-Etienne Liotard.

Robe à la française
Hacia 1760, Inglaterra
Tafetán de seda satinado de color amarillo con ribete a juego; manga pagoda con doble volante; falda a juego; peto de lino con bandas, bordado de seda con motivo vegetal; escarcela de punto de algodón.

Aunque los atuendos masculinos extravagantes fueron la norma en el siglo XVII, en el XVIII se volvieron algo más discretos y refinados. La casaca masculina del siglo XVII llamada *justaucorps* fue sustituida en la segunda mitad del XVIII por el *habit* (casaca), que se llevaba con chaleco y calzón.

◄◄◄ Casaca, chaleco y calzón
Hacia 1740, Inglaterra
Lana color burdeos; casaca y chaleco adornados con trencilla de oro y botones forrados con hilo de oro; chaleco con mangas; chorrera de encaje de Valenciennes; puños de encaje de Binche.

◄◄ Casaca, chaleco y calzón
Hacia 1765, Francia
Terciopelo de color leonado tejido con pequeños motivos florales y geométricos; botones forrados con hilo de plata; chaleco sin mangas; chorrera y puños de encaje de bolillos.

◄ Casaca, chaleco y calzón
Hacia 1760
Terno de brocado de seda color malva con motivos de doble hoja; puños anchos doblados hacia atrás; chaleco con mangas de distinto tejido; chorrera y volantes de la manga de encaje aplicado de Bruselas con motivo floral.

Chaqueta de caza masculina
Mediados del siglo XVIII
Francia
Gamuza de color amarillo claro;
botones: hilera de la izquierda, metálicos
con dibujo a cuadros; derecha, sustitutos
contemporáneos.

Esta elegante chaqueta de caza está hecha
de gamuza, material flexible y resistente.
Las amplias solapas se pueden doblar
hacia atrás (véase arriba) o abrocharlas
cruzadas (véase pág. 43).

Thomas Gainsborough
Los esposos Andrews (detalle), 1748
Galería Nacional, Londres

El tejido con dibujo de contorno
difuminado se llama *chiné rameado*.
Al igual que en el tejido *hogushi*
japonés (un tipo de técnica *kasuri*),
el dibujo se estampaba sobre
la urdimbre antes de tejerlo.
En Europa, la técnica chiné
resultaba extremadamente difícil,
de manera que los tejidos con
grandes dibujos solo se fabricaban
en Francia. Los motivos se
aplicaban principalmente sobre
tejidos finos, como el tafetán
de seda. El colorido de tonos
pastel y la textura esponjada son
características de la técnica chiné.
A mediados del siglo XVIII se puso
de moda el uso del tejido chiné
para los vestidos de verano de alta
calidad. Debido a que *madame* de
Pompadour sentía un gran aprecio
por este tejido, se conocía como
«tafetán Pompadour».

▶ **Vestido a la francesa**
Hacia 1765, Francia
Seda chiné de Lyon azul celeste
con motivos florales y orlas;
ribete del mismo tejido; puños
con doble volante; peto y falda
a juego; *engageantes* de encaje de
Alençon; barbas y cofia de encaje
de Argentan.

François Boucher
Madame de Pompadour (detalle),
1759
Colección Wallace, Londres

Las extravagantes sedas
fabricadas en Lyon fueron
inseparables de la moda rococó.
En esta localidad, la producción
de tejido de seda experimentó
avances tecnológicos gracias al
interés del gobierno francés.
Debido a estos adelantos, los
tejidos ofrecían una amplia
variedad de motivos con
guirnaldas, lazos e imitación
de encaje, todos ellos con
diversos estilos de líneas curvas y
elementos decorativos. Las sedas
de Lyon se convirtieron en
uno de los productos más esti-
mados de Europa. El vestido que
se muestra en la página 46 utiliza
una hermosa seda polícroma
con motivos de puntillas
blancas y ramos de flores. En la
página 47 se observa el detalle
de un vestido acolchado de
estilo inglés. Aunque las faldas
acolchadas eran algo común
en la moda del siglo XVIII, un
vestido totalmente acolchado
como este era algo inusual y
extremadamente valioso.

◄◄ **Vestido a la francesa**
Décadas de 1760 y 1770; tejido,
décadas de 1750 y 1760
Brocado de seda azul con
motivo de puntillas y flores;
ribete de la misma tela y fleco
de pasamanería; manga pagoda;
falda a juego.

◄ **Vestido a la francesa**
Hacia 1750–1755, Inglaterra
Raso de seda amarilla acolchado
con dibujo geométrico y vegetal.

La moda de las rayas se extendió por todas las clases sociales a partir de la década de 1770. En la revista de moda *Magasin des Modes,* publicada en los años ochenta, justo antes de la Revolución Francesa, aparecían con frecuencia las rayas verticales en dos colores tanto para atuendos masculinos como femeninos. La moda de las rayas continuó durante el período revolucionario.

Vestidos a la francesa
(Detalle páginas 48/49)
Hacia 1770–1775, Francia
◄◄◄ Brocado de Lyon de color rosa con rayas y motivos florales; ribete de la misma tela y fleco de pasamanería; manga pagoda de un solo volante; falda a juego.
◄◄ Brocado de Lyon de color amarillo con rayas blancas; *compères* con botones; manga pagoda con doble volante; falda a juego.
◄ Canalé de seda de Lyon con rayas y motivos de tiras florales; *compères* con botones; manga pagoda con doble volante; falda a juego.

Los elementos funcionales para la indumentaria aparecieron en la moda femenina a mediados del siglo XVIII. En este vestido, los *compères,* dos paneles de tejido con botones, cubren la parte frontal del corpiño. Puesto que iban sujetos a la abertura frontal del vestido con corchetes o botones, el peto ya no era necesario. Los *compères* eran más simples y prácticos que el peto, que tenía que sujetarse al vestido con alfileres cada vez que se ponía.

► **Vestido a la francesa**
Década de 1770
Chintz de lino blanco con motivos vegetales de color azul; *compères* con botones; falda a juego.

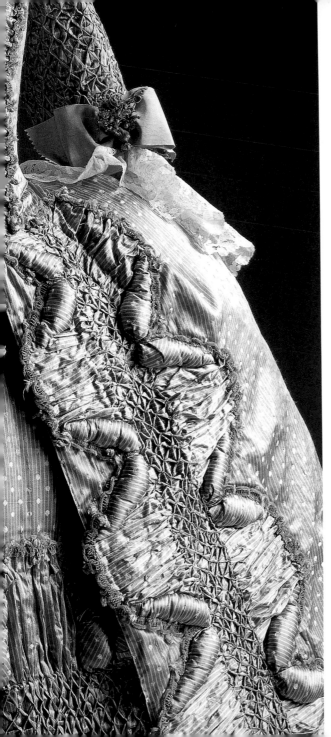

Los volantes, el fleco de pasamanería, las flores artificiales, los lazos y la chenilla son ornamentos esenciales para la moda rococó. Este vestido está adornado con un delicado fleco de pasamanería, chenilla y bullones rellenos de algodón para darle un aspecto más tridimensional. Aunque los ornamentos resultan excesivos, están perfectamente equilibrados y representan el espíritu más sofisticado y delicado del estilo rococó.

Robe à la française
Hacia 1775
Raso de seda beige de raya fina y moteado; *compères* frontales; falda a juego; adornos acolchados tridimensionales con frunce decorativo; fleco de pasamanería y chenilla en la parte delantera.

Durante la segunda mitad del siglo XVIII, la popularidad de la anglomanía hizo que los vestidos se simplificaran. Como contraste, los trajes femeninos cortesanos de la época presentaban una silueta exagerada, con un corpiño muy ajustado por el corsé y una amplia falda ahuecada en ambos lados por un guardainfantes. Representaban el apogeo de la belleza del artificio; los anchos vestidos y altos peinados siguieron siendo el atuendo oficial de la corte hasta la Revolución.

▸ Vestido a la francesa
Hacia 1760, Inglaterra
Brocado de seda de Spitalfields de color marfil, con
hilos de oro, plata y polícromos formando motivos
florales, encaje de oro y gasa de seda; manga pagoda
con doble volante; falda a juego; peto de encaje de
oro y plata y fleco de pasamanería; *engageantes* de
encaje de Bruselas.

▾ Vestido a la francesa
1775–1779; tejido, décadas de 1750–1760
Francia
Brocado de seda de Lyon rayado de color marfil con
motivos florales de chenilla y ribete de la misma tela;
falda a juego; peto a juego del mismo tejido con
adornos florales de chenilla; manga zueco.

El típico terno francés del siglo XVIII, el *habit à la française,* consistía en una casaca, un chaleco y un calzón. También incluía un par de medias de seda, una chorrera, una camisa de lino o algodón con puños ornamentados y una corbata. Los ternos masculinos pasaron a tener un estilo más funcional en la segunda mitad del siglo XVIII. En general la casaca se volvió más entallada, el chaleco se acortó, se le quitaron las mangas y el dobladillo tenía un corte horizontal. Pero los colores vivos, los exquisitos bordados, el intrincado encaje para chorreras y puños, así como los botones decorativos, siguieron siendo elementos importantes del atuendo de un caballero que vistiera al estilo rococó.

▾ **Robe à la française**
Hacia 1775, Inglaterra
Canalé de seda de Spitalfields de color blanco con
franjas de motivos florales y ribete de encaje metálico;
manga pagoda de doble volante; *engageantes* triples
de encaje de Bruselas; delantal de gasa de seda con
fleco de pasamanería y decoración de chenilla.

▴ **Terno a la francesa**
Hacia 1770–1780, Francia
Conjunto de casaca, chaleco y calzón de tafetán
de seda rayado de color azul pálido con ribete floral
tejido; volantes de los puños de encaje de punto
de aguja.

En el siglo XVIII los elegantes bordados tuvieron mayor presencia en el atuendo masculino. En especial la casaca y el chaleco estaban bordados de forma espectacular con hilos de seda polícromos, así como hilos de oro y plata, lentejuelas y falsa pedrería. Por esa época existían muchos talleres de bordado en París, y Diderot describió uno de ellos en su *Encyclopédie*. En el taller el cliente seleccionaba el tejido ya bordado y a continuación el sastre cortaba y cosía el traje. Este sistema se llamaba *à la disposition*. Numerosos botones decorativos adornaban los trajes masculinos del siglo XVIII. Los botones artísticamente confeccionados, hechos de porcelana, bordado, metal y cristal, eran elegantes complementos de la moda masculina.

◄ **Terno a la francesa**
Hacia 1780, Francia
Conjunto tres piezas de casaca, chaleco y calzón; casaca y calzón de brocado de seda de Lyon rayado, bordado con lentejuelas y abalorios; chaleco de canalé de seda y botones forrados del mismo tejido.

► **Terno a la francesa**
Hacia 1770, Francia
Conjunto tres piezas de casaca, chaleco y calzón; casaca y calzón de raso de seda azul; chaleco de tafetán de seda blanco; bordado Beauvais; botones forrados con el mismo tipo de seda.

Terno a la francesa
Hacia 1790, Francia
Conjunto tres piezas de casaca,
chaleco y calzón; casaca y calzón
de terciopelo rayado sin cortar,
con lentejuelas y cuentas de
cristal; bordado de hilo metálico;
botones forrados de la misma
tela; chaleco de seda labrada
blanca.

**Ilustración de botones
masculinos**
Magasin des Modes,
10 de junio de 1788

Terno a la francesa
Hacia 1810, Francia
Conjunto tres piezas de casaca,
chaleco y calzón; casaca y calzón
de velarte de lana negro con
bordado polícromo; cuello alto;
botones forrados del mismo
material; chaleco de raso de seda
blanco con bordado polícromo.

Terno a la francesa
Hacia 1790, Francia
Casaca y calzón de terciopelo
cortado de color verde con
bordado floral de sedas
polícromas; cuello alto; botones
forrados de la misma tela.

61

Páginas 62/63
En la década de 1770 se puso de moda la vestimenta funcional debido a la influencia de la anglomanía. El estilo del vestido arremangado por los bolsillos se hizo popular para pasear por la campiña y disfrutar del aire libre. La falda se levantaba por el corte de los bolsillos laterales del vestido y caía por la espalda formando un drapeado. Este estilo era una derivación de los vestidos de trabajo y urbanos que utilizaba la gente común. Más adelante se transformó en el vestido a la polonesa, con la falda levantada mediante unos cordones.

Vestido arremangado por los bolsillos
Hacia 1780, Francia
Faya de seda de Pequín de franjas rojas y blancas con efecto muaré; fleco de pasamanería; falda a juego; fichú de algodón calado; portacartas de tafetán de seda con bordado floral rematado con trencilla; zapatos de tacón alto de raso de seda.

El vestido a la polonesa se hizo popular en la década de 1770. La sobrefalda se sujetaba mediante bucles de cordón y quedaba dividida en tres paneles drapeados sobre la falda. Se dice que el nombre de «vestido a la polonesa» proviene de la primera partición de Polonia en tres países distintos –Austria, Prusia y Rusia– que tuvo lugar en 1772.

▶ **Vestido a la polonesa**
Hacia 1780, Francia
Tafetán de seda de rayas amarillas; parte frontal cerrada por corchetes; botones para abrochar el vestido; falda a juego.

Jean-Baptiste Siméon Chardin
La toilette de la mañana, 1741
Museo Nacional de Estocolmo

▶ **Vestido a la polonesa, 1779**
Grabado de moda de la *Galerie des Modes et du Costume Français*

▲ Vestido a la polonesa
Hacia 1780, Francia
Tafetán de seda verde con motivos orientales; corpiño con cinco varillas en la parte trasera, *compères* frontales; ribete de tafetán y gasa de seda; falda de raso de seda acolchado (Inglaterra)

◀ Vestido a la inglesa
Hacia 1780, Inglaterra
Damasco de seda de Spitalfields azul y blanco con motivo floral y rayas; manga zueco; *compères* frontales;

falda de raso de seda acolchado; fichú y delantal de muselina con bordado blanco.

◀ Vestido a la polonesa
Hacia 1780, Francia
Brocado de algodón de rayas rosas y blancas con estampado floral de Jouy; ribetes fruncidos del mismo tejido; falda a juego; chal con capucha de lino con remate plisado.

Siguiendo la preferencia por una vestimenta más sencilla, en la década de 1770 los trajes de las mujeres prescindieron de algunos adornos, excepto en el caso de la indumentaria cortesana. Los anchos pliegues de la parte central trasera se recogieron en la cintura, y ese tipo de prenda pasó a llamarse «vestido a la inglesa». El atavío consiste en un traje cerrado por delante y una falda sujeta a la parte trasera del corpiño, sin guardainfantes.

▼ **Jean-Étienne Liotard**
La bella chocolatera (detalle), 1744–1745
Galería de Pintura Antigua, Dresde

◄ **Casaca y falda**
Hacia 1780
Muaré de seda de color leonado con cuello chal; parte frontal abrochada con botones (franceses); falda de damasco de seda negro; fichú y delantal de muselina con bordado blanco.

Los europeos mostraron durante largo tiempo una gran curiosidad por los diversos productos importados de Oriente. Desde el siglo XVII, la importación de notables artículos de artes decorativas chinas inspiró el exotismo y creó la afición a la chinería. Estos objetos eran valorados sobre todo por su rareza; en segundo lugar por sus características exóticas, como las complejas formas curvas basadas en la estética y la sensibilidad orientales; y por último porque no podían ser calibrados según las normas occidentales. Todos estos elementos se combinaron para inspirar una nueva ola de creatividad. Asimismo, la popularidad de los tejidos orientales, con sus motivos asimétricos y peculiares combinaciones de color, queda reflejada en el uso de términos orientales para describir los motivos y las técnicas, como las sedas extravagantes, el bordado *ungen,* la raya de Pequín y el *nanquín.*

Vestido a la polonesa
(Detalle páginas 68/69)
Hacia 1780, Francia
Tafetán de seda verde con motivos orientales; corpiño con cinco varillas en la parte trasera; *compères* frontales; ribete de tafetán y gasa de seda; falda de raso de seda acolchado (Inglaterra).

▲ Jubón y falda
Mediados del siglo XVIII, Inglaterra
Jubón de seda azul pálido con acolchado de rombos;
parte delantera abrochada con botones; encaje en la
espalda; peto con ocho trabillas; falda de raso de seda
acolchado; bolsillo de lino con bordado.

◀ Vestido de niña
Mediados del siglo XVIII, Inglaterra
Tafetán de seda amarilla con bordado floral; delantal
de tafetán de seda a juego, también con bordado
floral.

El sistema para llevar objetos personales ha ido
cambiando de acuerdo con la forma del vestido.
Los bolsillos en forma de bolsa eran apropiados
para las prendas rococó, que tenían varias capas,
y se llevaban por separado por encima de la falda.
No obstante, el pequeño bolsito llamado *réticule*
sustituyó a los bolsillos hacia finales del siglo
XVIII, cuando se puso de moda un nuevo estilo
de indumentaria.

William Hogarth
*Los niños de la familia
Graham,* 1742
Galería Nacional, Londres

**Jean-Baptiste
Siméon Chardin**
La gobernanta, 1738
Galería Nacional de Canadá,
Ottawa

Jean-Baptiste Mauzaisse
La princesa Adelaida de Orleáns tomando lecciones de arpa con Mme. de Genlis, hacia 1789
Museo Nacional del Palacio de Versalles

Durante el siglo XVIII, el fichú se llevaba suelto, cubriendo el corpiño, y estaba hecho de muselina fina de color blanco o de lino bordado en blanco. En la década de 1780 el fichú se hizo más grande y, como se ve en la ilustración, el sistema de cruzarlo por delante y anudarlo detrás se convirtió en un estilo popular.

Vestido a la inglesa
Hacia 1780, Francia
Raso de seda de Lyon a rayas blancas, rosas y verdes; manga zueco; abrochado por la parte frontal con corchetes; estilo *compères;* encañado por la parte central trasera; fichú de muselina de hilo con bordado blanco; bonete (capucha) de tafetán de seda con lazos.

El jubón era un corpiño sin varillas
que se ponía encima del corsé o
bien se llevaba sin él. Los jubones se
complementaban con una chaqueta
y una falda como vestimenta de estar
por casa.

François Boucher
La Toilette, 1742
Museo Thyssen-Bornemisza, Madrid

◄◄ Jubón y falda
Principios del siglo XVIII, Inglaterra
Jubón de lino acolchado de color crudo
con motivos vegetales, abrochado por
delante con cintas de tafetán de seda;
falda de raso de seda acolchado con
motivo ondulado y floral; delantal de
tafetán de seda con bordado floral;
medias de seda con dibujo geométrico.

◄ Chaqueta y falda
Principios del siglo XVIII, Inglaterra
Chaqueta de raso de seda de color crudo
con acolchado de rombos; falda de raso
de seda rojo con bordado chinesco.

◄◄ **Vestido a la inglesa y capa**
Hacia 1770; tejido, hacia 1740,
Inglaterra
Damasco de seda de Spitalfields
de color blanco con motivo
floral; manga pagoda con doble
volante; *compères* frontales; capa
de otomán de seda bordada con
motivos chinos y florales.

◄ **Vestido a la inglesa**
(Detalle página 81)
Hacia 1770; tejido, hacia 1740,
Inglaterra
Brocado de seda de Spitalfields
de color amarillo con flores,
árboles y motivos griegos;
mangas con puño; fichú de hilo
con bordado de Dresde con
motivos vegetales.

► **Caraco (pet-en-l'air) y falda**
(Detalle página 80)
Caraco (pet-en-l'air) de tafetán
de seda rayada de color rosa,
compères, adornos de trencilla,
puños zueco con bullones
(Francia, hacia 1775); falda de
tafetán de seda verde aplicada
con bordado chinesco de flores,
pájaros e insectos (Inglaterra,
hacia 1720); zapatos de lino con
aplicación de tapicería, tacón
alto.

Manchon
Siglo XVIII
Pongís de seda blanca bordado
con sedas polícromas; adornos
de canutillo.

El kimono japonés, importado por la Dutsch East India Company (Holanda), había sido adoptado por los hombres europeos como batín para estar por casa. Como el número de kimonos japoneses importados no era suficiente, surgieron los batines europeos confeccionados con indiana para satisfacer la demanda del mercado. En Holanda los llamaban *japonsche rocken* (batas japonesas), en Francia *robes de chambre d'indienne* y en Inglaterra banianos. Debido a su escasez y características exóticas, estos batines se convirtieron en símbolos de un elevado estatus social y económico. En casa los hombres los llevaban sobre una camisa y un calzón, con un gorro en lugar de peluca. Al parecer también se los ponían para recibir a los amigos más cercanos y para pasear por la mañana.

François Boucher
La audiencia del emperador de China, 1742
Museo de las Bellas Artes y de Arqueología, Besançon

▶ **Chaqueta (caraco) y falda**
Hacia 1780
Chaqueta de tafetán de seda azul con puños zueco, parte frontal abrochada con corchetes (Suiza); falda de faya de seda con bordado chinesco de flores; fichú y delantal de muselina con labor blanca.

▶▶ **Vestido a la inglese**
(Detalle página 84)
Hacia 1785; tejido, década de 1760
Seda de China blanca pintada con motivos vegetales polícromos; *compères* frontales; parte central trasera encañada; falda a juego.

▶▶ **Batín masculino (baniano) y calzón**
Hacia 1785, Inglaterra
Damasco de seda de China rojo con arabescos vegetales; forro de color verde; calzón de terciopelo; gorro de algodón labrado con bordado oriental.

Las sedas pintadas tienen su origen en China; primero se importaron y después se produjeron en la propia Europa. En un retrato de *madame* de Pompadour se puede ver una de estas sedas chinas pintadas.

◄ **Muñeca**
Principios del siglo XVIII
Inglaterra
Muñeca de madera con vestido de brocado de seda blanco y zapatos, camisola, corsé, falda, medias y un bolsillo bajo el vestido; utilizada como juguete.

► **François-Hubert Drouais**
Madame de Pompadour, 1763–1764
Galería Nacional, Londres

La indiana, una tela de algodón pintada o estampada fabricada en la India, ya se conocía bien en el siglo XVII, pero existía un veto a su importación y producción debido a su extremada popularidad entre los europeos. Cuando se levantó la prohibición en 1759, la industria de estampación inglesa y de la región de la Alsacia francesa experimentaron de inmediato una gran expansión. Los tejidos de algodón estampados se hicieron populares no solo para la decoración de interiores sino también para vestir, puesto que sus refinados y multicolores dibujos resultaban muy atractivos. En Francia los llamaban *indienne* («de la India») o *toile peinte* (tela pintada) y en Inglaterra *chintz* (derivado de la palabra «chint», un término hindi utilizado para describir un tipo de algodón de estampado muy llamativo).

◄ **Vestido a la inglesa**
Década de 1780; tejido, década de 1740, Inglaterra
Chintz de algodón blanco con estampado polícromo indio con motivo floral; parte frontal con *compères* y encaje; cenefa de tejido estampado en la parte central delantera, dobladillo y puños.

Vestido
Hacia 1790, Inglaterra
Vestido de algodón blanco con estampado floral
hecho a base de bloques de madera; falda de algodón
con labor blanca; fichú de algodón rayado con
bordado de hilo plateado.

Vestido
Hacia 1795; tejido, hacia 1770, Inglaterra
Vestido de tejido a la plana de lino color blanco con
estampado de flores y cintas; encañado por la parte
central trasera; falda de muselina blanca.

Al igual que Londres y Jouy, una ciudad cercana a Versalles, Mulhouse se convirtió en un importante centro de la industria de estampación en la Europa del siglo XVIII. Empezaron con la indiana, pero debido a que las fábricas europeas fueron logrando avances tecnológicos, como la invención del sistema de estampación con rodillo de cobre, más tarde fue posible la producción en masa de tejidos estampados. En esta capa, los motivos estilo indiana fueron estampados sobre un color marrón oscuro llamado *ramoneur* (deshollinador), que era el color de moda de la época.

◄◄ Capa con capucha y falda
Hacia 1790–1795, Francia
Capa con capucha de chintz alsaciano marrón oscuro, estampado con motivo floral estilo indiana; reborde plisado; forro de algodón con estampado de pequeñas flores; falda de raso de seda acolchado.

◄ Vestido a la inglesa
Hacia 1790–1795, Inglaterra
Tejido a la plana de algodón color marrón con estampado floral hecho con bloques de madera; encañado por la parte central trasera; falda de algodón con labor blanca de motivos foliáceos; fichú de algodón con labor blanca.

El abanico plegado tiene su origen en Japón. Después de que el abanico japonés plegado hecho con *hinoki* (ciprés japonés) fuera introducido en China a finales del período Heian (siglo XII), los chinos empezaron a producir abanicos plegados de madera de sándalo y marfil con decoraciones de oro y plata. Fue en 1549 cuando uno de estos abanicos se pudo ver por primera vez en la escena de la moda cortesana francesa. En el siglo XVII se inició la producción en Francia, especialmente en París, y la popularidad de los abanicos franceses alcanzó su punto álgido a mediados del siglo XVIII. Los abanicos franceses representan el máximo nivel de la artesanía del siglo XVIII y están hechos de varios materiales, como el carey, el marfil y la madreperla, con aplicaciones de pinturas lacadas y grabados.

1. Abanico
Hacia 1740–1750
Cartelas con escenas cotidianas y de caza,
así como flores; el dibujo de las varillas
está pintado a mano sobre marfil.

2. Abanico
Hacia 1800, China (?)
Motivo de parras y medallones con dibujo
hexagonal, pintado a mano con laca marrón
y dorada; dibujo de parras también en tres
medallones; varillas separadas.

3. Abanico
Hacia 1760, Holanda (?)
País de dos colores pintado a mano con
barcos, escenas marinas y frutas; varillas
de marfil calado.

4. Abanico
Hacia 1800, China
Marfil calado, varillas separadas.

5. Abanico
Hacia 1760–1770, Holanda
País pintado a mano con un jardín, frutas
y figuras humanas; varillas de marfil calado
con incrustaciones de oro y plata.

En la década de 1770, la moda femenina
de la corte se caracterizaba por una
enorme falda ahuecada lateralmente por
un guarda-infante, y un alto peinado.
Esta moda expresaba la cumbre de
la belleza del artificio; los vestidos de
mujer eran tratados como si fuesen
construcciones arquitectónicas realizadas con tela. Para entonces, la
refinada ligereza del período rococó
había desaparecido y oscuros presagios
de la Revolución empezaban a asomar
en la indumentaria. Los peinados de
una altura exagerada y las pelucas
añadían más complicación al atuendo.
Si bien anteriormente habían tenido
el aspecto de pintorescos paisajes y
parterres de flores, en aquel momento
se volvieron algo raros y exagerados,
y los *coiffeurs* (peluqueros) adquirieron
un importantísimo papel en la creación de esos extraordinarios tocados.
La victoria de la fragata francesa *La Belle
Poule,* en el año 1778, inspiró nuevos
estilos de peinado, como los llamados
*à la Belle Poule, à l'indépendante y à la
Junon,* en los que se colocaban réplicas
en miniatura de naves de guerra sobre
la cabeza. Esto se convirtió en moda.

◄ **Jean Michel Moreau el Joven**
La despedida
Grabado de Robert de Launay
(1749–1814)
Colección Stapleton, Reino Unido

Páginas 94/95
Vestido a la francesca
Hacia 1780, Francia
Tafetán de seda rosa con guirnaldas
pintadas; peto y falda a juego;
engageantes de blonda.

A lo largo de todo el siglo XVIII el foco de mayor interés de la indumentaria residió en la ornamentación. Especialmente durante la década de 1770, el ingenio se desbordó y los *marchands de mode* se convirtieron en personajes importantes. Estos merceros se encargaban de producir y vender artículos para adornar a la persona de la cabeza a los pies, incluyendo tocados para el peinado. Dieron rienda suelta a su imaginación a la hora de diseñar atuendos y crear tocados, y se convirtieron en los responsables de marcar el estilo, como si estuvieran en posesión del monopolio absoluto del mundo de la moda.

▸ **Vestido a la inglesa**
Hacia 1785; tejido, mediados siglo XVIII, Inglaterra
Seda de China blanca pintada a mano; encañado en la parte central trasera; *compères* en la parte frontal; falda a juego; capa de tafetán de seda azul adornada con pliegue y fleco; fichú de encaje de bolillos; zapatos de raso de seda con bordado de pequeños motivos florales y lazos, tacón alto.

▸▸ **Vestido a la inglesa**
(Detalle páginas 98/99)
Hacia 1785
Tafetán de seda rosa a rayas; *compères* frontales; encañado en la parte central trasera; falda de seda de China pintada a mano; chal de muselina con labor blanca; bolso de tafetán de seda bordado con motivos florales, mariposas y pájaros; zapatos de tafilete, tacón alto.

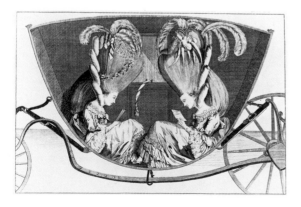

▸ *Galerie des Modes et du Costume Français,* 1778–1781

◂ Ilustración de una caricatura alemana, 1775–1785

La afición de los ingleses por la vida al aire libre y la caza dio pie a que el redingote y la chaqueta al estilo húsar, originalmente prendas masculinas, pasaran a formar parte del vestuario de la mujer. En el conjunto de la izquierda, los botones delanteros del chaleco muestran la influencia del atuendo masculino.

► **Chaqueta y chaleco**
Hacia 1790, Francia
Chaqueta de tafetán de seda azul con bordado floral de hilo de seda y lentejuelas; chaleco abrochado frontalmente con botones y anudado en la espalda con cinta de encaje.

►► **Chaqueta**
Hacia 1790, Francia
Tafetán de seda rosa; escote fruncido por una cinta; cinturón anudado con cinta de encaje; encañado por la parte central trasera.

Desde la década de 1780, justo antes de la Revolución, las rayas se hicieron populares y reemplazaron a los extravagantes bordados del atuendo masculino. La casaca con rayas de la izquierda lleva un cuello con solapa y su largura es más corta.

Terno masculino (casaca, chaleco y calzón)
Hacia 1790, Francia
Casaca de tafetán y raso de seda a rayas azules y verdes; cuello vuelto y recto; parte delantera abierta; chaleco de faya de seda con bordados de arcos romanos y escena campestre; cuello pajarita; calzón de raso de seda.

Magasin des Modes, 10 de diciembre de 1787

Justo antes de la Revolución, la indumentaria común tendía a ser cómoda y sencilla, en contraste con la extravagante moda cortesana. La excavación de las ruinas romanas de Herculano que tuvo lugar en 1738 fue un impulso para el surgimiento del estilo neoclásico. Al incorporar el concepto de Jean-Jacques Rousseau del «retorno a la naturaleza», este culto a la Antigüedad se convirtió en un concepto básico para la cambiante sociedad europea, y llegó a dominar las artes y el estilo de vida general desde la segunda mitad del siglo XVIII hasta mediados del siglo XIX. El *pierrot* (derecha), una chaqueta corta y ajustada con faldón corto, fue popular desde mediados de la década de 1780 hasta finales de siglo.

1. Vestido a la inglesa
Hacia 1785, Francia
Seda azul a rayas; *compères* frontales; falda a juego; fichú de muselina con labor blanca.

2. Terno masculino (casaca, chaleco y calzón)
Hacia 1790, Francia
Casaca de droguete de seda con dibujo romboidal; cuello recto y alzado; parte trasera abierta; chaleco de tafetán y raso de seda a rayas; dobladillo recto; solapas; calzón de raso de seda.

3. Terno masculino (casaca, chaleco y calzón)
(Véanse páginas 102/103)
Hacia 1790, Francia

4. Chaqueta (pierrot) y falda
(Detalle página 105)
Hacia 1790, Francia
Chaqueta de tafetán y raso de seda a rayas verdes y amarillas con fleco; falda de linón con flores bordadas en sedas polícromas.

Magasin des Modes, 30 de agosto de 1787

La Revolución Francesa
fomentó una nueva estética en la
indumentaria que prefería el simple
algodón antes que la refinada seda.
Esta chaqueta y falda datan del
período revolucionario. La falda es
de linón, una tela de gran calidad
parecida al lino y hecha con un
delicado y fino algodón. La ligereza
y transparencia de este material se
puso de moda, y otros similares
como el percal, la muselina y la
gasa le siguieron los pasos. Otra
moda popular de la época era
el redingote, una chaqueta para
hombre con cuello de solapa que
se usaba para viajar y montar a
caballo. Este estilo pasó a formar
parte del atuendo femenino y dio
lugar al redingote al estilo húsar.

Chaqueta y falda
Hacia 1790, Francia
Chaqueta de brocado de seda a
rayas rojas y blancas con botones
plateados; cuello doblado; falda de
linón con flores bordadas en sedas
polícromas.

Un delgado fichú cubre los hombros y el escote; los extremos se introducen en el peto y la pechera para crear esta elegante silueta abombada. Sin embargo, en el siglo XIX el fichú perdió popularidad frente al chal, de tamaño más grande.

▼ Hebilla (detalle)
Hacia 1790, Inglaterra
Armazón metálico en forma de medallón; porcelana blanca con dibujo de dos pájaros en el centro, guirnalda de laurel, corazón y flechas.

▶ Vestido a la inglesa
Hacia 1790
Tafetán de seda color crema; parte frontal de doble capa con *compères* y botones; adorno de encaje negro en los puños y la pechera; puños atados con cinta de color burdeos; falda a juego; fichú sobre los hombros y escote.

Desde la época medieval, en Francia existía el gremio de sastres, cuyas actividades eran estrictamente reguladas. Aunque en la segunda mitad del siglo XVIII se había creado una compañía de mujeres modistas para confeccionar prendas femeninas, «Les Maîtresses Couturières», solo los sastres eran aceptados como confeccionadores de corsés y trajes de la corte, tanto femeninos como masculinos. Debido a la rigidez de los materiales, se precisaban unas manos fuertes para coser las ballenas; por esta razón, los corsés eran fabricados principalmente por los sastres.

◄◄◄ Corsé
Hacia 1760
Brocado de seda azul pálido con dibujo floral; anudado con cinta por delante y por la espalda; mangas sujetas con lazos; totalmente encañado.

◄◄ Corsé infantil
Mediados del siglo XVIII
Estados Unidos
Tejido a la plana de lino color beige con ribete de cuero; totalmente encañado.

◄ Corsé
Principios del siglo XVIII
Faya de seda naranja con trencilla plateada; anudado por la espalda y los lados; bolsillo en el interior de la parte central delantera; totalmente encañado.

A lo largo del siglo XVIII, la silueta del vestido femenino estaba moldeada por el corsé y el guardainfante. Para elevar el pecho, el corsé estaba encañado con ballenas. El guardainfante, que apareció a principios del siglo XVIII, se convirtió en prenda obligatoria para la indumentaria de la corte hasta el período de la Revolución Francesa. A mediados de siglo, la falda se fue ensanchando y se modificó el guardainfante, que quedó dividido en dos mitades laterales. Esos armazones monumentales solían ser objeto de burla.

▶ **Corsé, guardainfante, camisola**
Hacia 1760–1770, 1775 y 1780
Corsé de raso de algodón color marrón con 162 ballenas en el interior; guardainfante de chintz de algodón con aros ovales de mimbre y acolchado; camisola de lino.

◀ *La vieja coqueta,* de una caricatura alemana, hacia 1775

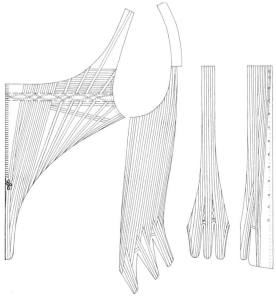

◀ Patrón del corséhecho por el KCI

Durante la época de la Revolución Francesa las mujeres ya no usaban corsé ni guarda-infante, y el rumbo de la moda cambió radicalmente, pasando del rococó a un estilo racional y neoclásico. Hacia el año 1804 se empezó a utilizar un nuevo tipo de corsé sin ballenas, menos rígido; así pues esta prenda se convirtió de nuevo en parte indispensable del vestuario femenino.

◀◀◀ Corsé
Hacia 1820
Raso de algodón blanco; acolchado con cordoncillo; tirantes recortados; anudado por la espalda con ojetes hechos a mano.

▼▼ Brassière (sujetador)
Principios del siglo XIX
Dril marrón; ballenas en la pechera.

▶▶ Corsé
Principios del siglo XIX
Satén de algodón blanco; acolchado con cordoncillo; tirantes; anudado por la espalda con ojetes metálicos; escuadra de refuerzo triangular y escote fruncido por una cinta; ballenas metálicas.

◀ Corsé
Principios del siglo XIX
Satén de algodón blanco; acolchado con cordoncillo; tirantes; anudado por la espalda con ojetes hechos a mano; escuadra de refuerzo triangular y escote fruncido por una cinta; ballenas metálicas.

En 1789 estalló la Revolución Francesa, y la moda se convirtió en un instrumento de propaganda ideológica de la nueva era. Los revolucionarios declararon su espíritu rebelde y su rechazo a la vieja sociedad mediante el atuendo, y aquellos que llevaban complicados y extravagantes trajes de seda eran considerados enemigos de la Revolución. En lugar de calzones *(culottes)* y medias de seda, que representaban a la nobleza, los revolucionarios vestían pantalones largos, una chaqueta *(carmagnole)*, un gorro frigio, la escarapela tricolor y zuecos; todas ellas prendas utilizadas por la clase baja. Se denominaban sans-culottes, es decir, «aquellos que no llevan calzones».

▼ **Vestido a la inglesa**
Finales del siglo XVIII, Inglaterra
Mezcla de lana y seda color marrón, encañado por la parte central trasera; *compères* frontales; falda de tafetán de seda negra con acolchado; fichú de algodón con bordado de hilo.

▼ **Capa y falda**
Finales del siglo XVIII
Capa con capucha de lana gruesa de color rojo, reborde afelpado (Estados Unidos); falda acolchada de algodón blanco con dibujo de guirnaldas hecho con lana (Francia).

▶ **Camisa y pantalón de hombre**
Finales del siglo XVIII, Francia
Camisa de tejido a la plana de lino color blanco; pantalones de raso de algodón beige de rayadillo.

▶▶ **Chaqueta y falda**
Década de 1790, Francia
Chaqueta francesa de tejido a la plana de algodón, de rayadillo color rojo, anudada con una cinta por la parte frontal; falda acolchada de algodón blanco de Marsella; chanclos de cuero, madera y metal.

La caótica sociedad posterior a la Revolución generó modas excéntricas. La moda juvenil era especialmente extraña, frívola y radical. Durante el período del Terror, la facción monárquica, los llamados *muscadins,* protestó contra el nuevo orden adoptando extravagantes atuendos. No menos estrafalarios o peculiares eran los petimetres *(petits-maîtres),* llamados *incroyables,* que surgieron durante el período del Directorio. Las *merveilleuses,* su equivalente en femenino, llevaban vestidos finos y transparentes, sin corsé ni guardainfante, lo cual constituía una moda radicalmente distinta a la del período rococó.

► **Vestido**
Hacia 1790–1795, Inglaterra
Muselina india blanca a rayas con bordado de plata; falda de muselina india con bordado de plata; fajín de seda tejido con hilo de plata (India).

►► **Vestido redondo**
(Detalle página 119)
Hacia 1790–1795
Droguete de seda malva con motivos romboidales y lentejuelas doradas y plateadas; bordado polícromo de chenilla; pequeños pliegues en la espalda.

El vestido redondo presenta una cintura alta justo debajo del busto, con un corpiño y una falda de una sola pieza. Apareció en numerosas ocasiones en las ilustraciones de moda de Heideloff en su *Gallery of Fashion* (1794–1802, Londres).

Los ornamentos de plumas para el pelo también fueron populares en esa época. No obstante, el vestido redondo pronto fue sustituido por el vestido camisa o camisero, el vestido de algodón más popular del siglo XIX.

Gallery of Fashion, enero de 1800

Vestido redondo
Hacia 1795–1800, Francia
Lino blanco con estampado de
claveles realizado con bloques
de madera; escote y cintura
fruncidos por una cinta.

Vestido redondo
Hacia 1795–1800, Inglaterra
Tejido a la plana de algodón
color marrón oscuro; fichú
de muselina con labor blanca.

Vestido redondo
Hacia 1795–1800, Inglaterra
Muselina *ikat* india; turbante
de gasa de seda adornada con
lana y seda.

Vestido redondo
Hacia 1795
Muselina de algodón blanca
con motivos vegetales bordados
en seda verde y marrón; cola;
fruncido en la parte alta frontal;
escote adornado con encaje.

Vestido redondo
Hacia 1795
Brocado de raso de seda rojo;
dobladillo con bordado de seda
azul y amarilla; adornado con
fleco de pasamanería y borla.

Vestido redondo
(Véase también página 125)
Hacia 1795
Brocado de tafetán de seda blanco;
bordado con hilo de seda y oro y
lentejuelas; pinzas en la parte superior
frontal; adornado con fleco de
pasamanería y borla.

EL AUGE DE LA INDUSTRIALIZACIÓN
La moda del siglo XIX

Durante el siglo XVIII, Francia fue reconocida como líder mundial de la moda femenina. Esta reputación se consolidó en el siglo siguiente y el país se convirtió en la autoridad indiscutible en este terreno. Sin embargo, los ingleses eran quienes dominaban la moda masculina, gracias a una avanzada industria de la lana, una maquinaria textil superior y unas técnicas de sastrería más refinadas, desarrolladas durante el siglo XVIII. Estas diferentes influencias dieron paso a expresiones como «moda parisina» y «confección londinense». Durante el siglo XIX la moda femenina se caracterizó por una silueta en constante fluctuación, mientras que el atuendo masculino mantuvo su forma básica y cambió solo en los pequeños detalles.

La Revolución Francesa de 1789 provocó el desplome de la jerarquía social tradicional y dio paso a una rica burguesía que caracterizó a la sociedad francesa a lo largo del siglo XIX. Hasta el período del Segundo Imperio (1852–1870), la nobleza francesa disfrutó de una renovada posición de poder y la emperatriz Eugenia, esposa de Napoleón III, se convirtió en una destacada cabecilla de la moda. La estructura de clases sociales volvió a fragmentarse en el período de la III República (después de 1870), y los líderes de la moda se diversificaron de acuerdo con ello. Gradualmente la rica burguesía se fue convirtiendo en la figura central del panorama de la moda, así como las actrices y las *demi-mondaines* (cortesanas de lujo), todos ellos importantes clientes de la *haute couture* de la segunda mitad del siglo. A mediados de esta centuria un segmento mucho más amplio de la población pudo disfrutar de la moda y las tendencias llegaron incluso a las clases bajas. La invención francesa de los grandes almacenes, en la década de 1850, contribuyó espectacularmente a esta expansión al ofrecer libertad de elección junto con una variedad de mercancías a precios razonables. Debido a las exposiciones internacionales, la primera de las cuales se celebró en Londres en 1851, y a la llegada del transporte público como el ferrocarril y los barcos de vapor, el comercio internacional experimentó un auge sin precedentes. Las revistas de moda, que prosperaron rápidamente en el siglo XIX, contribuyeron a que la moda parisina fuera reconocida en todo el mundo.

El estilo imperio y la indumentaria de la corte

Durante el primer y caótico período revolucionario tuvo lugar un cambio espectacular en la moda femenina. El vestido camisa o camisero, llamado así por su parecido con una camisola de ropa interior, se convirtió en la moda imperante. Su simplicidad marcaba un fuerte contraste con los complicados vestidos rococó de la era anterior. Se abandonaron las prendas de ropa interior como el corsé y el guardainfante, que habían sido imprescindibles para dar la exagerada forma a los vestidos femeninos de la época rococó durante el siglo anterior. Las mujeres preferían llevar vestidos de algodón blanco fino, casi transparente, con muy poca o ninguna ropa interior. El vestido camisa, con su cintura alta y cuerpo y falda de una sola pieza, tenía una línea clara y tubular. María Antonieta llevó un prototipo de este tipo de vestido, que se dio en llamar *chemise à la reine*, como se ve en el retrato pintado por Elisabeth Vigée-Lebrun (1783). Un retrato posterior, en este caso *Madame Récamier*, obra de François Gérard (1802, Museo Carnavalet, París; ilust. pág. 137), ilustra cómo esta forma de vestido se fue convirtiendo gradualmente en el estilo neoclásico, que homenajeaba las refinadas formas geométricas de las antiguas Grecia y Roma. Se escogían materiales diáfanos como la muselina, la gasa y el percal por su simplicidad. Estos tejidos sugerían que la función del vestido era cubrir el cuerpo, no moldearlo. El camisero era emblemático de una conciencia estética recién desarrollada y de los valores posrevolucionarios.

No obstante, el invierno europeo era demasiado frío para el fino material del vestido camisa, así que se popularizaron los chales de cachemira, que servían tanto para abrigar como para adornar el vestido. Además, las prácticas prendas de estilo inglés, como el *spencer* o bolero y el redingote, ayudaban a protegerse del frío. Estas piezas exteriores mostraban una clara influencia de los uniformes militares napoleónicos, que habían adoptado atrevidos diseños para resaltar el valor de las tropas. Los chales de cachemira procedentes de la auténtica región india de Cachemira se hicieron populares cuando Napoleón los introdujo por primera vez en Francia tras su campaña egipcia de 1799. Debido a sus exóticos dibujos y atractivos y variados colores, se convirtieron en un accesorio de gran popularidad para llevar con el vestido camisa. Sin embargo, en esa época resultaban muy caros, y eran lo suficientemente valiosos como para ser registrados en los testamentos y en el ajuar de boda.

Después de los años treinta, la popularidad de los chales de cachemira llegó al gran público, y hacia la década de 1840 ya se había implantado una enorme industria de chales tanto en Francia como en Inglaterra. En Lyon se fabricaban productos de lujo con materiales de primera clase, mientras que en la ciudad escocesa de Paisley se producía en masa una imitación estampada y más económica. La palabra «paisley» llegó a ser tan conocida que se convirtió en sinónimo del tipo de dibujo cónico frecuentemente relacionado con los artículos de cachemira. La moda de estos chales continuó hasta el período del Segundo Imperio, cuando otra versión mucho más grande, que se llevaba con los miriñaques, se convirtió en el estilo predominante. Cuando al final disminuyó la demanda de chales de cachemira, las industrias que los producían sufrieron un declive.

Tras la Revolución, la seda fue sustituida por otros materiales, como el algodón procedente de Inglaterra, y la industria de la seda de Lyon, un pilar de la economía francesa, entró en una grave crisis. Napoleón quiso reactivar la industria francesa imponiendo aranceles a las importaciones procedentes de Inglaterra y prohibiendo la muselina inglesa. Pero estas medidas no lograron desviar el rumbo que había emprendido la moda. Tras su coronación como emperador en 1804, Napoleón empezó a utilizar la indumentaria como instrumento político. Dictó un decreto imperial para que tanto hombres como mujeres llevaran prendas de seda en las ceremonias formales, y logró reavivar el extravagante atuendo cortesano de la era prerrevolucionaria. El vestido de seda ceremonial y el sobretodo de corte *(manteau de cour)* que llevó la emperatriz Josefina en la coronación de Napoleón —retratado en el famoso cuadro *La coronación de Napoléon I* de Jacques-Louis David (1805–1807, Museo del Louvre, París; ilust. pág. 146)— muestra el típico estilo cortesano del Imperio. La capa de terciopelo de la emperatriz, con forro de armiño, simboliza el lujo y la autoridad de la corte francesa e ilustra el abandono del ideal revolucionario. Este estilo de sobretodo de corte con cola larga siguió siendo habitual en los palacios europeos.

Durante la primera década del siglo XIX, la silueta del vestido femenino no sufrió ningún cambio espectacular, pero el largo de la falda se acortó a partir de 1810. De nuevo hubo demanda de ropa interior; se empezó a utilizar el *brassière,* que más adelante se convirtió en un prototipo del sujetador, así como los corsés sin refuerzo de ballenas. También cambiaron las preferencias en cuanto a materiales, del algodón se volvió a la seda, ya que la ornamentación de fantasía y el color volvieron a ponerse de moda.

El estilo romántico

Las cinturas altas del vestido estilo imperio «bajaron» a una posición más natural hacia mediados de la década de 1820. Simultáneamente, los corsés fueron de nuevo imprescindibles para la moda femenina, puesto que los talles estrechos eran una característica importante del nuevo estilo. Las faldas, por el contrario, se ensancharon hasta tener forma de campana, y la largura se acortó para mostrar los tobillos. Aparecieron medias de compleja ornamentación con el objeto de adornar los pies, ahora visibles. Pero la tendencia más peculiar de este período fue la manga de pernil, ahuecada espectacularmente desde el hombro al codo y más estrecha hasta llegar al puño. Este tipo de manga alcanzó su mayor popularidad hacia 1835. Otra característica destacada de la moda era el escote, que se hizo tan pronunciado que a menudo se precisaban fichús y capas para regular la parte expuesta durante el día. También solían llevarse bertas y prendas tipo chal. Para equilibrar las voluminosas mangas y los generosos escotes, los peinados y los sombreros también se hicieron más grandes, con complicadas decoraciones de plumas, flores artificiales y pedrería.

Las convenciones de la moda de la época estaban muy influidas por el Romanticismo, que perseguía imaginativos y románticos impulsos y fomentaba el gusto por el mundo histórico o exótico. Así mismo, exigía que la mujer ideal fuera delicada y melancólica.

La imagen de una mujer dinámica y saludable se consideraba vulgar, de ahí que la tez pálida fuera algo tan admirado. El estilo romántico en los vestidos, peinados y joyas también tomó prestados algunos detalles de la indumentaria cortesana de los siglos XV y XVI, el período más prolífico en cuanto a obras de teatro de la época.

El estilo miriñaque

El estilo básico de la década de 1830 continuó hasta la siguiente, pero los adornos más extremados, como las mangas de pernil, dejaron de estar de moda y volvieron los diseños más sencillos. A pesar de ello, las cinturas seguían haciéndose cada vez más pequeñas y las faldas más voluminosas. El amplio contorno del vestido se conseguía con varias faldas superpuestas, y su magnitud debió de resultar un inconveniente para la movilidad de la mujer. No obstante, como el ejercicio físico se consideraba poco femenino en la sociedad de la época, las pesadas vestimentas no se veían tanto como una restricción sino más bien como un indicador de riqueza. Además de la anchura añadida, las faldas volvieron a alargarse hasta el suelo, como queriendo destacar la castidad de la mujer. Las faldas de la década de 1850 se caracterizaban por volantes dispuestos horizontalmente para acentuar la forma cónica. Las mangas de pernil estaban empezando a desaparecer. Los hombros ahuecados dieron paso a un mayor volumen en la zona de la muñeca. El pintor Jean-Auguste-Dominique Ingres captó fielmente estas tendencias y cambios de la moda de la primera mitad del siglo XIX.

A finales de los años cincuenta las faldas sufrieron un cambio drástico. Gracias a la invención de nuevos materiales, apareció el miriñaque o enagua con aros. En la década de 1840 el término «miriñaque» o «crinolina» se refería a las enaguas hechas de crin (de caballo) tejido con lino resistente. Tras los cincuenta, el terminó se utilizó para designar a la enagua con armazón de aros metálicos o de ballena, o cualquier falda ancha que llevara uno de esos armazones. Con la llegada del miriñaque, las faldas se hicieron extremadamente anchas. El desarrollo del cable de acero, los importantes avances de la industria textil y el uso práctico de máquinas de coser facilitaban que los miriñaques pudieran ser todavía más grandes. La continuada mejora de telares y tintes hizo posible una amplia variedad y cantidad de materiales para faldas. La gran demanda de tejidos durante la época del miriñaque continuó hasta el siguiente período; la falda con polisón tenía mucho menos vuelo, pero requería una gran cantidad de material para su complicada ornamentación de cintas y volantes.

La industria textil francesa, y más concretamente el mercado sedero de Lyon, se benefició al máximo de este incremento en la demanda de tejidos. Napoleón III apoyó la industria textil como parte de su estrategia política, y la burguesía francesa secundó la medida. Famosos diseñadores, como Charles Frederick Worth, crearon vestidos con seda de Lyon, de técnica avanzada y gran refinamiento. Con ello, la ciudad recuperó su reputación como centro de distribución de materiales para la industria de la moda parisina.

El estilo polisón

A partir de finales de la década de 1860, las faldas ganaron volumen en su parte trasera, mientras que por delante eran planas. Esta silueta era posible gracias al apoyo de una prenda interior llamada polisón (*tournure* en francés). Los polisones eran almohadillas que iban colocadas sobre las nalgas y que se enmarcaban y rellenaban con varios tipos de material. Las faldas o las sobrefaldas a veces se recogían por detrás para darles una forma exagerada. Con ligeras modificaciones, el estilo polisón continuó hasta los años ochenta. La típica silueta del vestido de la década de 1880 se puede ver perfectamente en el cuadro titulado *Un domingo de verano en la isla de La Grande-Jatte*, de Georges Seurat (1884–1886, Instituto de Arte de Chicago; ilust. págs. 226–227). Esta pintura también revela el hecho de que la moda del estilo polisón había llegado definitivamente a las clases más bajas. En Japón se conocía el estilo polisón como el atuendo occidental que se llevaba en el *Rokumei-kan,* la casa de huéspedes oficial, que funcionó como centro de occidentalización de Tokio durante la Restauración Meiji (1867–1912).

A partir de mediados del siglo XIX, la mayoría de los vestidos consistían en dos piezas separadas, un corpiño y una falda, y con el paso de los años se incrementó el uso de adornos y detalles. Los vestidos llegaron a llevar complicadas ornamentaciones en cada uno de sus pliegues. Como resultado, la silueta natural de la mujer resultaba casi imposible de apreciar. La única excepción a esta regla, el vestido de una sola pieza que mostraba parte de la figura real de quien lo llevaba, apareció a principios de la década de 1870. Esta prenda dio en llamarse «vestido línea princesa», en honor a la princesa Alejandra (1844–1925), que más adelante se convirtió en reina de Inglaterra. Los peinados de finales de siglo reflejaban una preferencia por los moños voluminosos. Los tocados, casi una necesidad en el siglo XIX, se convirtieron en pequeños sombreros de ala corta, para evitar cubrir los intrincados peinados. Las tocas, prácticamente sin ala, fueron muy populares por este motivo.

La silueta en forma de «S»

El período que va de finales del siglo XIX hasta la I Guerra Mundial se conoce como la *Belle Époque,* y se caracteriza por una brillante decadencia y un espíritu alegre de la gente ante la llegada del nuevo siglo y la vida en general. El ambiente de transición trajo aires nuevos a la moda femenina. Este período fue testigo de un cambio espectacular: del atuendo artificioso del siglo XIX con prendas interiores estructuradas a los estilos del siglo XX, que buscaban la expresión del cuerpo femenino tal como es en realidad. En su libro *En busca del tiempo perdido,* Marcel Proust captó y describió concienzudamente la importante transición que vivió la estructura de la ropa interior femenina.

Los importantes avances que datan de esta época fueron la silueta en forma de «S» y el traje sastre para mujeres. La primera implicaba un vestido que realzaba un talle extrema-damente estrecho, un pecho generoso y proyectado hacia delante y una protuberancia en la parte posterior de la falda. Los fabricantes de ropa interior idearon varios tipos de corsé para conseguir las diminutas cinturas que este estilo requería. Este tipo de silueta de mujer se parecía a las sinuosas formas orgánicas que eran el ideal del Modernismo. En especial, la línea vaporosa de la falda acampanada con cola se parecía al motivo floral tan frecuente en los artistas modernistas. En el campo de las artes decorativas, como por ejemplo los accesorios y la joyería, la innovación y la excelente calidad del diseño modernista resultan perfectamente evidentes.

Antes del siglo XIX, las mujeres ya habían llevado trajes sastre (amazonas) para montar a caballo, con elementos que tomaron prestados del atuendo masculino. La moda de los trajes como prendas deportivas y para el viaje empezó a arraigar en la segunda mitad del siglo. Finalmente, entre los últimos años del siglo XIX y principios del XX, las mujeres empezaron a vestir trajes sastre en ocasiones diferentes. Los de la época consistían en dos piezas: una chaqueta y una falda, que se llevaban con una camisa corta (o blusa) bajo la chaqueta. Debido a esta preferencia por los trajes, la blusa empezó a ser valorada como elemento importante de la moda femenina, y la tendencia se aceleró gracias a la aparición de las «chicas Gibson», llamadas así por el ilustrador americano Charles Dana Gibson (1867–1944).

En el caso de los vestidos, contrariamente a la tendencia de simplificar y seguir la línea natural del cuerpo femenino, volvieron a aparecer brevemente unas gigantescas mangas de pernil hacia 1900. De forma similar, los sombreros se hicieron más grandes y se decoraron con ornamentos extravagantes, como pájaros disecados; esta moda siguió contando con el favor popular hasta principios del siglo XX.

La evolución de la ropa interior

Hacia la segunda mitad del siglo XIX, la modernización industrial mejoró el estilo de vida medio, y la gente tenía ropa en abundancia. Apareció una estricta etiqueta social con relación al atuendo, y las mujeres tenían que cambiarse de ropa siete u ocho veces al día para seguir los dictados de la sociedad. Por ejemplo, los siguientes nombres de vestidos son indicativos de las ocasiones para las cuales las mujeres estaban obligadas a cambiarse de ropa: vestido de mañana, vestido de tarde, vestido para ir de visita, vestido de noche (para el teatro), vestido de baile, vestido para una cena de etiqueta, vestido para estar en casa (antes de acostarse) y, por último, camisón.

Se crearon numerosos tipos de prendas interiores adecuados para los nuevos vestidos. Además de la camisola, aparecieron las calzas largas o calzones y las enaguas, y toda la ropa interior femenina se llenó de adornos. Surgieron nuevas prendas interiores para ajustarse a los rápidos cambios de la silueta. Los miriñaques, polisones y corsés, todos ellos imprescindibles para la silueta esculpida del siglo XIX, sufrieron cambios con la incorporación de varios dispositivos e inventos novedosos, muchos de los cuales fueron patentados. Los espectaculares cambios en la producción de acero hicieron posible esta nueva y más amplia selección de miriñaques y polisones. El alambre de acero y los muelles empezaron a hacer su aparición en la ropa interior, además de los habituales soportes de tela, crin de caballo, ballena, bambú y rota. La invención de los ojetes de acero en 1829 hizo que los corsés fueran realmente eficaces para moldear la silueta femenina. Las mujeres los siguieron considerando la prenda interior más importante hasta principios del siglo XX.

Confección y alta costura

La industria textil aportó asombrosas mejoras a ciertos sectores de la sociedad del siglo XIX. La primera mitad de la centuria fue testigo de la mecanización de la estampación y de mejoras en la maquinaria de hilatura y tejeduría. En 1856 la invención de la anilina, el primer tinte sintético, supuso un cambio espectacular en la paleta de colores de la indumentaria. Los azules, malvas intensos y rojos oscuros que la anilina producía eran tan vistosos que la burguesía los adoptó inmediatamente. Además, la máquina de coser, a la que el norteamericano Isaac Merrit Singer introdujo importantes mejoras en el año 1851, demostró que podía aportar un notable rendimiento a la confección de prendas de vestir, e inmediatamente se propagó por toda la industria de la moda. El concepto de prendas «de confección» surgió de forma natural en este ámbito. En América del Norte, los métodos de producción de prendas confeccionadas habían mejorado rápidamente durante la guerra civil para satisfacer la creciente demanda de uniformes militares. En Francia, las primeras prendas producidas en masa, llamadas de *confection,* eran económicas, aunque las tallas resultaban imprecisas.

En contraste con una industria de confección de ropa femenina sencilla y funcional, surgió un mercado de alta costura *(haute couture),* que tuvo un buen inicio durante este período y que demostró ser igualmente próspero. El modisto inglés Charles Frederick Worth sentó las bases de la alta costura de acuerdo con el sistema que sigue existiendo actualmente. En 1857 abrió su *maison* en París e introdujo la práctica de presentar una nueva colección de sus propios diseños cada temporada. Además, al exhibirlos sobre modelos de carne y hueso, cambió radicalmente la manera de presentación de los vestidos. Gracias a Worth, el actual sistema de la moda, en el que varias personas pueden adquirir la obra creativa de un modisto, fue lanzado con éxito.

Prendas deportivas y para lugares de veraneo

Hacia la segunda mitad del siglo XIX, el nivel de vida de ciertas capas de la sociedad había mejorado tanto que las personas tenían más oportunidades para disfrutar de las actividades de ocio. Viajar a lugares de veraneo para escapar del frío o del calor se hizo posible con el progreso del transporte público, y cada vez más gente adoptó este hábito. La afición a las actividades deportivas también se extendió entre el gran público. En este período aparecieron los elementos básicos del atuendo masculino que todavía siguen presentes en la actualidad: la chaqueta y los trajes de tres piezas como prendas informales para actividades tales como viajar o practicar deporte. La ropa deportiva femenina, para montar a caballo, cazar y jugar al tenis, era algo más práctica pero no significativamente diferente de su indumentaria urbana. Aun cuando en esa época los baños de mar se consideraban una práctica médicamente recomendable, se esperaba de las mujeres que se quedaran jugueteando en la orilla en lugar de nadar. Sus trajes de baño servían también para practicar deportes y pasear por la playa. Los trajes más adecuados para nadar, que consistían en una parte superior y unos pantalones, aparecieron en la década de 1870.

Hacia finales del siglo XIX, las faldas empezaron a acortarse debido a la popularidad de los deportes más dinámicos como el golf y el esquí. Aparecieron los jerséis deportivos de punto, así como una chaqueta masculina llamada «chaqueta Norfolk», que fue adaptada como prenda femenina para ir de caza. Los cuadros escoceses, prácticos de usar y únicos en color y dibujo, se pusieron de moda después de que los llevara la reina Victoria. Además, los pantalones bombacho finalmente fueron aceptados como prendas funcionales femeninas —para montar en bicicleta— en la década de 1880. La primera en defender su uso, a mediados de siglo, fue la feminista Amelia Jenks Bloomer, de la que tomaron su nombre inglés: *bloomers*. La llegada del bombacho coincidió con las campañas recién iniciadas en pro de los derechos de la mujer.

Japonismo y moda parisina

Con la apertura de Japón al comercio internacional en 1854, los intereses europeos en este país crecieron rápidamente, y en la década de 1880 emergió la tendencia llamada *japonismo*, que duró hasta 1920, aproximadamente. La influencia del japonismo en la moda se puede apreciar en distintas formas. En primer lugar, el kimono japonés propiamente dicho se llevaba como un batín exótico para estar por casa, y las telas con el que estaba hecho se utilizaban en la confección de vestidos occidentales. Todavía se conservan buenos ejemplos de vestidos estilo polisón hechos con tela de *kosode* (kimono de visita). Los motivos japoneses también fueron adaptados y aplicados a las telas europeas. Por ejemplo, en los tejidos producidos por esa época en Lyon pueden verse detalles de la naturaleza, pequeños animales e incluso blasones familiares. También era muy común llevar un kimono como bata para estar por casa, tal como lo refleja el cuadro *Madame Hériot* de Pierre-Auguste Renoir (1882, Hamburger Kunsthalle, Hamburgo; ilust. pág. 256). Más adelante la prenda se convirtió en un batín que, aunque conservaba la forma de kimono, era más occidental. La palabra *kimono* se empezó a utilizar en Occidente en un sentido más amplio, y abarcaba toda una gama de batas y batines. Por último, en el siglo XX, la silueta y construcción plana del kimono iba a ejercer una gran influencia sobre la indumentaria tridimensional occidental y el mundo de la moda.

Miki Iwagami, conferenciante del Sugino Fashion College

François Gérard
Madame Récamier, hacia 1805
Museo Carnavalet, París

Vestido
Hacia 1810
Vestido de muselina de algodón
blanca; cenefa bordada con lana
roja; chal de gasa de seda de
Spitalfields color malva.

A finales del siglo XVIII, creció la afición por la naturaleza debido a la influencia del neoclasicismo. La llegada de la Revolución Francesa (1789) provocó un cambio de estilo; en lugar de la artificiosidad y extravagancia tan marcadas en la indumentaria de la corte, la norma pasó a ser un estilo de vestido sencillo, algo radicalmente diferente. A principios del siglo XIX el vestido camisa, una prenda de muselina blanca, casi transparente, de cintura alta, similar a las túnicas de las antiguas estatuas griegas o romanas, se puso muy de moda. Revelaba más partes del cuerpo femenino que cualquier prenda anterior. Este fue el resultado de un concepto moderno e innovador del cuerpo femenino. No obstante, tras saborear brevemente las libertades del vestido camisa, el cuerpo femenino se iba a someter de nuevo al estricto control del corsé durante otro siglo. Aunque tuvo una vida limitada, el vestido camisa ocupa un lugar único en la historia de la indumentaria femenina.

Vestido
Hacia 1802
Vestido de muselina de algodón blanca con cola; bordado floral en el panel delantero, bajo de la falda, mangas y escote.

Vestido
Hacia 1800
Vestido de gasa de algodón
blanca bordado con ramos de
flores en la pechera y el bajo
de la falda.

De izquierda a derecha, 1–5

1. Vestido
Hacia 1810
Vestido de muselina de algodón blanca con bordado de pequeñas flores en seda y oro.

2. Vestido
Hacia 1810
Vestido de crepé de seda amarillo con cola; bordado floral con chenilla polícroma; fular de crepé de seda amarillo con bordado de chenilla y fleco; bolso de terciopelo beige pintado con flores y arquitectura clásica, cordón dorado.

3. Vestido
Hacia 1803
Vestido de muselina de algodón blanca con cola; bordado en el bajo de la falda y la pechera; chal de seda cruzada azul con bordado floral de chenilla y fleco.

4. Vestido infantil
Hacia 1810
Gasa de algodón blanca con motas bordadas.

5. Vestido
Hacia 1802
Vestido de muselina de algodón blanca con cola; bordado blanco con motivo floral; chal de seda negra tejido.

De izquierda a derecha, 1–6

1. Vestido
Hacia 1800
Vestido de gasa de algodón blanca
con bordado rameado en la pechera
y el bajo de la falda.

2. Vestido
Hacia 1805
Vestido de muselina de algodón blanca
con cola; bordado blanco con pequeños
motivos florales; fichú de muselina de
lino blanca con bordado polícromo,
con bordes que cuelgan del hombro.

3. Vestido
Hacia 1810
Vestido de muselina de algodón blanca
con cuentas; chal de gasa de lino beige
con bordado turco en oro y plata,
adornos de acero en las cuatro esquinas.

4. Vestido
Hacia 1800
Vestido de muselina rayada con cola;
bordado blanco con motivo floral; chal
de crepé de seda rojo con dibujo floral;
bolso de raso de seda blanco bordado
con chenilla y borlas.

5. Vestido
Hacia 1805
Vestido de muselina de algodón blanca
bordada en rojo, azul y plata; con cola
y enagua.

6. Vestido
Hacia 1810
Vestido de muselina de algodón blanca;
cenefa bordada con lana roja; chal de
gasa de seda de Spitalfields color malva
con motivos florales.

► **Vestido**
Hacia 1803
Vestido de tafetán de seda
amarillo; chal de seda reticulada
de color negro bordado con
motivos florales polícromos;
fleco.

◄ **Vestido**
(Detalle de página 142, n.° 1)

Jacques-Louis David
La coronación de Napoleón I
(Detalle), 1806–1807
Museo del Louvre, París

Vestido de etiqueta
Hacia 1805
Seda labrada blanca; rayas lisas
y motivo floral de hilo metálico
plateado; vestido con cola; chal
de encaje de algodón con
pequeños motivos florales.

Los últimos años del siglo XVIII
fueron un período de transición, de
los extravagantes vestidos de seda al
sencillo vestido camisa de algodón
blanco. La ola de anglomanía hizo que
las sencillas telas de algodón se hicieran
muy populares, y como consecuencia la
industria sedera de Lyon, un importante
pilar de la economía francesa, sufrió un
duro golpe. Para reactivar este sector
industrial, Napoleón publicó un decreto
imperial que decía que tanto hombres
como mujeres debían vestir trajes de
seda en las ceremonias públicas; así
mismo, se animaba a la gente a llevarlos
también en la corte francesa. Estos dos
vestidos son el máximo exponente de
la gloriosa y elegante belleza de la seda
fina.

Vestido de etiqueta
Hacia 1805
Seda labrada con motivo foliáceo;
vestido con cola; chal de gasa de seda
blanca tejido con motivos florales en
lana; flecos.

Después de que Napoleón ascendiera
al trono con el nombre de Napoleón I,
la indumentaria fue utilizada a modo
de propaganda política. A modo de
símbolo imperial, la glamourosa corte
de la monarquía prerrevolucionaria fue
restaurada. En el cuadro de J.-L. David
La coronación de Napoleón I (1806–
1807), el vestido estilo imperio y el
sobretodo de corte *(manteau de cour)* de
la emperatriz Josefina están retratados
con precisión. El sobretodo, que da una
impresión de extravagancia y autoridad,
se convirtió en prenda habitual en todas
las cortes europeas. Se dice que este
magnífico y elegante *manteau de cour* se
llevaba en la corte del rey Fernando VII
de España (1784–1833).

Vestido de corte
Mediados de la década de 1820
Vestido de raso de seda blanco con tul
de seda bordado en hilo de oro; mangas
abullonadas; dos volantes en el bajo de
la falda; vestido bajo de georgette de
seda; cola de tafetán rojo bordado en
oro desde la cintura; borde ondulado.

En Francia se llamaba *amazone* a los trajes de montar femeninos, por las mujeres guerreras de la mitología griega. Estos trajes emulaban la moda masculina, pero no estaba permitido que las mujeres montaran a horcajadas y por eso siempre tenían que llevar un vestido y cabalgar de lado. A la derecha y en la página 151 puede verse un típico traje de montar de principios del siglo XIX. La chaqueta sastre tenía un diseño similar a la de los hombres. La falda es larga para evitar que se vieran las piernas mientras cabalgaban.

Página 150 izquierda
Chaqueta masculina (levita) y calzones
Hacia 1815
Chaqueta de velarte de lana azul marino, con faldones y parte delantera de corte vertical; calzones de ante color beige.

Página 150 derecha
Chaqueta de caza (bolero) y falda
Hacia 1815
Chaqueta de velarte azul marino; falda de estapilla de algodón blanco con galón a juego e inserciones triangulares de muselina de algodón.

Página 151 y detalle de página 153
Traje de montar
Hacia 1810
Velarte de lana negro; conjunto de chaqueta y falda de un largo adecuado para montar a caballo.

Napoleón estaba intentando crear
un gran imperio y reforzar su ejército,
así que diseñó un uniforme que resultara
atractivo para que los hombres se
alistaran. El uniforme de los húsares,
originalmente una unidad de la caballería
húngara, inspiró el estilo húsar *(à la
hussarde)*. El cierre con botones a la
Brandenburg de la parte delantera del
bolero y el redingote, un elemento
del uniforme húsar, se convirtieron en
tendencias populares. De los jinetes
egipcios conocidos como mamelucos,
que también formaban parte del ejército
napoleónico, llegaron las mangas
mameluco con varios bullones, un estilo
popular entre el gran público.

Auguste Boyer
Copia al estilo Antoine-Jean Gros
El general de Lasalle, 1808–1835
Palacios de Versalles y el Trianón,
Versalles

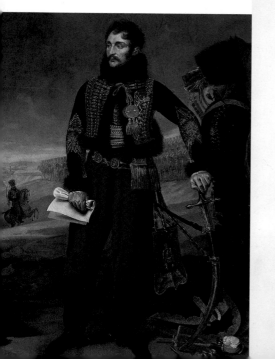

El fino vestido camisa de
muselina no era protección
suficiente contra los rigores del
helado invierno europeo, así
que los chales de cachemira y
el bolero pronto se pusieron de
moda. Además de proteger del
frío, también se valoraban por
sus propiedades ornamentales.
El *spencer* o bolero de estilo
inglés estuvo de moda desde la
década de 1790 hasta la de 1820.
Se trataba de una chaqueta corta
y entallada con mangas largas
y ajustadas. Recibió su nombre
por el conde inglés de Spencer
(1758–1834), que vestía este
tipo de chaqueta. Inicialmente
prenda masculina, sus prácticas
características hicieron que
pronto fuera también de uso
femenino.

◄◄◄ Chaqueta (bolero) y falda

Hacia 1815

Chaqueta de terciopelo cortado color
rojo con ribete y botones forrados al
estilo húsar; falda blanca de tejido a
la plana de algodón; bajo fruncido.

◄◄ Vestido

(Detalle página 155)

Hacia 1815

Vestido dos piezas de estapilla de
algodón blanca; chaqueta con trencilla
y pompones al estilo húsar; falda con
bordado de cordoncillo y triple volante;
volantes bordados y pequeñas borlas de
adorno en todo el vestido.

◄ Redingote (estilo húsar)

Hacia 1815

Tejido de algodón a la plana color
blanco; ribete Brandenburg y pompones
al estilo húsar; bolso de malla metálica
con cierre de plata.

Journal des Dames et des Modes, 1814

En Francia, alrededor del año 1725, la casaca que los aristócratas ingleses llevaban para montar a caballo se convirtió en un sobretodo para abrigarse y en un gabán para ir de caza a modo de impermeable. Más adelante el propio ejército utilizó este tipo de prenda. Lo que en inglés se llamaba *riding coat* se convirtió en *redingote* para los franceses, y fue una prenda de uso generalizado hacia finales del siglo XVIII. En esa época, la moda femenina francesa estaba muy influida por el estilo práctico y funcional del atuendo masculino y los uniformes militares, pero esa tendencia no duró mucho tiempo. Durante este período y el resto del siglo XIX, la moda destacó la elegancia de la silueta femenina. El resurgimiento de lo práctico y lo funcional no llegaría hasta los últimos años del siglo XIX.

◄ Redingote

Hacia 1810

Redingote de franela de lana roja
con trencilla y botones forrados
al estilo Brandenburg; bolso
de terciopelo beige, pintado a
mano con motivos paisajísticos y
florales, y con cadena; manguito
y palatina de plumón de cisne.

◄◄ Vestido

Hacia 1810

Vestido de algodón y lana de
ligamento mixto, color beige;
trencilla y fleco en la pechera
al estilo húsar; chal de lana con
cenefa floral estilo buta y fleco,
hecho en Francia; bolso de
tafilete con paneles de carey.

Todos los bolsos que aquí se muestran se llaman «ridículos» *(réticules)*, un tipo de bolso pequeño con cordones. Desde finales del siglo XVIII hasta principios del XIX, las formas de las faldas pasaron de ser anchas y huecas al esbelto estilo imperio que recordaba la forma de una columna griega. Como resultado, el bolsillo que antes se había llevado dentro del vestido ya no tenía espacio, así que fue necesario el bolso para sustituirlo. La piña (derecha) es una especialidad de la isla de la Martinica, lugar de nacimiento de la emperatriz Josefina; esos toques exóticos estaban muy de moda en la época.

Ridículo
1810–1815
Raso de seda blanco con bordado polícromo que representa un cestito con flores; fleco de pasamanería.

Ridículo
Hacia 1800
Punto de seda amarilla y verde; forma
de piña con remate de cuentas plateadas
y borlas.

Ridículo
Principios del siglo XIX
Punto de seda oro y verde a cuadros;
medallón con dibujo arquitectónico;
borlas.

Vestido de calle
Hacia 1820
Tafetán de seda a rayas marrones
y azules; conjunto de vestido
y bolero; cordoncillo de tafetán
de seda y adorno de bullones en
el escote de la chaqueta; cinturón
a juego; cuatro filas de volantes
en el bajo de la falda.

Páginas 164/165

En la década de 1820 la cintura retomó su posición normal. El talle estrecho se volvió a poner de moda y regresó el corsé como elemento imprescindible del atuendo femenino. También bajaron los hombros y los escotes, y la falda empezó a ahuecarse hasta alcanzar la forma acampanada en la década de 1830. La seda fina y suave era popular en esa época. Los bajos de las faldas se decoraban con volantes y acolchados para dar suficiente peso y definir la silueta de la falda. Después de estudiar con Jacques-Louis David, Jean-Auguste-Dominique Ingres pintó muchos retratos de la burguesía, la nueva y pujante clase. Detalles como la forma del fino escote y de los hombros redondeados, envueltos en suaves contornos, eran una expresión precisa de la elegancia de las mujeres de la época.

Journal des Dames et des Modes, 1817

1817. *Costume Parisien.*

(1653.)

Chapeau Bouillonné. Volans pareils à la Robe.

Página 164
Vestido de noche
Hacia 1826
Organdí de seda amarilla tejido con motivos florales; adornos de raso de seda en el escote y el dobladillo de las mangas abullonadas; cuello de tul de seda y raso; raso de seda acolchado y volante en el bajo de la falda.

Página 165
Vestido de calle
Hacia 1822
Organdí de seda blanca con franjas de raso de seda amarillo; bullones de chiffon de seda y acolchado de raso de seda en el bajo.

A partir de la década de 1820 las mangas se fueron ahuecando y alcanzaron su máximo volumen en los años 30. Se llamaban mangas de pernil o jamón porque su forma recordaba el muslo de un cerdo; en inglés reciben el nombre de mangas de pierna de cordero. El siglo XIX fue un período durante el cual la forma de los vestidos femeninos cambió espectacularmente.

Las mujeres de la época, en un esfuerzo por negar su presencia física y convertirse en seres etéreos, primero lo intentaron con las anchas mangas de pernil y después buscaron el mismo efecto con el miriñaque y el polisón para las faldas. Con el cambio de siglo las mangas volvieron a cobrar un gran volumen.

◄ Vestido de calle
Hacia 1826
Tafetán de seda estampado con rayas verdes y amarillas; grandes mangas de tafetán de seda verde; aplicaciones con forma de hoja y remate acolchado en el bajo de la falda; lazos sobre los hombros.

► Bolso
Década de 1820
Seda a rayas azules y marrones; base con fuelle; lentejuelas; correa de cinta.

El período romántico empezó
a principios del siglo XIX.
El centro de atención pasó de la
vida real a un mundo de fantasía
inspirado en el estilo caballeresco
medieval y en los cuentos de
hadas. El estilo de los artistas
del período romántico –Byron
y Keats, poetas, Schumann y
Chopin, músicos, Delacroix,
pintor– se caracterizaba por
un sentido de lo trágico y una
exaltación de ese sentimiento,
que a su vez marcó el tono
de toda la época. El modelo
de mujer de este período era
delicado y melancólico, y el
ideal amoroso del hombre era
una mujer sumisa. Las obras
de teatro situadas en la época
medieval de repente se pusieron
de moda, y los trajes del medio-
evo ofrecieron inspiración para
la forma femenina, derivando
en peculiaridades de la moda
como el escote pronunciado,
las mangas de pernil, el talle
estrecho y la falda generosa
y acampanada.

◄ **Vestido de calle**
(Ver también página 171)
Hacia 1838
Gasa con mezcla de seda y lana
de color rojo con ribete de raso
de seda; botones forrados en
el corpiño y mangas de pernil;
adornos de pliegues e inserción
de encaje de blonda en el
hombro.

Página 170
Vestido de calle
Hacia 1833
Tejido a la plana de algodón
con motivos florales geométricos;
vestido de una sola pieza; mangas
de pernil; capa y cinturón a
juego.

El chintz indio conocido
como *indiana* había sido muy
apreciado en el siglo XVII,
y su popularidad contribuyó
al desarrollo de la industria
de estampación en Europa
occidental, que ya era pujante
debido a la Revolución
Industrial que tuvo sus inicios
en Inglaterra. A mediados de
la década de 1830, los vestidos
confeccionados con ese material
estaban muy de moda. Este
vestido muestra la típica línea
romántica de esta época, y el
dibujo de flores y frambuesas
da al chintz indio un aspecto
aún más delicado.

Vestido de calle
Hacia 1835
Chintz indio; fondo blanco
estampado con flores y
frambuesas; mangas de pernil;
fruncido en los hombros y la
pechera.

En la década de 1830 estaban
de moda los fichús y varios tipos
de capas, como la esclavina.
Estas prendas realzaban el
volumen de las mangas de
pernil y cubrían el escote con
transparencias. La acentuada
línea de los hombros hacía que
la cintura pareciera más
pequeña. Como se puede ver en
estos vestidos, las mangas cada
vez más voluminosas y las faldas
más ahuecadas originaron una
fuerte demanda de materiales de
colores claros, como la muselina,
y tejidos translúcidos como el
organdí. Se precisaban varias
capas de enaguas para mantener
el volumen de la falda.

Vestido de calle
Hacia 1837
Tejido a la plana de algodón
blanco a cuadros; bordado
con motivos de hojas; mangas
de pernil; parte superior de la
manga fruncida hasta el hombro.

Se dice que el abanico se importó
de Oriente en los siglos XV y XVI y
se convirtió en un artículo habitual
en Europa. Hacia el siglo XVII
también se fabricaban abanicos
en Europa, especialmente en París,
y eran considerados accesorios
básicos para la mujer. Además de
su uso práctico, el abanico resultaba
un toque esencial en el atuendo
perfecto.

◄◄ **Vestido de calle**
Hacia 1838
Tafetán de seda marrón dorado
tejido con dibujo geométrico; capa
a juego; mangas de pernil; pliegues
en la pechera y parte alta de la
manga.

◄ **Vestido de calle**
Hacia 1835
Seda marrón dorado tejida
a cuadros; mangas de pernil.

► **Abanico**
Décadas de 1820 y 1830
Carey dorado; dibujo de estilo
gótico; veinticinco varillas.

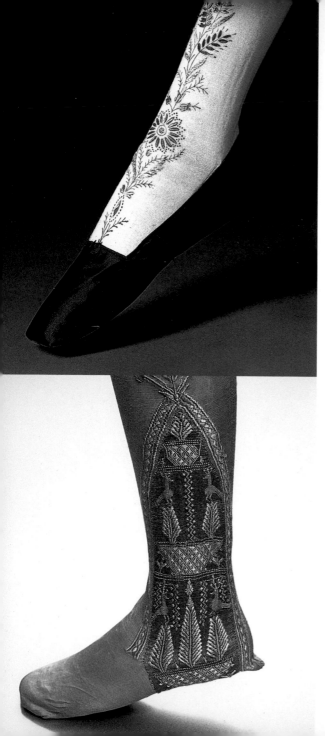

Los zapatos sin tacón estuvieron de moda desde el período del Imperio hasta la era romántica. Se utilizaban materiales delicados y livianos en los zapatos para que hicieran juego con el vestido. Cuando los vestidos translúcidos y de falda más corta se popularizaron, solían llevarse medias decoradas con bordados en la zona del tobillo.

▼ **Medias**
Décadas de 1830
Punto de algodón blanco; bordado de seda con motivos florales desde el empeine hasta el tobillo.

◄ **Medias**
Principios del siglo XIX
Inglaterra
Punto de seda amarilla bordada con motivo neoclásico en el costado.

► **Zapatos**
Década de 1830
Trenzas de paja y crin de caballo; ribete de cinta de seda y escarapela; forro de tafetán de seda.

La cintura alta estuvo de moda desde finales del siglo XVIII, pero volvió a su posición natural a mediados de la década de 1820. Por ello cobró importancia poseer un talle esbelto, y de nuevo surgió la demanda de corsés. Desde entonces la obsesión por una cintura de avispa fue en aumento, y el corsé, aunque cambiaba de material y forma, siguió apretando la cintura de la mujer hasta principios del siglo XX. Los corsés que aquí se muestran son del tipo que se llevaba cuando se volvió a imponer el talle fino en la década de 1820. Su tacto es suave y la presión que ejerce sobre la cintura al estrecharlo no es excesiva. A la derecha, en la parte inferior, se pueden ver las hombreras que se llevaban bajo las mangas de pernil, tan en boga entonces, para realzar su volumen.

Izquierda y arriba, a la derecha
Corsé, camisola y calzón largo
Década de 1820
Corsé blanco de raso de algodón acolchado con varillas blandas y ballenas (busto aprox. 80 cm; cintura aprox. 49 cm); camisola y calzones de lino blanco.

▶ **Corsé, camisola, enagua y hombreras**
Década de 1830
Corsé blanco de raso de algodón acolchado con cordoncillo; camisola de algodón blanco; enagua de lino; hombreras de chintz de algodón rellenas de plumón.

Mitones
Década de 1830
Tejidos en seda negra con efecto
de encaje y bordados con cuentas
metálicas.

Costumes Parisiens, 15 de julio de 1833

Durante el período romántico
se utilizaron con gran profusión
los tejidos con pequeños motivos
florales para los vestidos femeninos.
Las técnicas de estampación
evolucionaron con rapidez y los
motivos polícromos que antes solo
eran posibles sobre seda tejida se
podían aplicar ahora con métodos
de estampación más económicos.
En 1834 se inventó el método *perrotine*
de estampación, que permitió producir
en masa los delicados estampados
florales y a precios económicos.
El material con pequeños motivos
era popular por varias razones: aparte
de tener un precio asequible, escondía
los posibles puntos de suciedad de la
ropa y cualquier error en la técnica
de confección.

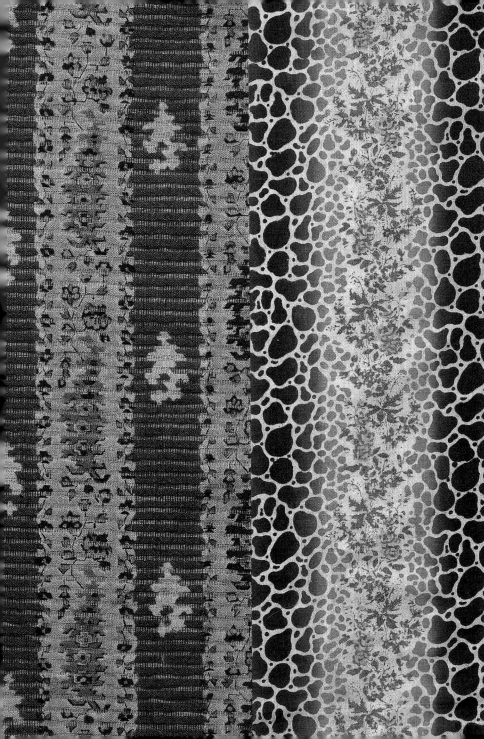

Páginas 182/183
**Detalles de estampados
para vestido**

1. Hacia 1845
Tejido a la plana de algodón
estampado.
2. Hacia 1840
Tejido a la plana de algodón
estampado.
3. Década de 1840
Tejido de mezcla de lana y seda
con efecto de encaje.
4. Década de 1840
Tejido a la plana de lana
estampada.

Páginas 184/185
Vestido de calle
Hacia 1845
Tafetán de seda tornasolada
azul y violeta; fruncido nido
de abeja en la parte delantera;
dos volantes en el hombro.

La palabra *dandy* se usó por
primera vez a principios del siglo
XIX para definir a los ingleses
más refinados. Animados por
la Restauración de 1815, los
aristócratas que habían huido a
Inglaterra regresaron a Francia,
y los *dandies* que volvieron a
París se convirtieron en una
característica de la capital.
Sus atuendos seguían el estilo
sencillo y funcional de la moda
inglesa. Puesto que no habían
ornamentos, se hacía hincapié en
unos materiales de primera clase
y un corte perfecto y ajustado.
La exquisita combinación de
colores y el corte que se ajusta
perfectamente al cuerpo casi
convierten a este típico terno de
un *dandy* de los años 30 en una
obra de arte.

Páginas 186/187
Conjunto masculino
Década de 1830
Levita marrón oscuro de velarte
de lana con cuello de terciopelo;
chaleco de raso de seda negro con
dibujo floral de terciopelo cortado;
pantalones de sarga de algodón a
cuadros; corbata de pongís de seda.

Hasta el siglo XVIII el concepto
de «ropa infantil» no existía.
El niño era considerado un adulto
en miniatura, y la ropa que llevaba
era simplemente una versión
reducida de la de los mayores.
Con la influencia de la teoría
del «retorno a la naturaleza» de
Jean-Jacques Rousseau, a finales
del XVIII empezaron a surgir
algunas ideas cuyo objetivo era
crear vestidos prácticos y cómodos
para los niños, aunque la moda
femenina siguió ejerciendo una
fuerte influencia sobre la ropa
infantil.

◄ **Vestido de calle**
Hacia 1850
Tafetán de seda a cuadros verdes
y blancos; falda con cinco volantes
de bordes ondulados.

► **Vestido de niña**
1845–1849
Muselina de algodón blanca
bordada; falda con tres volantes.

►► **Vestido de calle**
Hacia 1855
Organdí blanco estampado con
mezcla de lana y seda; falda en dos
hileras y cenefa; mangas pagoda
con flecos.

A partir de mediados del siglo XIX las formas de las faldas se fueron haciendo aún más redondeadas y voluminosas. Hacia la década de 1850 estaba de moda llevar faldas con muchas hileras de volantes horizontales, que servían para realzar la forma acampanada de la prenda.

◄ Vestido de noche
Principios de la década de 1850
Brocado de tafetán de seda azul pálido con motivos de rosas; decoración de raso de seda y tul en la pechera; falda con tres volantes de bordes ondulados.

► Vestido de calle
Hacia 1855
Brocado de tafetán de seda gris perla con dibujo de encaje plateado y flores; fleco en el bajo del corpiño y mangas pagoda de doble capa; encaje blanco en el cuello; falda de doble hilera.

Ingres se hizo famoso por pintar
retratos que captaban con gran
precisión la personalidad y
el estatus social del modelo.
Sus clientes pertenecían a la
nueva y pujante burguesía, y
los extravagantes atuendos que
caracterizaban la posición social
de esta clase fueron pintados
por él con una extraordinaria
habilidad.

Vestido de noche
Hacia 1855
Gasa mezcla de lana y seda
color crema con estampado
floral; falda en tres hileras.

▶ **Jean-Auguste Dominique
Ingres**
Madame Moitessier (detalle), 1856
Galería Nacional, Londres

La invención de la crinolina hecha con crin de caballo permitió reducir el número de enaguas bajo las faldas. Hacia finales de la década de 1850 surgió un innovador miriñaque con armazón, construido a base de una serie de aros de acero y hueso de ballena. Los miriñaques eran fáciles de poner y de sacar, así que las faldas siguieron expandiéndose hasta alcanzar su talla máxima en la década de 1860. El miriñaque se volvió desproporcionado y resultaba molesto para andar o cruzar una puerta, lo que complicaba la vida cotidiana de quien lo llevara. Las críticas hacia este objeto se fueron generalizando, hasta el punto de convertirse en motivo de burla.

◄ **Vestido de calle**
Hacia 1858
Tafetán de seda azul marino con dibujo a rayas de terciopelo cortado.

► **Vestido de calle**
Hacia 1850
Tejido a la plana de lana a cuadros verdes y beige; mangas pagoda; ribete de cinta de tafetán de seda.

►► **Vestido de calle**
Hacia 1850
Mezcla de lana y seda de ligamento barés con rayas azules y blancas; mangas pagoda con fleco; falda con cinco pliegues horizontales.

A finales del siglo XVIII, Europa occidental importó por primera vez el chal de cachemira, y a principios del XIX se convirtió en una prenda popular gracias a su originalidad, exotismo y uso práctico. El chal de cachemira procede de la región del mismo nombre, en el noroeste de la India, donde el pelo corto de la cabra de montaña se hilaba a mano y después se tejía para producir la lana. Se trata de una tela ligera y suave, con un brillo sedoso. De entre todos los tejidos de lana de la época este era el de mayor calidad. Era la tela más codiciada por las mujeres del siglo XIX, un hecho frecuentemente satirizado en las novelas de Balzac. La gran demanda de esta prenda dio origen a una potente industria en Francia e Inglaterra; sin embargo, existen documentos que indican que hasta la década de 1840 los chales de más calidad eran los que se producían en Lyon. En Paisley, Escocia, se hacían imitaciones más sencillas. Más tarde, el término inglés *paisley* se usaría para designar los diseños del chal de cachemira.

Chal de cachemira
Décadas de 1810–1820
Chal rectangular de cachemira rojo; cenefas polícromas con motivos paisley a ambos lados y con flecos.

Alfred Stevens
¿Quieres salir conmigo, Fido?,
1859
Museo de Arte de Filadelfia

Vestido de calle
Hacia 1850
Mezcla de lana y seda de ligamento
barés con rayas azules y blancas; chal
de cachemira rectangular.

Durante el Segundo Imperio (1852–1870), los vestidos con miriñaque adquirieron tanto volumen que resultaba imposible ponerse un abrigo encima, por lo que se popularizaron los chales de cachemira de gran tamaño. Con el cambio al estilo polisón, los chales también sufrieron modificaciones y apareció la «visita» o prenda para estar por casa. Como podemos ver en la fotografía de la izquierda, el chal de cachemira se convirtió en una visita, y poco a poco pasó a ser un elemento para la decoración de interiores hasta desaparecer finalmente de la escena de la moda.

◄ **Visita**
Finales de la década de 1870
Tela polícroma tejida en Cachemira (India); rematada con flecos en el cuello, manga y bajo.

► **Chal de cachemira**
Décadas de 1850 y 1860
Chal de cachemira polícromo, rectangular y con fleco en los extremos, de Frédéric Hébert, fabricante de chales parisino.
165 x 386,5 cm.

▼ **Zapatos de mujer**
Peter Robinson
Etiqueta: Peter Robinson Ltd costume REGENT
ST. W.
Finales de la década de 1860
Base de lana roja con bordado floral polícromo
(llamado bordado de Bokhara, una artesanía
tradicional de la región de Bokhara, Uzbekistán);
rosa de tafetán de seda y hebilla metálica.

▶ **Bata**
Jane Mason
Etiqueta: JANE MASON & CO. (Late LUDLAM)
159 & 160 OXFORD STREET
Hacia 1866, Inglaterra
Sarga de lana estampada con dibujo de cachemira
polícromo; no lleva costura en la parte delantera
de la cintura; volumen lateral y posterior; abertura
frontal con botones forrados y cinturón a juego.

Vestido de calle
Hacia 1865
Conjunto de corpiño y falda
de brocado de tafetán de seda
marrón tabaco; trencilla y
encaje en el corpiño.

Vestido de calle
Hacia 1865
Conjunto de corpiño y falda
de tafetán de seda violeta,
con encaje blanco y fleco
en el corpiño.

Vestido de calle
Hacia 1865
Conjunto de corpiño y falda
de tafetán de seda azul pálido;
chenilla y fleco en el corpiño.

Vestido de calle
Hacia 1865
Conjunto de corpiño y falda de
tafetán de seda marrón; adornos
de organdí y terciopelo.

A mediados del siglo XIX se llevaban los chales de encaje y de cachemira. El encaje, que hasta el siglo XVIII se había realizado totalmente a mano, se empezó a confeccionar a máquina en el siglo XIX. Debido a los avances industriales, los grandes chales de encaje tenían un precio asequible. Las ciudades francesas de Valenciennes y Alençon eran los principales centros de producción de encaje.

Vestido de calle
Hacia 1865
Brocado de tafetán de seda marrón tabaco con motivos florales; trencilla y encaje en el corpiño; gran chal triangular de encaje de Chantilly negro.

La tarlatana, un fino tejido a la plana de algodón, teñido o estampado y con un acabado almidonado, se hizo popular en la década de 1860. A pesar de su finura, era resistente y por tanto se podía usar con las amplias faldas del estilo miriñaque. Este es un ejemplo de vestido de tarlatana, como los que pueden verse en las pinturas de Manet y Monet. En sus escenas de exteriores estos artistas supieron captar con precisión el efecto de la liviana, vaporosa y parcialmente transparente tarlatana.

▼ **Vestido de calle**
Finales de la década de 1860
Tarlatana blanca de algodón con rayas tejidas; conjunto de corpiño y falda; cinta de raso de seda roja y encaje de algodón; cinturón de cinta de raso de seda roja; rosa de cintas en el centro de la pechera; lazada en la parte central trasera.

▶ **Claude Monet**
Mujeres en el jardín (detalle), hacia 1866
Musée d'Orsay, París

El vestido de noche de la década de 1860 muestra la característica silueta del miriñaque que se expande hacia atrás. El bajo frontal y el posterior se encuentran a 1,5 metros de distancia, aproximadamente, y la circunferencia total es de 4,7 metros. El estilo delantal de la sobrefalda se va redondeando por la espalda y adquiere más volumen.

Vestido de noche
Hacia 1866
Corpiño de seda rayada transparente color marfil y tafetán de seda rosa; falda de tres capas (falda y sobrefalda de seda rayada transparente color marfil, y falda interior de tafetán de seda rosa).

La moda del estilo miriñaque, que precisaba grandes cantidades de tejido de seda, fomentó el resurgimiento de la decaída industria de la seda. Este impresionante ejemplo muestra una atrevida combinación de motivos bordados. Probablemente fuera una dama de la clase alta, fiel seguidora de la moda, quien llevara este elegante vestido con adornos de flecos.

Vestido de noche
Hacia 1864
Conjunto de cuerpo y falda de tafetán de seda color marfil; fleco de chenilla en el cuerpo, cintura y parte trasera de la falda; bordado de bucles de flores y hojas, y rectángulos negros.

El uso «tradicional» del color blanco para los vestidos de novia data del siglo XIX. El blanco se utilizaba como símbolo de pureza e inocencia. La tradición se originó en Inglaterra y se convirtió en norma internacional. Anteriormente los vestidos de novia se confeccionaban con tejidos y adornos de máxima calidad, en colores muy variados.

► **Vestido de novia**
Hacia 1880
Conjunto de cuerpo y falda de estapilla de algodón blanca; fruncidos por todo el vestido; adornos de volantes, pinzas y encaje.

►► **Vestido de novia**
Hacia 1855
Conjunto de cuerpo y falda de tejido a la plana de lino blanco transparente; falda con tres hileras y mangas pagoda con tres volantes.

►►► **Vestido de novia**
Década de 1860
Conjunto de cuerpo y falda de organdí de lino blanco; ribetes de raso de seda; volantes en el cuerpo; gran lazada de seda en la parte posterior de la cintura.

En 1857 Charles Frederick Worth abrió una *maison* en París y sentó las bases de la alta costura. La emperatriz Eugenia fue la primera de una larga lista de clientes aristócratas que requirieron sus servicios. Gracias a su gran visión de futuro y hábiles estrategias, Worth controló la moda parisina a lo largo de medio siglo.

Este bello ejemplo de tejido color malva está teñido con anilina, un tinte químico inventado en 1856. Worth se apuntó inmediatamente a la nueva tendencia y fue el primero en utilizar estos colores brillantes hasta entonces nunca vistos. Todos estos vestidos pertenecen al período de transición durante el cual la moda empezaba a basarse en la silueta polisón.

◄ **Charles Frederick Worth**
Vestido para recepción
Etiqueta: WORTH 7,
RUE DE LA PAIX, PARIS
Hacia 1874
Conjunto de cuerpo y falda en faya de seda violeta; encaje de seda y lazos de terciopelo en escote y puños; sobrefalda en forma de delantal con fleco delantero; falda con tres volantes alternos de tela y terciopelo.

▶ **Anónimo**
Vestido de calle
1870–1874
Organdí de lino blanco estampado con motivos azules dispuestos en rayas; conjunto de cuerpo y falda, adornada con volantes.

▶▶ **Anónimo**
Vestido de calle
1869
Conjunto de cuerpo y falda de organdí de algodón blanco; adornos plisados; vestido bajo de organdí de lino azul.

El vestido «línea princesa» se llamó así en honor de Alejandra, princesa de Gales (más tarde reina de Inglaterra). No tenía costura horizontal en la cintura, sino que utilizaba pinzas verticales para ajustarse a esta, realzando el busto y las caderas. Estuvo de moda en el año 1880 y aunque fue un estilo que duró poco, se puede considerar un buen ejemplo del estilo «consciencia del cuerpo» del siglo XIX. El vestido de la fotografía está hecho con organdí e inserciones de tres tipos diferentes de encaje de Valenciennes con motivos vegetales. Se precisaron unos 50 metros de encaje.

Anónimo
Vestido para recepción
Etiqueta: (ilegible); Hacia 1880
Organdí de lino blanco y encaje de Valenciennes;
vestido línea princesa de una sola pieza; cola con
volante guardapolvo.

James Tissot
La recepción (detalle), 1878
Musée d'Orsay, París

En esta época se pusieron de moda los vestidos con grandes cantidades de detalles añadidos, como cintas, volantes y fruncidos. Aunque esta técnica de sobrecargar el traje con adornos era muy utilizada para los vestidos de noche, también era de uso generalizado para la indumentaria de día. A la izquierda vemos una silueta princesa, sin costura en la cintura. El vestido va bien entallado al cuerpo y realza el busto y las caderas. Aunque sigue el estilo polisón, entonces en boga, se puede ver la forma de las caderas, con las pinzas y los fruncidos que hay debajo abriéndose hasta llegar al bajo de la falda.

◄ **Anónimo**
Vestido de calle
Hacia 1880
Tafetán de seda marrón con fruncido; vestido línea princesa de una sola pieza.

► **Anónimo**
Vestido de paseo
Hacia 1884, Inglaterra
Raso de lana azul; vestido de una sola pieza con sobrefalda; sobrefalda drapeada hacia atrás y unida a un gran polisón; remate con adornos plisados y cinta de terciopelo.

Este es un ejemplo del estilo de vestido a la polonesa inspirado en el del siglo XVIII, que se puso de moda hacia 1870. La sobrefalda está pinzada hacia arriba para dejar al descubierto la falda. Este estilo se llamaba «Dolly Varden», basado en el personaje del mismo nombre de la novela de Charles Dickens *Barnaby Rudge* (1841), muy popular en esa época.

Laforcade
Vestido de calle
Etiqueta: LAFORCADE, 59 FIFTH AVENUE, NEW YORK
Hacia 1885
Algodón rojo estampado con motivos florales indios; conjunto de cuerpo y falda; sobrefalda abultada por detrás para mostrar la falda.

A finales de la década de 1880, el polisón alcanzó un tamaño suficiente para que cupieran dos personas; la parte saliente se solía describir, en tono irónico, como «lo suficientemente grande como para colocar una taza de té encima». En la segunda mitad del siglo XIX, las mujeres podían disfrutar de largos paseos al aire libre y de meriendas campestres, escapando así del calor estival. El parasol, mucho más que un utensilio para protegerse del sol, era también un accesorio de moda muy visible.

◄ Zapato y media
Décadas de 1870 a 1890
Zapato de raso de seda color burdeos; media de seda a juego con bordado.

► Anónimo
Vestido de calle
Hacia 1885
Raso de algodón blanco estampado con motivos de cerezas rojas; cuerpo y falda con volantes y lazos rojos; estilo a la polonesa con sobrefalda y polisón.

►► Anónimo
Vestido de calle
Hacia 1886
Tejido a la plana de algodón blanco con bordado en color rojo y marfil; conjunto de cuerpo y falda con dos volantes; tira de tela que cuelga de la parte trasera de la falda.

Páginas 226/227
Georges Seurat
Un domingo de verano en la isla de La Grande Jatte, 1884–1886
The Art Institute of Chicago, colección Helen Birch Bartlett Memorial

El grosor y la rigidez del tejido de seda de gran calidad resultaba ideal para crear las claras y precisas líneas del estilo polisón. De todas las sedas de calidad de la época, la de Lyon era la mejor. La moda femenina de ese período consumía grandes cantidades de tejido de seda de Lyon. Este ejemplo, una combinación de los colores complementarios azul verdoso y rojo, muestra el nuevo gusto en cuanto a colores, que fue posible gracias a los nuevos tintes químicos que se inventaron en esta época.

N. Rodrigues
Vestido para recepción
Etiqueta: N. RODRIGUES
Paris, 1875–1879
Brocado de raso de seda azul verdoso con motivo tejido de rosas rojas; vestido de dos piezas; encaje en el escote, abertura frontal y puños; lazos de raso de seda en la bocamanga; cola con fleco de hilo de seda y cuentas de madera.

Muchos americanos ricos eran clientes de Worth y Pingat, una de las principales casas de alta costura parisina de la época, y sus prendas de diseño se vendían regularmente en América. Este ejemplo, con su bello e impresionante tejido, es un vestido estilo polisón de dos piezas. Los motivos florales tejidos en la tela parecen pequeños crisantemos, flores que se habían popularizado gracias a la influencia del japonismo. Se pueden observar complejos y delicados adornos, como la generosa aplicación de flecos al cuerpo y al polisón, y el estrecho plisado que servía para adornar la falda.

Émile Pingat
Vestido de calle
Etiqueta: E. PINGAT 30,
RUE LOUIS-LE-GRAND 30
PARIS
Hacia 1883
Terciopelo de seda cortado color burdeos con motivos florales; conjunto de cuerpo, falda y cola; flecos de cinta y chenilla; botones metálicos; adornos plisados en el bajo de la falda.

Charles Frederick Worth utilizaba grandes cantidades de seda de Lyon, una ciudad cuya industria textil destacaba por su habilidad y sentido artístico. Los voluminosos vestidos de la época, que precisaban grandes cantidades de seda de Lyon, eran una moda muy reciente que se extendió por todo el mundo. Por ello, Lyon se convirtió rápidamente en la principal suministradora de los tejidos que se utilizaban en la moda de París. La imponente belleza de los materiales produce incluso un efecto mayor en este vestido de espectacular diseño.

Charles Frederick Worth
Vestido para recepción
Etiqueta: WORTH, 7 RUE DE LA PAIX, PARIS
Hacia 1883
Terciopelo cortado de raso de seda color burdeos con motivos de rayas y flores; capa adicional de terciopelo labrado, cortado sobre el dibujo de hojas; conjunto de cuerpo y falda con polisón; lazos de tul y raso de seda en la bocamanga; sobrefalda en forma de delantal drapeada hacia atrás.

A finales del siglo XIX se
pusieron de moda los materiales
exquisitamente complejos. Estos
son buenos ejemplos de motivos
tejidos que utilizaban grandes
cantidades de terciopelo cortado.
A medida que la industria de la
tejeduría y la maquinaria fueron
evolucionando, la tecnología
provocó una transformación en
el desarrollo de los tejidos de
calidad, y se hizo posible crear
diseños intrincados y de gran
categoría. Pero al poco tiempo,
desde aproximadamente el año
1900, hubo un gran cambio y
se puso de moda el uso de materiales livianos como el chiffon y
el encaje.

▶ **Anónimo**
Abrigo
Hacia 1885
Fondo dorado con terciopelo
cortado negro y terciopelo cortado
negro liso, rematado con plumas;
gran incisión trasera para dejar
espacio al vestido con polisón;
adornos de cuentas y chenilla
en la parte de atrás de la cintura.

▶▶ **Anónimo**
Vestido de paseo
Hacia 1883
Conjunto de corpiño y falda
de terciopelo cortado marrón;
la pieza de terciopelo liso forma
un drapeado de delante hacia atrás
y continúa hasta el polisón.

La «visita» era un tipo de abrigo que estaba de moda en combinación con el vestido con polisón. Tiene una incisión para dejar espacio a la abultada parte trasera del vestido y los adornos se concentran en la espalda para realzar el diseño del polisón. Estos adornos son extremadamente complejos y detallados con gran minuciosidad.

◄ **Charles Frederick Worth**
Visita
Etiqueta: WORTH, 7 RUE DE LA PAIX. PARIS
Hacia 1885
Faya de seda color crudo; ribete de trencilla con cuentas de madera forradas con hilo de seda en la abertura frontal, puños y bajo; adorno de hilos de seda sin trenzar en el cuello; abertura frontal cerrada por corchetes y cintas de raso de seda.

► **Anónimo**
Vestido de luto
Hacia 1875
Conjunto de cuerpo y falda de tafetán de seda negro; fleco de cuentas de azabache en el bajo de la falda.

En la segunda mitad del siglo XIX, los códigos de la indumentaria para las clases altas eran estrictos. Las mujeres en concreto debían cambiarse de traje siete u ocho veces al día, dependiendo de la hora y del lugar. Las revistas de moda de la época mostraban las últimas tendencias en vestidos bajo epígrafes tales como «vestidos para recepciones» o «vestidos de tarde». Esto es un claro ejemplo de que en esa época las categorías de los atuendos eran extremadamente detalladas y diversas.

◄◄◄ **Dubois**
Vestido de noche
Etiqueta: Mon Dubois, ROBES & MANTEAUX, 29 AVENUE WAGRAM, PARIS
Hacia 1888
Conjunto de cuerpo y falda; cuerpo y cola de terciopelo de seda color burdeos; falda de brocado de seda con un dibujo del siglo XVIII de rayas y ramos de flores.

◄◄ **Charles Frederick Worth**
Vestido para recepción
(Detalle páginas 240/241)
Etiqueta: WORTH, 7 RUE DE LA PAIX, PARIS
Hacia 1881
Conjunto de cuerpo y falda; brocado de seda beige y azul con rayas y motivos florales; falda de raso de seda rosa con lazos a juego y adornos de encaje.

◄ **Evans**
Vestido
Etiqueta: MRS EVANS, 52 & 53 SLOANE ST., LONDON S.W.
Hacia 1880
Conjunto de cuerpo y falda de raso de seda dorado; cuerpo con peto sujeto encima y botones forrados; lazos en los puños; volante guardapolvo de encaje.

El vestido de Charles Frederick Worth, en el centro
de la página 238, es un ejemplo de cola con volante
guardapolvo. Este tipo de volante se añadía a la
parte interior del bajo de un vestido largo o enagua.
Una falda con cola llevaba un volante guardapolvo
para poder andar por la calle y no ensuciarse el
vestido. Una cola larga como esta, de 1,75 metros,
decoraba un vestido de forma espectacular.
Así mismo, denota una gran elegancia y un estilo
perfectamente adecuado para las fiestas o los
banquetes de categoría.

A finales de la década de 1880 el polisón se redujo y el vestido cambió y adquirió un estilo más sencillo. En la parte trasera de la falda quedaban vestigios del polisón, pero las formas extremas de este estilo se simplificaron y se volvieron más discretas. A la izquierda vemos un impresionante brocado de seda con motivos de helecho tejidos, parecidos a las plantas japonesas llamadas *basho,* lo que le da un toque japonés. Este vestido de gala está indicado para lucir en bailes y fiestas elegantes. A la derecha, vestido de seda gruesa, finamente tejida, y un ejemplo más de las hermosas sedas de Lyon, el tejido preferido de Worth.

◄ **Rouff**
Vestido de baile
Etiqueta: Rouff Paris
Hacia 1888
Raso de seda verde pálido bordado con hilo de plata y lentejuelas; conjunto de cuerpo y falda; cola de brocado de seda color oro con motivo vegetal.

► **Charles Frederick Worth**
Vestido
Etiqueta: C. WORTH PARIS
Brocado de raso de seda color marfil con motivos florales de dondiegos de día y rayas de faya de seda; conjunto de cuerpo y falda; cuerpo con tul de seda y encaje en la pechera; tul en el escote y puños; volantes de tul de seda en la parte delantera de la falda.

A lo largo de todo el siglo XIX la cintura estrecha fue muy admirada. Las mujeres usaban corsé para conseguir la figura perfecta. Esta forzada distorsión y compresión del cuerpo continuó hasta principios del siglo XIX. Con el desarrollo de la moderna tecnología, los fabricantes crearon corsés considerablemente ingeniosos. En concreto, la introducción del acero permitió que el corsé mejorara en su objetivo de apretar la cintura.

▼ **Corsé**
Década de 1880
Raso de seda azul; varillas de acero; ballenas. Busto: 76 cm. Cintura: 49 cm.

► **Édouard Manet**
Nana (detalle), 1877
Hamburger Kunsthalle, Hamburgo

A finales de la década de 1820 las faldas volvieron a ahuecarse. Las mujeres llevaban varias capas de enaguas bajo las faldas para aumentar su volumen.
La sencilla idea de urdir la crin de caballo para obtener un tejido con el que fabricar miriñaques surgió a principios de los años cuarenta, y así nació la crinolina o miriñaque. Ahora era posible conseguir faldas bien anchas con una sola capa de tejido.
A finales de la década de 1850 se empezaron a utilizar aros de alambre o hueso de ballena unidos horizontalmente, para producir nuevas y originales versiones del miriñaque.
Pero con la aparición de este armazón ligero y fácil de llevar, la transición hacia unas faldas aún más anchas se aceleró, y estas alcanzaron su máximo vuelo hacia la década de 1860. Esta estructura fue adaptada por la nueva tendencia, el estilo polisón, en el que la falda se expandía hacia atrás.

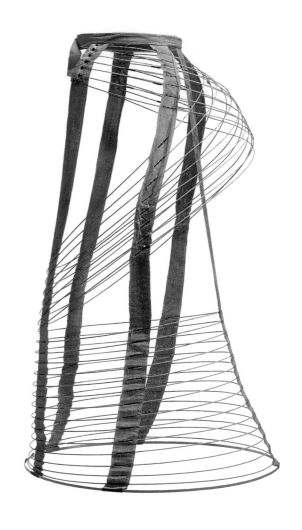

► **Polisón**
1870–1874
Aros de alambre de acero y tiras de lino blanco.

►► **Miriñaque**
Hacia 1865
Cuarenta aros de alambre de acero, once tiras de lino blanco. Diámetro de izquierda a derecha: aprox. 95 cm; de delante a atrás: aprox. 98 cm; circunferencia del bajo: 303 cm.

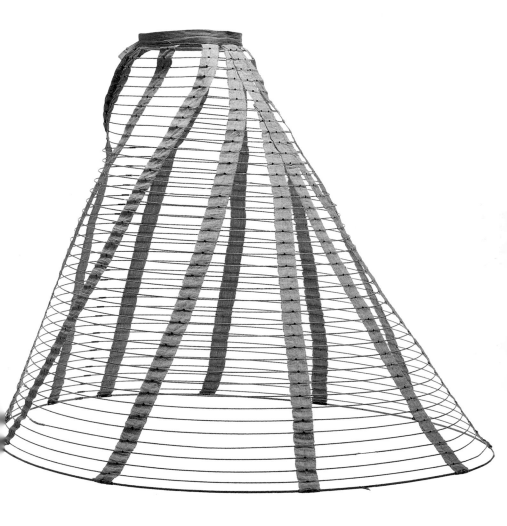

▼ **Miriñaque**
Hacia 1865
Algodón blanco y violeta con
doce aros de alambre de acero.
Diámetro de izquierda a derecha:
73 cm; de delante a atrás: 81 cm;
circunferencia del bajo: 244 cm.

◄ **Miriñaque**
Etiqueta: THOMSON'S
Hacia 1875
Algodón rojo con doce
aros de alambre de acero.
Diámetro de izquierda a
derecha: 58 cm; de delante
a atrás: 59 cm; circunferencia
del bajo: 189 cm.

► **Miriñaque**
1865–1869
Algodón blanco con diecinueve
aros de alambre de acero.
Diámetro de izquierda a derecha:
105 cm; de delante a atrás:
98 cm; circunferencia del bajo:
318 cm.

El uso del miriñaque permitió la expansión de la falda, pero a mediados del siglo XIX este aumento de volumen quedó restringido a la parte trasera de la falda. El gran bajo de la falda con miriñaque se hizo más pequeño, se alisó por casi toda su superficie y en la nueva silueta solo quedó la parte abultada trasera. Esta forma se conseguía desde el interior gracias al polisón. Entre las décadas de 1870 y 1880 surgieron muchas variantes del polisón, ya totalmente consolidado, que daban forma a la falda desde el interior y realzaban la parte posterior, tal como dictaba la moda. Aparecieron varios tipos de armazones para polisones, entre ellos las almohadillas rellenas de crin de caballo, la tela rígidamente almidonada y los armazones de hueso de ballenas, bambú y rota.

◄ Polisón
Década de 1880
Algodón a rayas blancas y rojas, con alambre de acero.

◄◄ Polisón
Década de 1880
Encaje de algodón blanco con muelles de acero.

◄ Polisón
Década de 1880
Malla metálica con cinta de algodón.

◄◄ Polisón
Década de 1880
Malla metálica con cinta de algodón.

► Georges Seurat
Las modelos (detalle), 1886–1888
The Barnes Foundation, Filadelfia

Polisón
Década de 1870
Algodón de rayas rojas y marrones
con alambre de acero.

**Polisón, corsé, camisola
y calzones largos**
Décadas de 1870 y 1880
Polisón de algodón a rayas
marrones y beige, con trece
alambres de acero en la parte
trasera; corsé de raso de seda
negra con cintas de seda amarilla
y bordado; camisola y calzones
de algodón blanco.

► **Polisón**
Etiqueta: (ilegible)
Década de 1870
Algodón marrón y a rayas
polícromas, con alambre
de acero.

◄ **Polisón**
Etiqueta: SCARBOROUGH
Y. C. & O.
Década de 1870
Sarga de algodón roja con
alambre de acero.

►► **Polisón**
Década de 1870
Raso de algodón marrón con
quince alambres metálicos en la
parte trasera; plisado de tafetán
de seda negra en la parte inferior
trasera. (Cuando se abrochan
las correas interiores se pueden
levantar los alambres para ajustar
el volumen del polisón al del
vestido.)

A partir de mediados del siglo XIX una gran variedad de artículos japoneses fueron introducidos en Europa occidental con ocasión de las Exposiciones Internacionales, que gozaban del favor popular. Las escenas de *ukiyo-e* (literalmente, «del mundo flotante») eran especialmente populares y ejercieron una gran influencia sobre el arte europeo occidental. El kimono y otros tejidos teñidos también captaron el interés de muchas personas. Las mujeres europeas llevaban kimonos como prendas para estar por casa, así que este atuendo japonés era modificado para servir como prenda europea. Especialmente popular

fue el tejido japonés blanco bordado, llamado *rinzu,* utilizado para los kimonos de las mujeres japonesas de la clase samurái a finales del período Tokugawa (Edo). Aquí puede verse un vestido confeccionado en Londres a partir de un kimono japonés. En el tejido todavía se observan las marcas que indican que anteriormente fue un kimono.

Pierre-Auguste Renoir
Madame Hériot (detalle), 1882
Hamburger Kunsthalle, Hamburgo

Turner
Vestido
Etiqueta: MISSES TURNER
COURT DRESS MAKERS,
151 SLOANE STREET,
LONDRES
Década de 1870, Inglaterra
Tela blanca de kimono de raso
de seda labrado tipo *shibori;*
bordado en hilo metálico
con motivos de glicinas,
crisantemos, peonías y abanicos
chinos; botones forrados con
motivo japonés en el cuerpo
(solo el cuerpo y la sobrefalda
sobreviven).

Además de la influencia del japonismo en la moda, en Oriente también se fabricaban objetos artesanales exclusivamente para su exportación al mercado europeo occidental. Este abanico, utilizado en Francia, muestra un dibujo estilo *ukiyo-e:* por un lado hay figuras humanas y por el otro, cestos de flores con hojas otoñales y crisantemos; en el reborde superior hay unos insectos dibujados con complicadas técnicas de laca dorada y plateada. Tales abanicos, ornamentados con borlas estilo *netsuke,* solían ser artículos de coleccionista en la Europa del siglo XIX.

En 1867 el dominio Satsuma, junto con los de Shogunate y Saga, participó en la Exposición Internacional de París. El dominio Satsuma mostró interés por los países extranjeros desde el principio, y hacia el año 1860 empezó a producir botones de cerámica estilo Satsuma para la exportación. Con su estilo y dibujos japoneses, estas piezas de cerámica se hicieron muy populares en Europa y América y dieron en llamarse «botones *satsuma*».

Botones
Etiqueta: satsuma
Hacia 1900, Japón
Satsuma; juego de seis; fondo de *samehada* («piel de tiburón») con *kinrante* (dorado espeso); motivo de doncellas celestiales.

Abanico
Finales del siglo XIX, Japón
Marfil; lacado con dibujos de figuras humanas, insectos y cesta de flores; borla al estilo *netsuke;* 19,6 cm.

Este es un ejemplo de un diseño japonés adoptado por la *Paris mode* a principios de la época. Los motivos claramente japoneses de flores de cerezo y *kabuto* (cascos de samurái) componen esta silueta a la moda. Estos motivos se hacían a mano con un complicado bordado de cordoncillo sobre un tejido de seda aparte, que después se aplicaba a la tela de cachemira. No obstante, sería un error pensar que la disposición de los cascos de guerra es de estilo típicamente japonés, ya que el arreglo vertical es europeo, tanto el concepto como el estilo.

Anónimo
Visita
Hacia 1890, Francia
Sarga de cachemira color crudo; aplicaciones de telas bordadas con motivos de *kabuto* (cascos de samurái), mariposas y flores de cerezo; plumas en la parte delantera, cuello y abertura posterior.

Por esa época se celebraban Exposiciones Internacionales en toda Europa y América, donde se presentaban las nuevas técnicas y diseños. En la segunda mitad del siglo XIX, Lyon, originalmente principal proveedora de tejidos para la alta costura parisina, competía con fabricantes textiles de todo el mundo. Con la demanda de nuevos diseños, los comerciantes de telas dirigieron sus miradas a los novedosos materiales inspirados en diseños japoneses. Aquí puede verse un vestido con motivos de *ayame,* una flor de la familia del iris, originaria de Europa occidental. Su aparición en el arte y la artesanía europeos, así como en la industria textil, proviene de su frecuente uso en el estilo japonés, tan de moda en la segunda mitad del siglo XIX. El motivo de

ayame también aparecía con frecuencia en *Le Japon Artistique,* la publicación de arte japonés de Siegfried Bing. La parte de la cintura de este vestido tiene una hebilla con dibujo de *ayame* hecha por unos populares joyeros de la época: Piel Frères.

▶ **Jacques Doucet**
Vestido de calle
Etiqueta: DOUCET, 21 RUE DE LA PAIX, PARIS
Hacia 1897
Sarga de lana gris; vestido de dos piezas; terciopelo con motivos de *ayame* (iris japonés); adorno de hojas y tallos de satén en los hombros, manga y bajo de la falda; chiffon de seda en el escote; raso de seda en el bajo; hebilla de esmalte con motivo de *ayame.*

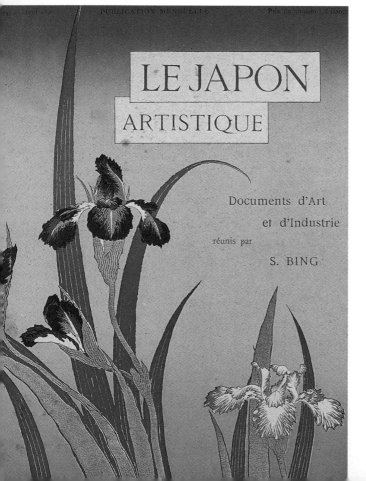

Cubierta de la revista
Le Japon artistique, n.º 24, abril de 1890

A finales de la década de 1880, se redujeron las medidas del polisón. La línea de la falda pasó a parecerse a un embudo, una forma clara y esbelta con bajo acampanado. Como contraste, en la década de 1890 los hombros se ensancharon y las mangas de pernil hicieron su reaparición. La parte superior de las mangas se volvió rígida y muy voluminosa, llegando a alcanzar sus máximas medidas hacia el año 1895. Este modelo tiene mangas muy grandes, y el dibujo de crisantemos que cubre toda la superficie resulta impresionante. A mediados del siglo XIX los crisantemos, importados de Japón a Europa occidental, acapararon mucho la atención, y hacia el año 1880 los países de Europa occidental crearon Asociaciones de Crisantemos. En 1887, el novelista Pierre Loti publicó *Madame Chrysanthème,* y la imagen de esta flor como símbolo de Japón quedó consolidada.

◄ **Charles Frederick Worth**
Vestido para recepción
Etiqueta: C. Worth
Hacia 1892
Raso de seda color crudo con motivos tejidos de crisantemos; grandes mangas de terciopelo estilo pernil; adornos de encaje en puños y cuello.

► Diseño de un vestido de noche realizado por Worth en un folleto de la Exposición Universal de Lyon, 1894

Páginas 266/267
En la página siguiente se muestra una falda con forma de embudo, complementada con grandes mangas de pernil, lo que le da al vestido una forma europea muy de moda en la época. No obstante, el prominente motivo de "sol de la mañana con nubes"

tiene claras connotaciones de Japón, el «país del sol naciente». La estructura del motivo es asimétrica. Esta composición no se había visto antes en Europa occidental y refleja una marcada influencia del arte y la artesanía japoneses, especialmente del kimono.

Charles Frederick Worth
Vestido de noche
Hacia 1894
Raso de seda color marfil; cuerpo de chiffon de seda con mangas de pernil; falda bordada con cuentas que presentan dibujos de rayos de sol y nubes.

A.D.

Robe de Soirée
Grand Damasbroché Chrysanthèmes fond noir
Étoffe de la Maison J. Bachelard & Cie
Exposition Universelle de Lyon 1894.

Tras un largo período de aislamiento internacional, Japón abrió las puertas al resto del mundo y la promoción del comercio pasó a ser uno de sus principales intereses. Tras la apertura del puerto de Yokohama en 1859, la seda se convirtió en un importante artículo de exportación, sobre todo el tejido de alta calidad y elevado precio. Shiino Shobey, un comerciante de sedas de Yokohama, fue enviado a la Exposición Internacional de Viena del año 1873. Su investigación de mercado dio como resultado la producción de batas acolchadas para estar por casa confeccionadas con seda *habutae* (una fina seda japonesa). A la derecha, un típico ejemplo del estilo polisón de los años setenta. Puede que lo encargara un residente extranjero en Japón, pero constituye un buen prototipo de un artículo de exportación que muestra el perfecto entendimiento del mercado europeo por parte de Shiino Shobey. Quedan algunos trazos de letras en la parte interior de la etiqueta, pero resultan ilegibles. Este artículo formaba parte de una colección americana.

▲▲ Marca registrada de S. Shobey
Silk Store
Archivos Históricos de Yokohama,
Japón

▲ Etiqueta de la bata de la derecha

▶ **Shiino Shobey Silk Store**
Bata
Etiqueta: S. SHOBEY Silk-Store
Yokohama, Japón
Hacia 1875
Seda *habutae* marrón acolchada con relleno de algodón; cuello, puños, bolsillo y forro de *habutae*; cinturón de *kumihimo* (cordón japonés) con borla.

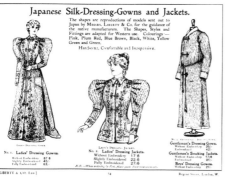

Batas japonesas de seda del Yuletide Gift, Catálogo navideño de Liberty & Co., 1898

Anónimo

Vestido de tarde
Hacia 1895, Japón
Vestido rosa de *seigou*; pechera
de *yokuryu* gris (el *yokuryu* y el
seigou son tejidos japoneses);
pliegue a la piamontesa en la
espalda; mangas campana estilo
medieval; forro de seda *habutae*
acolchado a máquina con relleno
de algodón.

El vestido de tarde (también
conocido como *tea gown*,
literalmente «ropa para tomar
el té») era una elegante prenda
de uso doméstico que se llevaba
hasta la hora de la cena durante
la segunda mitad del siglo
XIX y hasta principios del XX.
Esta prenda se podía llevar
con el corsé menos apretado
de lo normal. Algunas de las
más famosas *maisons* parisinas
crearon lujosos vestidos de tarde,
adornados con puntillas y lazos.
Este modelo de un vestido de
tarde japonés muestra un estilo
medieval mezclado con detalles
de la moda del siglo XVIII, que
experimentó un resurgimiento
en el siglo posterior. Los crisantemos están bordados mediante
una de las técnicas japonesas de
bordado llamada *nikuiri-nui*. Es
posible que la compañía inglesa
Liberty & Co., que importaba y
vendía vestidos de tarde hechos
en Japón, comercializara este
modelo.

A finales del siglo XIX las
principales tiendas de kimonos,
como Iida Takashimaya y
Mitsukoshi mostraron interés
por los mercados de Europa
occidental y ampliaron
considerablemente su comercio
con el exterior. Estos abrigos de
seda con bordado japonés son
uno de los muchos productos
exportados a Europa durante
esta época. A la izquierda, se
observa un «abrigo para el
teatro», de moda en Inglaterra
hacia el año 1904. Inspirado
en la túnica mandarín
de estilo chino, que
llevaban las autoridades
públicas de la dinastía
Qing, este modelo
fue confeccionado
en Japón para su
exportación. A la
derecha, una bata para
estar en casa estilo kimono.
El cuerpo va adquiriendo
una ligera forma acampanada
hasta el bajo, y el cuello también
es curvilíneo. Aunque retiene
la forma básica del kimono,
ha sido adaptado ex profeso
para el mercado europeo.

Iida Takashimaya
Abrigo de noche (Abrigo
para el teatro)
Etiqueta: S. IIDA, «TAKAS-
HIMAYA», KYOTO &
TOKYO. JAPÓN
Hacia 1900–1903
Raso de seda blanco acolchado;
bordado con motivos de
crisantemos blancos y cenefa
ondulada en la abertura
delantera, mangas y hombros;
cuello redondo; mangas kimono;
incisiones laterales; nudos chinos
en la abertura frontal; estilo
de túnica mandarín.

Iida Takashimaya
Bata
Etiqueta: S. IIDA, «TAKAS-
HIMAYA» SILKS &
EMBROIDERIES. KYOTO
Hacia 1904–1908
Tejido a la plana de seda color
gris; bordado de pavo real sobre
un cerezo en flor, desde la parte
delantera hacia atrás; *kumihimo*
(cordón japonés) y borlas en las
bocamangas, *fuki* (dobladillo
acolchado) color rosa; forro
de *habutae*.

273

Estas zapatillas con paisajes japoneses deben de ser recuerdos traídos de Japón o productos para ser exportados a Europa occidental, ya que en la suela se puede leer «made in Japan». Las zapatillas, al igual que las batas y los abanicos, formaban parte de los artículos exportados a Europa occidental durante el siglo XIX. El diseño, diferente en cada zapatilla (si se juntan forma un solo dibujo), es característico de un producto japonés. El broche del bolso es el típico motivo japonés de los tres monos, al estilo *netsuke*. El *netsuke*, con su intrincada técnica de diseño, fue una de las artes decorativas japonesas que más popularidad adquirió en Europa occidental, y en el siglo XIX rápidamente se convirtió en artículo de coleccionista.

Anónimo
Zapatillas y bolso
Década de 1920, Japón
13,3 cm x 20 cm
Cuero blanco; estampado y pintado a mano; zapatillas con piel, tacón de 4,5 cm y la suela marcada con «made in Japan» y el número «7» (la talla); bolso con broche de *netsuke*, correa posterior, cremallera y espejo en el interior.

Durante el período de la *Belle Époque*, la forma imperante para los vestidos era un pecho saliente y abundante, un abultamiento trasero de la falda y, entre ambos, un talle increíblemente estrecho, lo que daba al cuerpo una forma de «S». Se dice que ello fue el resultado de la evolución del corsé. En este estilo e observa la plasticidad y los contornos que compartía y enfatizaba el nuevo movimiento artístico del Modernismo. Este modelo tiene una marcada, fluida y elegante curva en forma de «S». El largo y suelto fleco da vida al vestido; esta vivacidad y los contornos y cualidad orgánica de la prenda son características típicas del Modernismo.

Anónimo
Vestido de calle
Hacia 1905
Terciopelo negro bordado con chenilla; cuerpo con adorno de encaje y abertura tipo chorrera con chiffon de seda blanco; falda de raso de seda con superposición de encaje realizado a máquina; largo fleco de chenilla en la falda.

El efecto de olas y plantas que
se observa en este vestido es
un motivo japonés que data de
épocas antiguas. Complementa
perfectamente las líneas orgánicas y
sinuosas de los diseños modernistas.

Charles Frederick Worth
Vestido de noche
Etiqueta: C. Worth 50939
Hacia 1900
Chiffon de seda y terciopelo verde
pálido; aplicación de motivos
vegetales; bordado con lentejuelas
y cordoncillo con efecto de olas.

El Modernismo valoraba los adornos elegantes bien perfilados. Los motivos de la naturaleza, como flores o insectos, eran de uso muy frecuente. A la izquierda, un vestido blanco muy popular a principio del siglo XX. Con los crecientes niveles de mecanización, fue posible utilizar mayores cantidades de encaje, junto con bordados y aplicaciones, para crear numerosos motivos vegetales. El vestido de la derecha lleva un motivo de uvas. Los racimos que cuelgan parecen comunicarse entre ellos y fluyen con la línea del vestido.

◄ **Anónimo**
Vestido de calle
Hacia 1903
Muselina blanca y encaje hecho a máquina cosidos; silueta en forma de «S»; bordados y aplicaciones de motivos vegetales; ornamento estilo capa que cubre el busto y el hombro; cuello alto y mangas de retales de encaje.

► **Paquin**
Vestido de calle
Etiqueta: Paquin Paris London
Hacia 1903
Chiffon de seda negra y terciopelo; silueta en forma de «S»; gran cuello de encaje reticulado adornado con motivos de uvas de terciopelo negro y bordado.

En el siglo XIX mejoró el estatus social de la mujer, que empezó a tener más derechos legales, y con ello se amplió su abanico de actividades. El tiempo de ocio aumentó, el ferrocarril y otros medios de transporte mejoraron notablemente, y los deportes y los viajes se popularizaron. No existía ningún tipo de indumentaria deportiva, pero para las ocasiones especiales las mujeres desarrollaron un estilo más racional y práctico de vestir. Abajo, un vestido informal con muy pocos adornos. Estos conformaron los nuevos estilos de la indumentaria femenina, resultado de las transformaciones internas de la sociedad. A la derecha, un vestido sencillo y práctico para jugar al tenis.

▸ Anónimo
Vestido de calle
Hacia 1892
Sarga de lana de cuadritos
blancos y negros; conjunto de
cuerpo y falda; mangas abullonadas; volantes en cuello y
puños.

▾ Anónimo
Traje de tenis
Hacia 1890
Piqué de algodón blanco;
chaqueta sastre entallada y
falda hasta el tobillo.

A finales de siglo, los vestidos de mujer todavía conservaban la forma distorsionada por el corsé, y llevaban muchos adornos como volantes y encajes. No obstante, en esa misma época, la mujer buscaba nuevas formas de vida y la racionalidad del atuendo masculino se convirtió en modelo a seguir.

En especial, las chaquetas sastre, precursoras de la moda unisex del siglo XX, cobraron gran importancia en la moda femenina. Abajo, un singular vestido con abultadas mangas y ausencia de adornos en la sencilla falda. Es un ejemplo de un tipo de diseño de vestido sastre.

► **Charles Frederick Worth**
Vestido de calle
Etiqueta: C. WORTH PARIS
79876
1895
Sarga de lana marrón; grandes
mangas de pernil; cuerpo y
falda rematados con terciopelo
y cuero; cuello alzado y cinturón
de cinta de terciopelo.

► **John Singer Sargent**
El Sr. y la Sra. I. N. Phelps Stokes
(detalle), 1897
Museo de Arte Metropolitano,
Nueva York

Jean Béraud
El chalet de la bicicleta del Bois de Boulogne, 1901–1910
Museo Carnavalet, París

A principios de la década de 1850, Amelia Jenks Bloomer, miembro del movimiento de emancipación de la mujer, recomendó los sueltos y amplios «pantalones turcos» como indumentaria femenina. En esta época, la idea de que la mujer llevara pantalones era algo impensable, por lo que los *bloomers* (bombachos) fueron rechazados y ridiculizados. Hacia finales del siglo XIX, se empezó a aceptar que la mujer tomara parte en actividades deportivas, pero seguía siendo impensable un atuendo específico para el deporte. Los pantalones bombacho se hicieron populares como prenda especial para montar en bicicleta.

Anónimo
Chaqueta y bombachos
Etiqueta: Columbia (bloomers)
Hacia 1895
Chaqueta sastre cruzada de sarga de lana marrón; ribete de trencilla negra en cuello y bajos; bombachos de popelín de lana azul con elástico en los dobladillos (traje para montar en bicicleta).

En la segunda mitad del siglo XIX, montar a caballo, una actividad que antiguamente era exclusiva de la privilegiada clase alta, empezó a ser asequible para la gente común. No se consideraba adecuado que la mujer cabalgara a horcajadas, así que tenía que montar de lado. En esa época se crearon las faldas con forma para recoger una rodilla hacia arriba. Pero, de hecho, por razones de seguridad, se utilizaban el mismo tipo de pantalones y botas que los hombres, aunque siempre era necesario llevarlos cubiertos por una sobrefalda. La montura lateral siguió siendo la norma hasta finales de los años treinta, época en que prácticamente desapareció. Este traje sastre de gran calidad es un ejemplo de un atuendo para montar a caballo confeccionado por los reputados H. Creed & Co. Es una combinación del estilo masculino (chaqueta sastre y pantalón) y femenino (larga falda especial para montar).

Creed
Traje de montar
Etiqueta: H. CREED AND Co.
Década de 1900
Sarga de lana negra; chaqueta sastre con gran abertura en el bajo delantero; falda de diseño especial para montar a caballo lateralmente, con las rodillas recogidas, que se llevaba sobre unos pantalones de montar.

Cuando a principios del siglo XX hizo su aparición el automóvil, este era un artículo de lujo extremadamente costoso que se convirtió en el nuevo símbolo de estatus social para la clase alta. A la izquierda, un conjunto femenino especial para ir en coche. Los automóviles de esta época eran abiertos y los pasajeros quedaban expuestos al frío viento, al polvo y a la suciedad de las carreteras. Para protegerse del viento, las mujeres llevaban un largo gabán y gafas; para evitar la suciedad, una capucha poco elegante cubría por completo la cabeza.

◄ **Anónimo**
Gabán, capucha, blusa y falda
1900–1905
Gabán de tejido a la plana de lino marrón, adorno de cordoncillo y botones forrados; capucha de seda *habutae* blanca y tul, y visera transparente de mica en la zona de los ojos; blusa de sarga de lana con rayas polícromas; falda de lana gris.

Hacia mediados del siglo XIX, algunos médicos descubrieron que nadar en agua salada tenía propiedades benéficas. Este sólido argumento se aprovechó para contrarrestar las prohibiciones religiosas que pesaban sobre los baños de mar, y se produjo un gran resurgimiento de los mismos como actividad de ocio para la clase alta. Solo los privilegiados, que disponían de tiempo y dinero, podían disfrutar de tales escapadas para refugiarse del calor estival. No obstante, el avance técnológico del ferrocarril, a mediados de siglo, permitió que los baños de mar se popularizaran entre el gran público. Incluso a las mujeres les estaba permitido bañarse, siempre y cuando lo hicieran en nombre de la salud. Vestían trajes de baño muy ornamentados y nada prácticos, que dejaban al descubierto la menor cantidad de piel desnuda posible, y el baño en sí no era más que un breve chapuzón en el agua.

► **Rudolf Lenn**
Traje de baño
Etiqueta: Ausstevern Rudolf Lenn Bern
Hacia 1900–1910
Jersey y pantalón hasta la rodilla de chalí de lana azul marino; gran cuello plano de color rojo con adornos de anclas en las puntas; galón rojo en puños, cintura y bajo del jersey.

►► **Anónimo**
Traje de baño
Hacia 1900–1910
Franela de algodón blanca con rayas rojas; mono corto hasta la rodilla; abertura con botones en ambos hombros; adorno de galón rojo; cinturón a juego.

LA INFLUENCIA DE LA ALTA COSTURA
La moda en la primera mitad del siglo XX

La Primera Guerra Mundial desmanteló de forma rápida y completa los antiguos sistemas y valores sociales que habían empezado a resquebrajarse ya a finales del siglo XIX. La sociedad cambió, y por consiguiente también lo hizo su visión global. El surgimiento de una pujante clase media dio pie a un nuevo estilo de vida, y a medida que las mujeres salían del hogar para participar más plenamente en el mundo en general rechazaron el corsé y buscaron prendas más funcionales. Los diseñadores de moda, así como los artistas, pusieron gran empeño en crear nuevos tipos de indumentaria. Aunque es importante comprender el impacto que las dos guerras mundiales tuvieron sobre el tema de la moda, también es indudablemente cierto que la alta costura fue la principal encargada de dirigir el mundo de la moda durante la primera mitad del siglo XX. Asimismo durante este período se establecieron varios sistemas cruciales de comunicación gracias a los cuales las modas de la alta costura parisina llegaron a todo el mundo.

La búsqueda de un nuevo tipo de indumentaria y la liberación del corsé

La Primera Guerra Mundial aceleró los cambios en varios campos de la sociedad y la cultura. Un número cada vez mayor de mujeres con estudios superiores y profesionales, el uso más generalizado de los automóviles y una creciente fascinación por los deportes, fueron solo algunos de los avances que culminaron en un estilo de vida totalmente nuevo. También la indumentaria evolucionó para adaptarse a las exigencias de la nueva época. Para las mujeres de ese período que llevaban una vida activa, el atuendo diario fue alcanzando un cierto grado de funcionalidad gracias los trajes sastre.

Por otro lado, los diseñadores de primera línea como Charles Frederick Worth, Jacques Doucet y Jeanne Paquin, que habían abierto sus salones de alta costura en el siglo anterior, seguían siendo fieles a la sensibilidad del Modernismo, y su objetivo era alcanzar la máxima belleza mediante una combinación de elegancia y opulencia. Sus elaboradas creaciones precisaban corsés largos para conseguir el efecto deseado: la artificial silueta en forma de «S». Los corsés largos distorsionaban la forma natural del cuerpo e impedían la movilidad de tal modo que, aunque las mujeres vestían esos estilos en público, comprensiblemente buscaban alivio de tales atuendos restrictivos en la intimidad de su hogar. Las prendas más populares para estar por casa eran los vestidos de tarde de línea holgada, puesto que permitían aflojarse el corsé.

Fue Paul Poiret quien por primera vez propuso una nueva línea de moda que no requería el uso del corsé. Su «abrigo Confucio», de corte recto y línea holgada, apareció en 1903. A continuación, en 1906, creó el «estilo helénico», un diseño sin corsé y de cintura alta. Salvo algunas excepciones, desde la época del renacimiento la indumentaria de la mujer occidental había necesitado un corsé que apretara la cintura como elemento básico para moldear la silueta. Poiret rechazó el uso del corsé para las prendas femeninas, y pasó el centro de gravedad de la cintura a los hombros. Según cuenta su autobiografía, los diseños de Poiret no surgieron tanto del deseo de liberar a las mujeres de la tiranía centenaria del corsé, sino más bien de una apasionada búsqueda de nuevas formas de belleza. Sus vestidos, no obstante, consiguieron algo que ni las activistas feministas ni los médicos habían logrado a finales del siglo XIX: liberar a la mujer del corsé. Así pues, la moda del siglo XX evolucionó a partir de una forma encorsetada y artificial a otra más natural sustentada por un sujetador.

Las creaciones de Poiret llevaban adornos de un espléndido y exótico estilo, y sus colores eran fuertes y atrevidos. Inventó los pantalones de odalisca, la llamada falda de medio paso y los turbantes de inspiración oriental. Sus diseños se nutrían de una nostalgia por tierras lejanas que caracterizó este período del siglo XX. La pintura orientalista, popularizada a finales del XIX, y la publicación de la traducción de *Las mil y una noches* a principios del siglo XX fomentaron un anhelo por los temas orientales. Asimismo, esta tendencia se vio reforzada por el sensacional debut de los Ballets Rusos en París, en el año 1909, a quienes se les reconoció su exótica magnificencia. Las miradas y la atención se fueron dirigiendo cada vez más hacia Japón, que abrió sus puertas a Occidente a finales del siglo XIX.

En la época de la guerra entre Rusia y Japón (1904–1905), la influencia cultural japonesa se había dado en llamar *japonismo*. Tanto el orientalismo como el japonismo tuvieron su impacto en varios campos del arte y la literatura. Poiret y otra casa de moda, Callot Soeurs, encontraron inspiración en el exotismo y la sensual belleza de Oriente. Se sintieron atraídos por los dibujos y colores de los tejidos así como por la estructura de las prendas, como los holgados pantalones de odalisca y el exótico kimono japonés. La forma plana y la abertura del kimono ya apuntaban, de hecho, a la nueva relación que iba a existir entre el cuerpo y la indumentaria.

La búsqueda de un nuevo estilo de vestir no era exclusiva de Francia, sino que también existía en otros países europeos. Mariano Fortuny, español de nacimiento, inspirado por las formas y siluetas griegas, creó un vestido plisado de estilo clásico que llamó «Delphos». Era un innovador diseño que combinaba funcionalidad con decoración. Los finos pliegues moldeaban suavemente el cuerpo y la ornamentación venía dada casi por completo por el movimiento: la mínima acción cambiaba el brillo y la tonalidad del tejido. El Wiener Werkstätte, fundado en 1903 por Josef Hoffmann y otros, también diseñó atuendos novedosos. El objetivo inicial del Wiener Werkstätte era dedicarse básicamente a la arquitectura, obras de artesanía y encuadernación de libros, pero en 1911 inauguró un departamento de moda con su propia línea, entre la que se encontraban prendas como los holgados vestidos saco.

Hacia principios de siglo surgieron los medios de comunicación necesarios para difundir las noticias sobre la moda, y su campo de influencia se expandió rápidamente. Las revistas de moda como *Vogue* (desde 1892, Nueva York) y la *Gazette du Bon Ton* (1912–1925, París) establecieron un sistema para informar al mundo de los nuevos avances en moda. Las ilustraciones jugaron un papel primordial en estas publicaciones. Un buen número de nuevos artistas, como Paul Iribe y Georges Lepape, hicieron que este período fuera conocido como la época dorada de la ilustración de moda. Poiret fue el primero en utilizar un catálogo de modas como medio para que los diseñadores mostraran individualmente su obra al mundo; una muestra de ello son sus publicaciones *Les Robes de Paul Poiret by Paul Iribe* (1908) y *Les Choses de Paul Poiret* (1911), ilustrado por Georges Lepape.

Debido a la gran cantidad de compradores y periodistas de moda de todo el mundo que viajaba a París para obtener información sobre las últimas tendencias, en 1910 se fundó la Chambre Syndicale de la Couture Parisienne, cuyo objetivo era controlar la programación de colecciones y evitar la proliferación de mercancía no autorizada y de imitación. París estaba sentando las bases de un sistema que le permitiría conservar su hegemonía como centro de la moda mundial.

El estallido de la Primera Guerra Mundial en el año 1914 puso freno, en gran parte, a la actividad del mundo de la moda. Las mujeres, que debieron asumir la responsabilidad de las tareas de los hombres en la sociedad y la industria durante el conflicto bélico, necesitaban prendas prácticas en lugar de trajes decorativos y complicados. Había demanda de diseños sencillos y faldas más cortas, y las prendas sastre respondían a ello. El funcional traje sastre se convirtió en un artículo esencial de la moda femenina de la época. En contraste con los espectaculares cambios en la indumentaria femenina, la masculina sufrió solo algunas modificaciones menores, como una chaqueta ligeramente más holgada y bajos más estrechos en los pantalones, que permitían una mayor libertad de movimiento.

La nueva mujer; los años veinte

Aunque perdieron sus empleos cuando los hombres fueron licenciados del servicio militar al finalizar la Primera Guerra Mundial, nada podía detener la inclinación de aquellas mujeres que se habían aficionado a participar activamente en el mundo exterior. La música de jazz se hizo popular. Surgió una apasionada afición por bailar el tango y el charlestón. Los rápidos automóviles parecían haber acelerado el ritmo de vida de la gente, que además disfrutaban con aficiones hasta ahora «extrañas», como tomar el sol y nadar. Regían nuevas reglas en una sociedad que ahora comprendía una creciente clase de *nouveaux riches* junto con la clase alta, adinerada desde siempre, y una sensibilidad vanguardista junto con los conceptos más tradicionales sobre la elegancia. Atrapado en la dinámica energía de la época, el ciclo de las tendencias de moda se hizo más breve.

La imagen femenina cambió de manera significativa. Los peinados pasaron de complicados recogidos a un corte suelto. El largo de la falda se acortó desde el tobillo a la rodilla. Como las mujeres preferían un estilo más juvenil y esbelto en detrimento de otro maduro y voluminoso, empezaron a vestirse como chicos. *La Garçonne*, de la novela epónima de Victor Margueritte (1922), fue la imagen simbólica a la que aspiraban las mujeres. La nueva mujer siguió estudios superiores, ejerció una profesión y disfrutó de relaciones románticas sin vacilación alguna. Llevó a la sociedad hacia nuevas costumbres, como conducir coches, jugar al golf y al tenis, hacer ejercicio e incluso fumar.

El andrógino estilo *garçonne*, que rechazaba cualquier realce del busto o la cintura, logró un reconocimiento general en la Exposición Internacional de las Artes Decorativas e Industriales Modernas celebrada en París en 1925, que dio nombre al estilo conocido como art déco. El peinado corto, con un ajustado sombrero campana, y un vestido suelto de cintura baja, con la falda hasta la rodilla, caracterizó el estilo *garçonne* («a lo chico»). La extremada simplicidad del vestido se complementaba con adornos de bordados con lentejuelas, una boa de plumas y varios tipos de notables accesorios. La ropa interior consistía en un sujetador, una camisola y medias color carne; el maquillaje incluía barra de labios color carmín, polvos blancos y colorete; las cejas se depilaban hasta conseguir una línea fina, y los ojos se acentuaban con un trazo oscuro de kohl para completar así la imagen deseada.

Con la tendencia juvenil masculinizada de la época, era natural que surgiera una demanda de prendas deportivas. Suzanne Lenglen, campeona de tenis francesa, también contribuyó a fomentar la producción de prendas deportivas haciendo gala de su incomparable fuerza ataviada con ropa funcional exclusiva para el tenis. El traje de baño, que dejaba al descubierto más partes del cuerpo que nunca, se pudo ver en numerosas playas a finales de la década de 1910. También surgieron las prendas específicas para la playa, y la moda de llevar pantalones se popularizó básicamente en los lugares donde la gente disfrutaba de sus vacaciones.

Gabrielle («Coco») Chanel tuvo un papel decisivo en este nuevo aspecto de la moda femenina. Diseñó ropa cómoda, de líneas simples y aspecto chic, con una innovadora combinación de género de punto y formas que tomó prestadas de la indumentaria masculina. Después de causar sensación con el vestido de punto, diseñó conjuntos de chaquetas de punto, pantalones estilo marinero, vestidos pantalón para playa llamados «pijamas de playa» y la famosa prenda imprescindible en todo vestuario: un sencillo vestido negro. Otra de las contribuciones de Chanel a la moda fue la idea de que la ostentosa bisutería entonces en boga podía representar la auténtica riqueza del mismo modo que las joyas. Encarnación perfecta tanto del estilo *garçonne* como de la mujer independiente,

Coco Chanel creó toda una nueva ética del vestir y propuso un estilo para aquellas mujeres que estaban dispuestas a vivir su propia vida de forma activa.

En la época dorada de la alta costura, durante los años veinte y treinta, muchos nombres incipientes en el mundo del diseño de la moda, como Jean Patou, Edward Molyneux y Lucien Lelong, trabajaron denodadamente junto con las casas ya consolidadas como Paquin y Callot Sœurs. Las mujeres diseñadoras fueron especialmente influyentes; en los años veinte Chanel y Madeleine Vionnet tuvieron un papel fundamental. Mientras que el rol de Chanel era el de una estilista que conocía bien los medios de comunicación, Vionnet era más bien una arquitecta de la moda. Su técnica de cortar prendas a partir de un tejido de dibujo geométrico, con un soberbio sentido de la construcción, generó auténticas innovaciones en el mundo de la confección. Vionnet inventó una amplia gama de estudiados diseños, como el corte al bies, el corte circular, el corte con una incisión o una inserción triangular *(godet)*, el escote *halter* y el cuello tipo cogulla. Inspirada por la sencilla construcción del kimono japonés, también creó un vestido de una sola pieza.

En los años veinte la relación entre moda y arte se estrechó de una forma sin precedentes. Los diseñadores formaban equipo con artistas para hallar nuevas fuentes de inspiración. Los nuevos movimientos artísticos como el surrealismo, el futurismo y el art déco propusieron que todo el entorno de la persona, incluyendo la indumentaria, debería estar en armonía, como una única manifestación artística. La colaboración con los artistas de vanguardia, y más concretamente la influencia del surrealismo y del futurismo, aportaron un diseño artístico radical a la indumentaria. Los accesorios decorativos y textiles del art déco surgieron de esta fértil colaboración, que comprendía la adaptación de diversas técnicas artísticas, como la de la laca oriental. Sin embargo, la Gran Depresión del año 1929 puso fin a gran parte de la prosperidad de posguerra de la que se pudo disfrutar en los años veinte. Muchos de los acaudalados clientes de la alta costura perdieron sus bienes de la noche a la mañana y las calles se llenaron de gente sin hogar. Las clases medias que sobrevivieron al desastre se interesaron mucho más por la confección casera.

Arte y moda; los años treinta

Estas difíciles circunstancias económicas hicieron que la abstracta y recta silueta de los años veinte diera paso a una forma más natural en la siguiente década. Perduró la línea esbelta, pero el busto volvió a realzarse y la cintura volvió a su lugar natural. Regresaron los vestidos largos para la noche y el cabello recuperó un largo más tradicionalmente femenino y unos ligeros rizos.

Pero no todo sufrió una regresión. El atuendo cotidiano siguió generando vestidos prácticos con faldas cortas y prendas deportivas cada vez más populares. Los ricos pasaban largas temporadas en lugares vacacionales, y la gente común también disfrutaba de algunos días en la playa. Como resultado de ello, el vestuario para las actividades al aire libre cobró mayor importancia. Aunque todavía no se había acuñado la expresión *prêt-à-porter* o «de confección», las casas de alta costura habían empezado a moverse en esa dirección incluyendo jerséis y pantalones deportivos, así como trajes de baño, en sus boutiques.

Elsa Schiaparelli empezó su carrera como diseñadora de prendas deportivas con jerséis y ropa de playa. Poco a poco fue ampliando su línea hacia la moda urbana y los vestidos de noche, y logró consolidarse como una de las diseñadoras más influyentes de los años treinta. Schiaparelli es famosa por emplear un gran ingenio en sus exclusivas creaciones, cuyo ejemplo más conocido es el famoso suéter de lana negra con un lazo blanco de trampantojo que lanzó su carrera en el mundo de la moda. Schiaparelli fue la diseñadora que más directamente trabajó con artistas en su época. Recibió la influencia del dadaísmo y adoptó ideas del surrealismo para la creación de sus excéntricos vestidos y sombreros. Dibujos originales de Salvador Dalí y Jean Cocteau eran estampados o bordados en sus vestidos. Le gustaba trabajar con nuevos materiales y experimentaba con rayón, vinilo y celofán. No obstante, sus objetivos no aspiraban a cambiar la forma de las prendas, y en su obra no figura ninguna novedad espectacular. El hombro cuadrado y la cintura marcada, elementos característicos de sus diseños, formaban ya parte de la moda predominante en los años treinta y siguieron siéndolo durante la Segunda Guerra Mundial.

Durante la década de 1930, las mujeres diseñadoras como Gabrielle Chanel y Madeleine Vionnet, que habían disfrutado de reconocimiento internacional desde los años veinte, así como Schiaparelli, representaron la vanguardia del mundo de la moda. Sin embargo, un diseñador masculino, Cristóbal Balenciaga, que abrió su salón en París en 1937, logró destacar por encima de todos al crear una estructura completamente moderna.

Las películas americanas ejercieron una fuerte influencia en la moda de los años treinta. Famosas estrellas de Hollywood como Marlene Dietrich y Greta Garbo llevaban vestidos realizados por diseñadores como Adrian. Estos trajes tenían un aspecto relativamente conservador y de corte sencillo en comparación con la moda de la alta costura parisina, pero daban una magnífica imagen en pantalla debido a sus fantásticos materiales. El número de mujeres que veían películas producidas en Hollywood, siempre alerta ante las nuevas ideas de la moda, poco a poco fue superando al de las lectoras de las revistas que ilustraban la alta costura parisina.

La fotografía, inventada en el siglo XIX, fue adquiriendo más importancia para las revistas de moda. Las fotografías de la moda aparecieron en revistas a principios de siglo, y a medida que mejoraba la calidad de las imágenes, fueron cobrando más relevancia. Su invención se atribuye a fotógrafos como Adolphe de Meyer en la década de 1910 y Edward Steichen en la de 1920. En los años treinta aparecieron las primeras fotografías en color y las imágenes clave de las revistas de moda fueron fotos en lugar de pinturas o dibujos. Gracias a los esfuerzos de muchos fotógrafos, la expresión individual se fue afianzando: George Hoyningen-Huene y Horst P. Horst expresaban modernidad con imágenes directas; Toni Frissell fue el pionero de la fotografía al aire libre, con luz natural; Man Ray y otros experimentaron con las diversas posibilidades de la técnica de la fotografía.

La Segunda Guerra Mundial y la moda; los años cuarenta

El estallido de la Segunda Guerra Mundial en 1939 causó un importante perjuicio al mundo de la moda parisino. Muchos salones de alta costura se vieron obligados a cerrar y los pocos que quedaron pronto sufrieron la escasez de material y la desaparición de clientes. La intención de los alemanes era transferir toda la industria de la moda de París a Berlín o Viena. Esta industria se encontraba bajo gran presión en París y Lucien Lelong, presidente de la Chambre Syndicale de la Couture Parisienne, realizó ingentes esfuerzos para mantener el statu quo de la moda parisina durante la ocupación alemana. En 1940 entró en vigor la orden de «limitación de suministros». Esta orden regulaba la cantidad de tejido que podía utilizar la confección textil, así que, por ejemplo, no se podían utilizar más de cuatro metros de material para un abrigo. Eran necesarios cupones para comprar rayón, que era uno de los pocos materiales disponibles durante ese período. Muchas personas tenían que conformarse haciendo algunos arreglos a las prendas que ya poseían.

En Inglaterra, la Junta de Comercio Británica encargó a la Incorporated Society of London Fashion Designers que creara una gama de prendas prototipo que se ajustaran a los requerimientos del Utility Clothing Scheme, obligatorio desde 1941. Se seleccionaron 32 tipos de prendas «Utility», que fueron producidas en masa. Estados Unidos entró en guerra en 1941 y al año siguiente la Junta de Producción de Guerra Americana emitió la General Limitation Order L-85, que regulaba la indumentaria con precisión, haciendo hincapié en la conservación de material; se fomentó la falda recta y lista, sin pliegues, y la de tipo acampanado quedó totalmente prohibida.

Debido a la escasez de material y a los estrictos sistemas de racionamiento, la esbelta silueta de falda más corta fue la moda dominante. Con la atención mundial puesta en todo lo que hacía referencia al servicio militar y la defensa nacional, fue surgiendo un interés por la moda militar. La imagen de la época comprendía trajes sastre estilo uniforme y chaquetas con hombros rectos y hombreras, una cintura pronunciada con cinturón y grandes y versátiles bolsillos. Como los materiales para la confección de sombreros no estaban racionados, los grandes sombreros y turbantes, de atrevido diseño, fueron característicos de la época, igual que los zapatos con plataforma con suela de corcho, que fueron la respuesta a la escasez de cuero. El declive de la moda parisina dio paso al surgimiento de la moda americana. Estados Unidos, que había sido el principal cliente de la alta costura parisina antes de la guerra, desarrolló su propia industria a una cómoda distancia de la Europa en armas. Aunque Estados Unidos tenía su propia alta costura, hasta aquel momento había dependido de los salones parisinos para la ropa elegante y de calidad. Pero el campo en el que iba a dejar su primera huella no fue el de la alta moda, sino el de la ropa informal de uso cotidiano y las prendas de confección. A partir de los años treinta, el estilo informal típicamente californiano, así como la imagen del estilo de vida de Nueva York y de los campus universitarios empezaron a llamar la atención. El debilitamiento de la autoridad parisina en el mundo de la moda animó a los diseñadores norteamericanos a ser más creativos y dinámicos. Claire McCardell, con su libre sentido de la inspiración, diseñó una línea de prendas deportivas prácticas e innovadoras, de construcción simple, en punto de lana o algodón. Respaldada por una pujante avanzadilla de diseñadores estadounidenses de estilo similar, la base del estilo norteamericano, que tenía como objetivo la belleza funcional, quedó implantada.

Tras la liberación de París por las fuerzas aliadas en junio de 1944, la industria de la moda parisina reemprendió su actividad de inmediato. La alta costura empezó de nuevo a exhibir sus colecciones, y nuevos diseñadores como Jacques Fath y Pierre Balmain hicieron su aparición. En 1945, la Chambre Syndicale de la Couture Parisienne proyectó el «Théâtre de la Mode», una exposición de maniquíes en miniatura, de setenta centímetros de altura, vestidos con trajes de alta costura procedentes de las nuevas colecciones. La exposición, cuyo objetivo era mostrar al mundo la extensión de la cultura y creatividad francesa aplicada a la moda, cumplió las expectativas a lo largo de una gira que recorrió nueve ciudades de todo el mundo en un año. En 1947 Christian Dior lanzó su primera colección, «The New Look», con la que ejerció una gran influencia en el mundo de la moda. El resultado fue que la alta costura recuperó su predominancia, superando incluso la del período anterior a la guerra. Resulta interesante (e irónico) observar que las mujeres demostraban un gran aprecio por el nostálgico estilo «New Look» –una cintura estrecha ceñida por un corsé y una falda amplia y larga– al mismo tiempo que conquistaban algunas libertades individuales, entre ellas el derecho al voto.

Reiko Koga, profesora de la Universidad Bunka para Mujeres, Tokyo

La silueta en forma de «S»
fue muy popular hacia el año
1900. Para conseguir una
línea vaporosa, se utilizaban
materiales livianos y suaves
como el chiffon y la seda
charmeuse. El constreñimiento
severo del cuerpo por el efecto
del corsé alcanzó su cumbre en
esta época, y eso más adelante
llevó a la búsqueda de un nuevo
estilo que dio como resultado
la liberación del corsé. Estos
vestidos son característicos de
la *Belle Époque*. El elegante
modelo de la izquierda, con
adornos aplicados, es un estilo
característico de Doucet.

▶ **Jacques Doucet**
Vestido de noche
Etiqueta: DOUCET 21. RUE
DE LA PAIX. PARIS
Hacia 1903
Encaje de seda negro con
bordado de cuentas y terciopelo;
mangas de chiffon de seda con
inserciones de encaje; cinturón
de tela de gro dorado.

▶▶ **Anónimo**
Vestido de calle
Hacia 1903
Vestido de dos piezas de chiffon
de seda blanco, con silueta en
forma de «S»; cuello alto y
canesú de encaje de bolillos.

A principios del siglo XX, los sombreros llevaban complicados adornos. A medida que fueron aumentando de tamaño, se empezaron a utilizar plumas en abundancia. Se pusieron de moda los sombreros decorados con pájaros disecados, lo que llevó a algunas especies de bello plumaje a estar en peligro de extinción. De esta costumbre surgió un coro de protestas públicas y en Estados Unidos se dictaron una serie de regulaciones que prohibían la caza, la importación y la venta de pájaros silvestres.

▼ **Anónimo**
Sombrero
Década de 1900
Tul de seda beige con encaje de algodón; ornamentación de tul de algodón; hebilla y pluma de avestruz.

▶ **Anónimo**
Sombrero
1905–1909
Sombrero de paja con cinta de terciopelo negro y pájaro disecado.

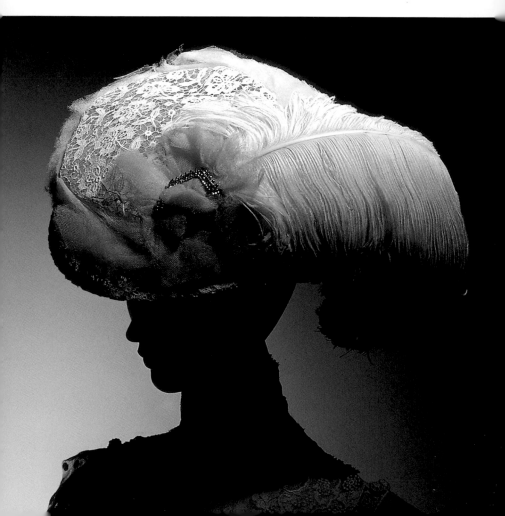

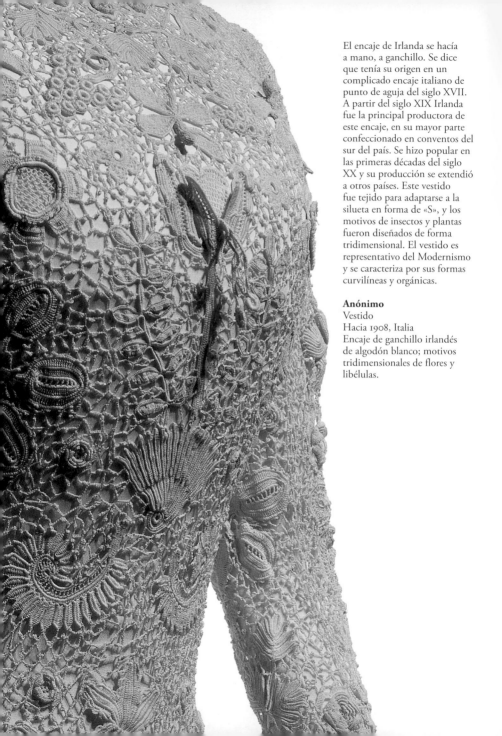

El encaje de Irlanda se hacía
a mano, a ganchillo. Se dice
que tenía su origen en un
complicado encaje italiano de
punto de aguja del siglo XVII.
A partir del siglo XIX Irlanda
fue la principal productora de
este encaje, en su mayor parte
confeccionado en conventos del
sur del país. Se hizo popular en
las primeras décadas del siglo
XX y su producción se extendió
a otros países. Este vestido
fue tejido para adaptarse a la
silueta en forma de «S», y los
motivos de insectos y plantas
fueron diseñados de forma
tridimensional. El vestido es
representativo del Modernismo
y se caracteriza por sus formas
curvilíneas y orgánicas.

Anónimo
Vestido
Hacia 1908, Italia
Encaje de ganchillo irlandés
de algodón blanco; motivos
tridimensionales de flores y
libélulas.

A principios del siglo XX, el cuerpo femenino estaba muy comprimido por el corsé y debía adaptarse a la silueta artificial en forma de «S» del vestido, que realzaba el busto y las caderas y estrechaba al máximo la cintura. Poiret presentó el vestido sin corsé en el año 1906, aunque las mujeres no se liberaron totalmente de esta prenda hasta después de la Primera Guerra Mundial. Los corsés que se observan en estas páginas se mantienen tiesos gracias a una larga varilla de acero vertical en la parte delantera, que a su vez dispone de una serie de varillas rígidas por todo su alrededor. Estos refuerzos eran necesarios para comprimir el abdomen y realzar las caderas.

Mujer con corsé, camisola y calzones, 1900

◄ Corsé, camisola y calzone
Etiqueta del corsé: VELVET
GRIP
Hacia 1900
Corsé de brocado de algodón
negro con pequeños motivos
florales; ballenas de acero; ligas
en la parte frontal; camisola
y calzones de lino blanco.

► Corsé
Hacia 1907
Algodón jacquard negro con
pequeños motivos florales;
adorno de encaje de seda con
lazo en la parte superior; ligas
en la parte frontal.

Poiret presentó el vestido sin
corsé y cintura alta en 1906,
cuando la silueta en forma de
«S» todavía era popular. Con
ello empezaba a insinuarse
el cambio de las ostentosas
formas artificiales del siglo
XIX a un estilo revolucionario
que destacaba la belleza natural
del cuerpo. El resultado fue
una gran transformación de la
moda. Aunque el corsé no
desapareció de la noche a la
mañana, se puede afirmar que
durante los años de la Primera
Guerra Mundial el nuevo
estilo de Poiret lo sustituyó
por completo.

Paul Poiret
Vestido de noche
Etiqueta: PAUL POIRET
1910–1911
Vestido de raso de seda beige
con el sobretodo de tul de seda;
bordado de cuentas polícromas
e hilo de oro; pechera de tul
dorado.

El orientalismo prevaleció en París tras el debut de los Ballets Rusos en 1909. Dos años más tarde, Poiret celebró un baile de disfraces, llamado *La 1002è nuit*, durante el cual presentó su colección inspirada en Oriente. Los diseños eran adoptados de varios países orientales, como India y China. La fiesta tuvo tal éxito que Poiret empezó a ser considerado como un precursor de espectaculares y exóticos diseños de moda. Sus vestidos fueron ilustrados por Georges Lepape en *Les Choses de Paul Poiret*.

Disfraces para una fiesta de Paul Poiret Fotografía: Mario Nunes Vais

► **Paul Poiret**
Disfraz de hombre
Etiqueta: PAUL POIRET a Paris-Mars 1
1914
Chaqueta de lamé de oro y raso de seda violeta con falsas perlas y piel negra; mangas kimono; sombrero de lamé de oro con falsas perlas y penacho de plumas de garceta.

►► **Paul Poiret**
Disfraz de mujer
Etiqueta: PAUL POIRET a Paris-Décembre 1913-31890
1913
Parte superior del vestido con aro, de gasa de seda negra con bordado floral dorado; pantalones de odalisca de lamé de seda dorado.

◄ **Anónimo**
Abanico
Hacia 1910
Cuero de Burdeos y muaré de
seda; pivote y anillo de latón;
cordón de seda con pompones.

La popularidad del orientalismo
influyó en el diseño de abanicos. Poiret
y Paquin utilizaron abanicos como
publicidad para sus *maisons*. Paquin
contrató a tres ilustradores de talento
de la época, Paul Iribe, Georges Barbier
y Georges Lepape, para que diseñaran
abanicos artísticos.

◄ **Jeanne Paquin**
Abanico «L'OCCIDENTALE»
Etiqueta: Édité par PAQUIN-Paris-
PAUL IRIBE PINXIT
1911
Papel pergamino; dibujo de mujer
sosteniendo una flor en un paisaje de
mar y montaña; ilustrado por Paul Iribe.

▲ **Jeanne Paquin**
Abanico «L'ORIENTALE»
Etiqueta: PAQUIN 3-Rue de la Paix
Paris-Édité par PAQUIN-Paris-
PAUL IRIBE PINXIT
1911
Seda *habutae*; dibujo de mujer desnuda
en un paisaje de mar y montaña;
ilustrado por Paul Iribe.

Anónimo
Bolsos
Hacia 1910
Arriba: Cuentas polícromas con motivos
de cerezas y rama.
Abajo: Cuentas polícromas con motivo
floral; fleco en el bajo; marco metálico
con calado de motivo floral; perlas;
cadenita.

Entre los años 1910 y 1913, Worth, Poiret y muchos otros diseñadores de alta costura crearon abrigos al estilo *nukiemon*, con un cuello abierto similar al kimono japonés y una línea suelta en la espalda. El abrigo, que parecía un chal, fue creado a partir de una sola pieza de tejido y simplemente tenía un corte en el centro. Al llevarlo, el ancho cuello evoca el estilo *nukiemon* de un kimono.

Jeanne Paquin
Abrigo de noche
Etiqueta: Paquin-Paris-LONDON ÉTÉ 1912
Verano de 1912
Raso de seda *charmeuse* azul y chiffon de seda negro; cuello de chiffon de seda; bordado de flores y olas al estilo japonés.

Página 313
Los dos vestidos de la izquierda tienen la cintura alta y presentan los llamativos colores que se hicieron populares a principios de la década de 1910 gracias a la influencia de los Ballets Rusos. El vestido de la derecha, de Paquin, se distingue por su ceñidor, que lleva un ornamento parecido a un escarabajo egipcio, y por la falda de línea asimétrica.

Jeanne Lanvin
Abrigo de noche
Etiqueta: Jeanne Lanvin PARIS
Hacia 1911
Chiffon de seda verde y encaje
de tul; bordado floral; adornado
con rosas

Anónimo
Abrigo de noche
Hacia 1911
Tul de seda beige y chiffon de
seda rosa; bordado floral con
cuentas y perlas falsas; falda
bordada con cordoncillo dorado.

Jeanne Paquin
Abrigo de noche
Etiqueta: Paquin HIVER
1911-PARIS 3, Rue de la Paix
LONDON 39
Dover Street 36193
Invierno de 1911
Seda jacquard color crudo y
plateado con motivo floral al
estilo del renacimiento.

Este vestido es la versión de un kimono japonés realizada por un diseñador occidental. La influencia de esta prenda japonesa puede observarse en la abertura central del cuello, al estilo *uchiawase*, y en las rectas «mangas kimono». El corte redondeado desde la incisión central hasta la cola evoca la belleza de un largo kimono. El diseño del bordado y el estilo de la parte trasera del vestido muestran también una clara influencia china.

Mujer con un vestido de *forme Japonaise*, diseñado por Beers
Fotografía: Paul Boyer
Les Modes, febrero de 1907

◄ Callot Sœurs
Abrigo de noche
Etiqueta: ninguna
Hacia 1908
Seda *charmeuse* negra y violeta;
bordado floral de chinería; cintas
desde los hombros cosidas en la
parte trasera de la cintura; borlas
en los extremos.

▶ Worth
Abrigo
Etiqueta: Worth
Hacia 1910
Terciopelo rojo oscuro; cuello
kimono; adorno de bucles al estilo
kumihimo (cordoncillo japonés),
borla de cuentas.

Mujer con un vestido de tarde,
diseñado por Beer
Fotografía: Félix
Les Modes, mayo de 1910

◄ **Amy Linker**
Abrigo
(Detalle páginas 318/319)
Etiqueta: AMY LINKER
LINKER & Co. Sps.7 RUE
AUBER. PARIS
Hacia 1913
Raso de seda negro y crepé de
seda verde pálido; cuello de raso
de seda verde y negro; bordado
con cuentas de motivo floral y
oriental; línea envolvente.

► Abrigo de noche de Martial &
Armand
Fotografía: Felix
Les Modes, noviembre de 1912

◄◄ Fotografías tomadas
en Longchamp o Auteuil
Enero de 1911, febrero-abril 1913
Colección Martin Kamer

A principios del siglo XX, los ostentosos trajes del teatro *kabuki* adquirieron popularidad al mismo tiempo que en Occidente se popularizaba el kimono. El atrevido motivo a rayas y el estilo *date-eri* del cuello, así como los motivos florales similares a los dibujos preferidos por los actores del *kabuki*, son todos ellos elementos de los trajes *kabuki*. La línea estilo *nukiemon* y el cuello bajo por la espalda también son elementos que se han tomado prestados para este abrigo.

► **Mariano Fortuny**
Abrigo
(Detalle página 323)
Etiqueta: ninguna, pero existe una
marca dejada por la etiqueta de
Fortuny (4,5 cm de diámetro)
Década de 1910
Terciopelo marrón claro con
estampado estarcido polícromo
de un dibujo tradicional japonés;
forro de faya de seda color salmón;
estructura de corte recto.

◄ Vestido de noche y abrigo
de Laferrière
Fotografía: Talbot
Les Modes, octubre de 1912

Desde finales del siglo XIX, el kimono japonés fue adoptado en Occidente como bata de estar por casa debido a su cómodo estilo. También en Occidente se producían prendas de uso doméstico con la forma de un kimono. Mariano Fortuny adoptó ideas de diseño de varias fuentes diferentes, incluyendo los dibujos de kimonos japoneses. Para este vestido utilizó motivos de mariposas y malvas de una tela japonesa. El tejido original apareció en el segundo número de la publicación francesa *Le Japon Artistique* en 1888, y también en *Étoffes Japonaises* en 1910. La tela forma parte actualmente de la colección del Museo de la Moda y del Textil del Palacio del Louvre.

▸ **Tejido «Mariposas y hojas de malva» de Bianchini Férier et Cie**
Hacia 1907
Francia
Museo de la Moda y del Textil, París, Colección UCAD

◂ **Tejido**
Finales del período Edo (hacia 1850–1867)
Japón
Museo de la Moda y del Textil, París, Colección UCAD

A partir de finales del siglo XIX, las mujeres empezaron a llevar vestidos sastre, originalmente exclusivos de la moda masculina, para viajar o practicar deportes. Este estilo se hizo popular como indumentaria cotidiana hacia el año 1910. A la izquierda, un vestido de cintura alta y línea sencilla, hecho de un material ligero, algo típico de esta época. A la derecha, un vestido de inspiración sastre, hecho con tejido suave para darle un aspecto más femenino, muy habitual a principios del siglo XX.

◄ **Anónimo**
Vestido de calle
Hacia 1909
Vestido de una sola pieza de tul de algodón con dibujo floral; bordado con cordoncillo; adornos de rosas de raso rojo.

► **Bulloz**
Conjunto de calle
Etiqueta: PARIS Mon Bulloz
140 Champs Élysées
Hacia 1910
Raso de seda violeta; conjunto de chaqueta, cuerpo y falda; cinturón de faya de seda negra; falda drapeada; chorrera de tul de algodón blanco.

Vestido de línea recta y cintura alta, muy de moda en la década de 1910. Sin embargo, este estilo todavía precisaba llevar varillas en el interior parecidas a las del siglo XIX. Este es un tipo de vestido que surgió en el período de la transición; a lo largo de todo el siglo anterior los vestidos femeninos se sostenían con capas de ropa interior, pero los tiempos estaban cambiando hacia el revolucionario estilo de la moda sin corsé.

Callot Sœurs
Vestido de noche
Etiqueta: Callot Sœurs
MARQUE MODE DÉPO-
SÉS. Paris
Hacia 1911
Seda *charmeuse* negra, chiffon y encaje; pieza de encaje que cuelga de los hombros; cinturón de raso de seda; ornamento de falso azabache.

Los occidentales se interesaron por los motivos de blasones familiares utilizados en el kimono y en otras artes decorativas de Japón, y muchos diseños de armas llegaron a Europa. En este vestido los roeles de los blasones familiares japoneses fueron bordados con cuentas y canutillo dispuestos según el estilo occidental. También puede observarse la influencia japonesa en la larga cola y los adornos con cuentas, que crean una forma asimétrica.

Anónimo
Vestido de noche
Hacia 1913
Tejido de malla blanca con bordado de cuentas y canutillo; motivos de blasones familiares japoneses; cuerpo estilo túnica con doble capa en la parte delantera; falda con cola.

En este vestido, los motivos japoneses *yotsukanawa* y *seigaiha* están representados en la cola con cuentas metálicas. El *seigaiha*, «ola del mar azul» en japonés, representa una ola en China y una escama de pescado en Europa occidental. Este dibujo geométrico fue usado frecuentemente en el estilo art déco, predominante en los años veinte. La silueta casi recta insinuaba este estilo, que pronto iba a convertirse en moda.

Beer
Vestido de noche
Etiqueta: Beer, 7 Place Vendôme, Paris
Hacia 1919
Tejido de malla negra con bordado de cuentas plateadas y falsa pedrería, con motivos tradicionales japoneses; fleco de cuentas plateadas; fajín de rayas verdes y doradas; vestido bajo de lamé de plata.

Blasones familiares japoneses de un libro de T. W. Cutler, *A Grammar of Japanese Ornament and Design*, 1880

Mariano Fortuny fue un artista muy versátil que demostró su talento en varios campos, como la pintura, fotografía, escenografía, iluminación, tejidos e indumentaria. «Delphos», su vestido plisado inspirado en la Grecia clásica, data aproximadamente de 1907 y es uno de sus diseños más famosos. Los finos pliegues de seda caen desde el hombro y moldean el cuerpo con suavidad. Esta moderna forma, que presta atención al cuerpo, era un claro ejemplo de las nuevas tendencias de la moda en el siglo XX. Los pliegues, que cambian de color según el movimiento y el reflejo de la luz, resultan deslumbrantes, y su atemporal belleza sigue resultando impactante hoy en día.

Mariano Fortuny
Vestido «Delphos»
Etiqueta: ninguna
Década de 1910
Vestido de una sola pieza de raso de seda color topacio; finos pliegues en todo el vestido; cuentas de cristal en la sisa y las costuras laterales.

Mariano Fortuny
Vestido «Delphos»
Etiqueta: MADE IN ITALY
FABRIQUÉ EN ITALIE
FORTUNY DEPOSÉ
Década de 1910
Vestido de una sola pieza
de raso de seda verde; finos
pliegues en todo el vestido;
cuentas de cristal en la sisa
y en las costuras laterales.

El «Delphos» no fue diseñado
para seguir la forma artificial
creada por el corsé, sino que
su intención era mostrar la
belleza natural del cuerpo;
por tal motivo, al principio
solo se usaba para estar por casa.
Como se ha visto anteriormente,
el «Delphos» utilizado como
bata de casa es muy largo y suele
llevar una cola. Las cuentas
de cristal veneciano de la sisa
y las costuras laterales sirven
para dar peso al vestido. Los
detalles como los pliegues y las
cuentas de cristal convierten al
«Delphos» en un ornamento
por sí mismo. Esta innovadora
creación causó una revolución
en la moda femenina de la
época.

◄ Natasha Rambova con
un vestido «Delphos»
Fotografía: James Abbe, 1924
Galería Washburn, Nueva York

Páginas 336/337
Mariano Fortuny
Vestidos «Delphos»

El diseño de los vestidos de Fortuny empezaba con los tejidos que él mismo creaba. Teñía la seda cruda con una variedad de productos para conseguir delicados colores. Para la estampación originalmente utilizaba bloques de madera, pero más tarde, influido por el sistema de estarcido japonés, desarrolló una técnica de estampación de seda con plantillas de estarcido que podían usarse en múltiples colores y que patentó en 1909. Junto con el «Delphos», estos artísticos tejidos y sus estampados estarcidos llegaron a ser la marca distintiva de las creaciones de Fortuny. A la izquierda, un estampado estarcido con motivo floral y vegetal común en los tejidos cretenses. El diseño proviene de un cuadro de Bellini, un artista veneciano. A la derecha, túnica estarcida con un diseño islámico, que utiliza el tejido en toda su anchura.

◄ **Mariano Fortuny**
Túnica y pantalón
Etiqueta: ninguna
Década de 1910
Túnica de voile de seda color burdeos estarcida en color plateado; cuentas de cristal; pantalones plisados de seda roja.

► **Mariano Fortuny**
Túnica
(Véase también páginas 340/341)
Etiqueta: ninguna
Década de 1910
Gasa de seda negra estarcida con motivo islámico de color dorado; cuentas de cristal.

El movimiento para liberar el cuerpo femenino del corsé se dio en muchos países de Europa, pero fue propuesto por primera vez por los artistas de los movimientos prerrafaelita y estético de finales del siglo XIX. Su objetivo era la creación de un vestido simple, de línea vaporosa, inspirado en la indumentaria de la Grecia clásica y del período medieval. Gallenga empezó como pintora y se incorporó al grupo prerrafaelita. A continuación se convirtió en diseñadora de vestidos, muy influida por Fortuny, y se especializó en tejidos estampados con la técnica de estarcido y en vestidos de estilo medieval. A la izquierda, un vestido con mangas flotantes realizado por Gallenga. Los motivos del fénix y el grifo en un estilo oriental antiguo dan al vestido un magnífico aspecto de la época renacentista. A la derecha, vestido con motivos del renacimiento realizado por Fortuny.

◄ **Maria Monaci Gallenga**
Vestido
Etiqueta: Maria Monaci Gallenga
Hacia 1917
Terciopelo de seda color verde musgo; motivo oriental estarcido de color plateado sobre dorado; cinturón de cordoncillo de georgette verde y oro.

► **Mariano Fortuny**
Vestido
Etiqueta: MARIANO FORTUNY VENISE
Década de 1930
Terciopelo de seda negro con motivo renacentista de color oro; inserciones de raso de seda negro plisado en sisa y laterales.

► **Mariano Fortuny**
Vestido
Etiqueta: MARIANO
FORTUNY VENISE
Década de 1930
Terciopelo azul verde con estarcido
dorado; inserciones de raso de seda
plisado en laterales y sisa.

◄ Catherine Hawley (bailarina)
con un vestido de Fortuny
Fotografía: Man Ray

Redfern, establecido originalmente en Londres, se hizo famoso por sus trajes sastre y su ropa deportiva durante la *Belle Époque* en París. Para añadir un toque femenino a un traje sastre como este, aplicó un estampado floral a la chaqueta y al forro; así mismo, incorporó otros detalles a la estructura del traje, como la falda plisada. Lucile también empezó en Londres y más tarde abrió sucursales en París y Nueva York. Este vestido (a la derecha), confeccionado en la ciudad norteamericana, con complicados adornos y silueta nostálgica, se parece al llamado *robe de style* de Lanvin. La falda corta, que deja ver la rodilla, fue una característica del estilo de transición que avanzaba hacia los años veinte.

◄ **John Redfern**
Conjunto de calle
Etiqueta: REDFERN Paris
Hacia 1915
Conjunto de falda y chaqueta de pongís en seda verde; forro y cuello de seda *habutae* con motivo floral; falda plisada.

► **Lucile**
Vestido de noche
Etiqueta: Lucile Ltd 37&39 WEST 57TH ST. NEW YORK
Otoño de 1916
Raso de seda y tul color crudo; cinturón de *habutae* y raso; falda de tres capas, la superior de tafetán de seda azul; ramillete de adorno en el pecho.

Chanel pensó que era crucial que el atuendo femenino para el siglo XX tuviera características funcionales. Descartando los adornos superficiales y adaptando la esencia de la moda masculina, creó una moda deportiva y funcional para la mujer que introdujo un nuevo tipo de elegancia. También ella mujer trabajadora, Chanel personificó a la *garçonne*, el nuevo modelo femenino tras la Primera Guerra Mundial, y vistió sus propias creaciones. El vestido de la derecha corresponde a los inicios de su carrera. Las etiquetas cosidas al vestido y abrigo, con el nombre «Gabrielle Chanel», son de las pocas de esta época que han sobrevivido.

◄ **Gabrielle Chanel**
Abrigo
Etiqueta: Gabrielle Chanel
PARIS
Hacia 1920
Velvetina marrón oscuro; cuello alzado; paneles del mismo tejido en el lateral; cintura baja con pinza; botones de carey con pintura dorada; cuentas metálicas; sombrero de Chanel (finales de la década de 1910).

► **Gabrielle Chanel**
Vestido de noche
Etiqueta: Gabrielle Chanel
PARIS
Hacia 1920
Seda *charmeuse* labrada de color marrón bajo un tul de seda bordado con motivos florales; cintura baja con adorno estilo fajín; falda de dos capas con silueta pinzada por arriba.

► **Griffes de Gabrielle Chanel**
De arriba abajo: 1921, hacia 1930,
década de 1930
La etiqueta superior, con el
nombre completo de «Gabrielle
Chanel», es una rareza entre sus
etiquetas.

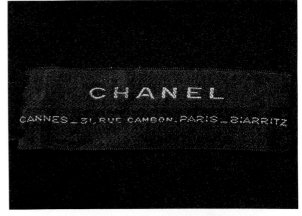

◄ **Sem**
Chanel raptada por Arthur Capel,
representado por un centauro,
hacia 1913

Dos vestidos que muestran la
refinada técnica artesanal de
la alta costura. La línea clara y
esbelta es típica de un diseño
Chanel.

◀ **Gabrielle Chanel**
Vestido
Etiqueta: CHANEL 75476
Hacia 1926
Vestido de chiffon de seda color
crudo con una pieza en forma de
capa; pinzas; falda compuesta por
15 piezas; vestido bajo de crepé de
seda de China.

▶ **Gabrielle Chanel**
Vestido
Etiqueta: CHANEL 85123
Hacia 1928
Donación de Martin Kamer
Seda *charmeuse* negra; falda de
chiffon de seda y tul.

Página 354
Un buen ejemplo del sencillo «vestidito negro» que Chanel creó en 1926. Este vestido causó un impacto sensacional en la moda femenina y desde entonces se ha convertido en una de las prendas más indispensables del vestuario femenino.

Gabrielle Chanel
Vestido
Etiqueta: CHANEL Hacia 1927
Crepé de seda negra con dorso satinado; cintura baja y silueta recta; uso creativo de tejidos de distintas texturas; adorno de cintas.

Página 355
Una de las principales características de los conjuntos diseñados por Chanel es que la tela de seda para el vestido y el forro del abrigo eran la misma, así como el tejido para la blusa y el forro de la chaqueta.

Gabrielle Chanel
Conjunto de calle
Etiqueta: CHANEL
Hacia 1927
Conjunto de vestido y abrigo; vestido de crepé de China marrón estampado, con cintura baja; falda con volantes; fruncido; abrigo de velvetina marrón con forro del mismo material del vestido.

En 1916, Chanel diseñó trajes chaqueta confeccionados con género de punto de lana, que en la época era un tejido reservado exclusivamente para la ropa interior. Este estilo, completado con materiales clásicos y una falda más corta que aporta una línea simplificada, más adelante se convirtió en el prototipo del «traje Chanel». El conjunto de la derecha es un ejemplo de traje chaqueta de punto de los años veinte. La falda a la altura de la rodilla, de línea sencilla, y los colores de un solo tono dan al atuendo un aire de modernidad. Un ramillete de claveles adorna el vestido, aunque más adelante los trajes Chanel siempre llevaron ramitos de camelias.

Chanel con su conjunto de traje chaqueta de punto de lana, 1928

Gabrielle Chanel
Conjunto de calle
Etiqueta: CHANEL
Hacia 1927
Falda y chaqueta de crepé de
lana negro sin forro; suéter
de punto blanco.

Madeleine Vionnet creó sus propios métodos para realzar al máximo la belleza del cuerpo femenino. Por ejemplo, inventó la técnica de drapeado de cortar el tejido sobre el torso con alfileres y tijeras, y también utilizó tela de crepé para conseguir una línea suelta y vaporosa. Este vestido de línea recta es un buen ejemplo de sus primeras creaciones. El fleco de seda, que se balancea con el movimiento de la persona que lleva el vestido, sirve de adorno y le confiere peso a la prenda. Más tarde, el corte en diagonal del tejido cuadrado desembocó en la innovadora técnica del «corte al bies».

Madeleine Vionnet
Vestido
Etiqueta: Madeleine Vionnet
1921
Donación de Martin Kamer
Georgette de seda negra; corte al bies; flecos de hilo de seda en sisa y falda.

Madeleine Vionnet
Vestido
Etiqueta: Madeleine Vionnet 12061
Hacia 1922
Seda *charmeuse* y *habutae* negra;
tejido rectangular utilizado en
las partes delantera y trasera de la
blusa; 271 rosas ornamentales en
los paneles laterales.

El estilo monástico estuvo de moda a principios de los años veinte, y como muestra esta ilustración, tuvo una clara influencia en Vionnet. Esta capa, con su gran capucha y gruesos cordones y borlas, tiene un aire misterioso gracias al grosor de sus materiales y a los colores oscuros.

► **Madeleine Vionnet**
Capa de noche
Etiqueta: ninguna
Hacia 1923
Terciopelo marrón oscuro; capucha; urdimbre utilizada verticalmente; forro de lamé rojo y marrón; cordones con borlas de rayón.
▼ **Thayaht**
La Gazette du Bon Ton, 1922

Inspirados por los artículos lacados japoneses, en los años veinte, decoradores como Eileen Gray y Jean Dunand crearon artículos de decoración de interiores realizados con laca. Dunand también creó tejidos lacados. El lamé, que tiene una textura lacada, tiene brillo y flexibilidad y fue utilizado con frecuencia en los años veinte. El vestido que se muestra junto a estas líneas refleja la tendencia de la época. El de la página siguiente es un vestido de novia que se utilizó en una boda celebrada en París el 27 de junio de 1922. Todavía sobrevive una fotografía de la ceremonia y las invitaciones a la boda, que muestran la categoría del acontecimiento. Aunque la espalda parece ir anudada por un lazo, el vestido está totalmente confeccio-nado con una tela de corte recto. Vionnet estaba interesada en las pinturas japonesas *ukiyo-e* y en los kimonos, y los coleccionaba influida por *madame* Gerber, a quien conoció cuando trabajaba en Callot Sœurs.

▶ **Madeleine Vionnet**
Vestido de noche
Etiqueta: Madeleine Vionnet 79531
Hacia 1922
Voile de seda rosa con el hilo de la urdimbre de lamé de plata; vestido de línea tubular con el sobre de estilo kimono en las partes delantera y trasera; lazo con bordado de cuentas.

▶▶ **Madeleine Vionnet**
Vestido de novia
Etiqueta: Madeleine Vionnet 14053
1922
Faya y tul de seda blanca; largo hasta el tobillo con bajo recto y cola; adornos de rosas de faya de seda creados por Lesage.

Este vestido parece tener una estructura simple, pero es una demostración del elevado nivel de la alta costura. Los pliegues y pinzas que Vionnet solía utilizar en sus diseños tienen efectos tanto ornamentales como funcionales. Las pinzas que lleva toda la parte frontal superior del vestido parecen las marcas de un rastrillo sobre la arena del jardín de un templo zen japonés. Este es un ejemplo de su magnífica técnica, que muestra un dominio perfecto del tejido, y de su habilidad por convertir las características estructurales en ornamentación.

Madeleine Vionnet
Vestido
Etiqueta: Madeleine Vionnet 28693
Hacia 1925
Crepé de seda verde; línea recta; escote de ojal; dibujo de ondas formado por pinzas.

Mujer con un vestido de Vionnet
Fotografía: Paul O'Doyé
Fémina, mayo de 1927

Vionnet mostró un gran interés por el arte. En sus dibujos queda demostrada la influencia del arte japonés y los nuevos estilos artísticos de principios del siglo XX, como el cubismo y el futurismo. Creó su teoría del diseño basándose en las formas geométricas.

▶ **Madeleine Vionnet**
Vestido de noche «Henriette»
Etiqueta: Madeleine Vionnet 26288
Hacia 1923
Donación de Martin Kamer
28 piezas de tejido color oro y plata cosidas en dos paneles y formando un dibujo a cuadros.

Mujer con vestido de Vionnet
Fotografía: Edward Steichen
Vogue (edición americana),
1 de junio de 1925

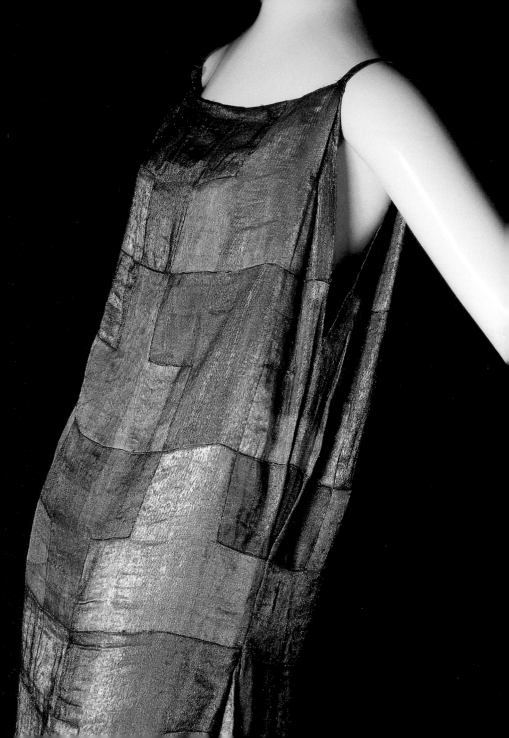

El exotismo de los años veinte estuvo influido por las numerosas culturas que habían llegado a Europa occidental: el orientalismo que había continuado desde la década de 1910, un estilo egipcio espoleado por el descubrimiento de la tumba de Tutankhamon (1922) y la fantasía mejicana influida por el arte azteca. Es fácil discernir las influencias exóticas en la moda de la época. En 1924, Vionnet introdujo un diseño inspirado en la Grecia clásica; este vestido (a la izquierda) está bordado con hilo de oro mediante una técnica similar, pero representa un motivo geométrico egipcio.

Thayaht
Vestido de Vionnet
La Gazette du Bon Ton, 1924

.THAYAHT.
2 4

Madeleine Vionnet
Vestido de noche
Etiqueta: ninguna
1927
Gasa de seda negra con bordado de hilo de oro; dibujo geométrico egipcio; banda de la manga con borlas.

ROBE TISSÉE POUR MADELEINE VIONNET

En el vestido de la izquierda, los ideogramas chinos, el bordado con motivos de peonías y los colores del conjunto sugieren una fuerte influencia del diseño chino. El vestido de la derecha lleva aplicaciones de bordados egipcios. Un artículo de la edición americana de *Vogue* de abril de 1923 presentó la moda y los vestidos egipcios de la casa Jenny. El vestido de la derecha es de esa misma temporada.

◄ **Callot Sœurs**
Vestido de noche
Etiqueta: Callot Sœurs PARIS ÉTÉ 192294681
Verano de 1922
Tul de seda naranja bordado con motivos florales e ideogramas chinos.

► **Jenny**
Vestido de noche
Etiqueta: JENNY PARIS No. 1126
Primavera/Verano 1923
Donación de Mariko Fujita
Muselina de seda negra; bordado con cuentas rojas, verdes y azules e hilo de oro; motivos egipcios.

Mientras Chanel y otros diseñadores creaban vestidos de estilo vanguardista, Lanvin había seguido con sus elegantes y sofisticadas *robes de style*, desde la década de 1910 hasta los años veinte. Algo característico de sus diseños era una falda ondulante y unos espléndidos adornos de estilo romántico, con aplicaciones de encaje y bordados. La respuesta fue favorable por parte de aquellas mujeres, más conservadoras, que no se sentían identificadas con el moderno estilo «a lo chico» que estaba en boga en esa nueva era. Este clásico vestido *robe de style* muestra el estilo exótico de los años veinte, con un motivo geométrico azteca realizado con materiales plateados y metálicos.

Jeanne Lanvin
Vestido de noche (*robe de style*)
Etiqueta: ninguna
1920–1924
Tafetán de seda negro, encaje y chiffon; bordado de cuentas plateadas, falsa pedrería, lentejuelas y pedrería verde; falda confeccionada con ocho piezas; motivo geométrico azteca.

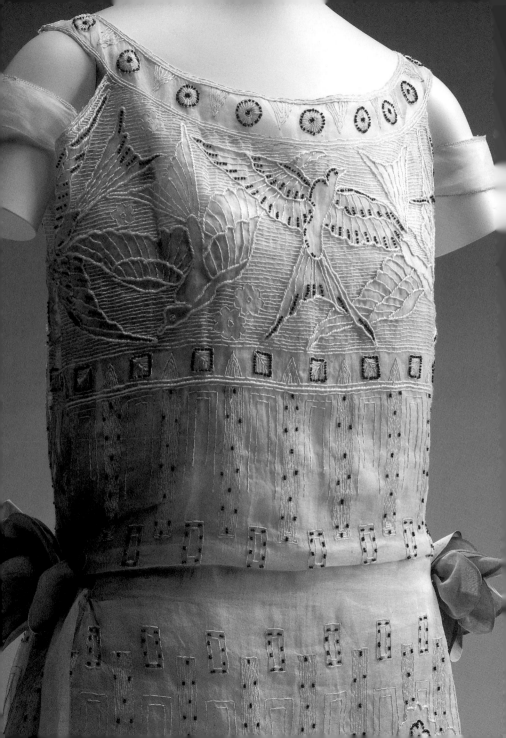

Este vestido, con ligeros adornos
sobre una línea recta y plana,
ilustra el estilo de los años veinte.
En él, ya es imposible reconocer el
impacto que Poiret había ejercido
en el mundo de la moda durante
la década de 1910, que perdió de
forma abrupta.

◄ **Paul Poiret**
Vestido de calle
Etiqueta: ninguna
Hacia 1923
Lino blanco bordado con hilo
blanco y cuentas rojas; motivos
de pájaros y flores; adornado con
un ramillete.

Este vestido es un buen ejemplo
de la moda de los años veinte,
y en él no hay rastro del estilo
característico de Poiret, como
el espectacular diseño y los
atrevidos contrastes de color,
que habían llevado a calificarle
como el «Rey de la moda» en la
década de 1910. Poiret perdió su
papel puntero en la moda y se
convirtió en seguidor del estilo
de otros nuevos diseñadores.

► **Paul Poiret**
Vestido de noche
Etiqueta: PAUL POIRET
a Paris 375990
Hacia 1920
Lamé de plata; tul de seda en
la pechera; sobrefalda de tul
de seda con bordado plateado,
motivos florales y geométricos;
cinturón a juego; cuentas de
madera.

Vestido «Paravent» de Paul
Poiret, 1924

La compañía Liberty & Co., que
tuvo una sucursal en París de 1889
a 1932, era conocida en Londres
como el centro del japonismo
y de los subsiguientes estilos
de artes decorativas. Liberty
& Co. utilizaba dos tipos de
etiquetas: «London and Paris»
o «London». Este vestido lleva
la etiqueta «Paris». El mismo
tejido fue utilizado por Paul
Poiret. El abrigo de la página
siguiente está confeccionado con
el mismo material que el abrigo
«Mikado» de Poiret, actualmente
conservado en los Archivos de
París. No obstante, este abrigo
debe de haber sido confeccionado
en los años sesenta, por la
diferencia en el tratamiento
de la forma, largura, hombros
acolchados y materiales.

◄◄ Liberty & Co.
Vestido de noche
Etiqueta: LIBERTY AND CO.
PARIS & LONDON 18656
1921
Seda jacquard de lamé de plata
y color lavanda, con motivo
paisajístico; bordado de cuentas
y fleco en la cadera; bajo en
acabado pañuelo.

◄ Anónimo
Abrigo
Década de 1960
Francia
Brocado de raso de seda
negro y oro; dibujo de paisaje
conjuntado al cortar el
tejido; cuello de lamé de oro,
acolchado; largo hasta la rodilla.

Abrigo «Mikado» de Paul
Poiret, 1923

En los años veinte, la laca japonesa fue uno de los elementos más importantes que se utilizaron en el estilo art déco. Se creó un tipo de decoración para superficies que tenía una calidad similar al lacado y que también se empleó para los tejidos.

◄ **Anónimo**
Capa
Hacia 1925
Lamé jacquard color negro con motivos de la naturaleza; ribeteado con piel; sin forro.

Los vestidos llevaban aplicaciones de pintorescos diseños en los años veinte, mientras que la prenda en sí tenía mantenía una línea sencilla. El abrigo «Mandarin» (a la derecha) apareció en la revista *Fémina* en el año 1923. El título de «mandarín» era el que recibía un alto dignatario chino.

► **Paul Poiret**
Abrigo «Mandarin»
Etiqueta: PAUL POIRET a Paris
Hacia 1923
Sarga de lana negra con motivos de crisantemos, pájaros y olas bordados en punto de cadeneta; cuello pajarita; forro de crepé de China negro.

El kimono japonés fue copiado, adaptado y finalmente asimilado por la indumentaria occidental. A la izquierda, un ejemplo de un abrigo de manga larga inspirado en un kimono japonés. Como decoración de la superficie lleva una aplicación de un dibujo estampado mediante la técnica de estarcido. También se puede ver la influencia del diseño japonés en el abrigo de la derecha: los motivos bordados, elcuello acolchado al estilo kimono y la parte posterior ablusada. No lleva etiqueta, pero su perfecta forma y compleja decoración sugieren que probablemente fue confeccionado por una *maison* parisina de categoría.

◄ **Maria Monaci Gallenga**
Abrigo de noche
Etiqueta: Maria Monaci Gallenga
Hacia 1922
Terciopelo negro con dibujo de arabescos estarcidos; sobremanga estilo kimono; cuello en forma de almohadilla; borlas; forro de terciopelo.

► **Anónimo**
Abrigo de noche
Hacia 1925
Francia
Voile de algodón blanca; bordado con cuentas y canutillo negro y plateado; motivos de olas y flores de loto; cuello acolchado; parte trasera ablusonada sostenida por otra tela desde el interior.

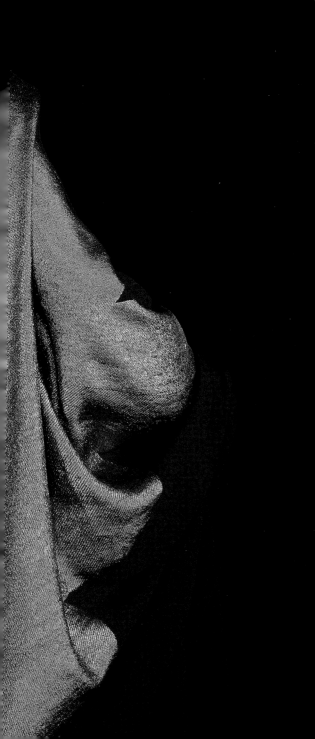

El mismo tejido utilizado para este chal de crepé de China fue usado también por Paul Poiret para su vestido «Insaalah». Caroline Reboux fue una de las mejores diseñadoras de sombreros femeninos del París de la época.

Mujer con vestido «Insaalah» de Paul Poiret, 1923

Caroline Reboux
Chal de noche
Etiqueta: Caroline Reboux
Hacia 1924
Crepé de China rojo tejido con hilo de oro; motivo en la parte central.

Página 386
Este chal tiene un complejo dibujo jacquard tejido con motivos de dalias. Su creador es Coudurier-Fructus-Descher de Lyon.

Anónimo
Tejido: Coudurier-Fructus-Descher Lyon
Chal
Hacia 1925
Seda de lamé jacquard oro y plata con motivos de dalias; estampado de color sobre el dibujo de la tela.

Página 387
Mujer con vestido de Vionnet
Fotografía: Edward Steichen
Vogue, 1924

La casa Babani comerciaba con artículos para decoración de interiores y tejidos de seda de China y Japón. También vendía tejidos de Liberty y piezas de Fortuny, y fruto de la influencia de estos dos, Babani creó sus propios productos.

◄ Babani
Vestido de fiesta
Etiqueta: BABANI 98 Bd HAUSSMANN PARIS
Hacia 1925
Lamé jacquard color oro; tejido y estampado con motivos florales y geométricos. Este abrigo está hecho de rayón, que se inventó en 1883 y fue utilizdo con regularidad después de que, en el año 1905, se inventara la viscosa de rayón en Inglaterra. Se conocía como «seda artificial» y alcanzó una gran popularidad en los años veinte.

► Liberty & Co.
Abrigo de noche
Etiqueta: LIBERTY LONDON
Hacia 1925
Rayón de seda jacquard naranja con dibujo de crisantemos amarillos; puños, solapa y bajo de rayón dorado; cuello de castor.

El crisantemo se había
convertido en motivo decorativo
desde la segunda mitad del siglo
XIX. La tela con crisantemos
tejidos similar al estilo japonés
makie (laca dorada) representa el
gusto del art déco. En la página
siguiente, los suaves puños
acolchados se parecen al *fuki*
(bajo acolchado) del kimono.

▶ **Edward Molyneux**
Vestido de noche
Etiqueta: MODÈLE MOLY-
NEUX 5,
Rue Royale MADE IN
FRANCE
Hacia 1926
Lamé de seda jacquard beige y
oro con dibujo de crisantemos;
cintura baja drapeada.

▶▶ **Gabrielle Chanel**
Abrigo de noche
Etiqueta: CHANEL
Hacia 1927
Seda jacquard con gradación de
color negro y verde y motivos
de crisantemos dorados; cuello
pañuelo a juego; dos paneles
en la espalda; dobladillos de
las mangas acolchados.

A partir de los años veinte, causaron furor los nuevos tipos de música bailable, como el tango y el charlestón. Los bailarines disfrutaban con el sonido de esta nueva música, y la década fue conocida como «los locos años veinte» o la «era del jazz». Se hicieron populares los vestidos hechos con materiales que mostraban todo su efecto con el movimiento del baile, como las lentejuelas y los flecos.

▲ **Lucien Lelong**
Vestido de noche
Etiqueta: LUCIEN LELONG 16
RUE MATIGNON PARIS

Mediados de la década de 1920
Chiffon de seda rosa pálido; aplicaciones generales de tejido con forma de pétalos; bordado con falsa pedrería, cuentas plateadas y cuero color oro; cintura baja con bordado imitando un cinturón.

► **Worth**
Vestido de noche
Etiqueta: WORTH
Hacia 1927
Tul de seda beige; fleco de canutillo plateado en toda la prenda; vestido bajo con bordado floral plateado y fleco de cuentas en el bajo.

El largo de la falda volvió a subir hasta la rodilla y los zapatos adquirieron un papel importante en la moda de los años veinte. Debido a esta tendencia, los diseñadores de calzado, que trabajaban independientemente de los clásicos artesanos, adquirieron mayor relevancia. Perugia se ganó su fama al crear zapatos para Poiret, y su época de mayor actividad fue desde los años veinte hasta los cuarenta.

André Perugia
Zapatos
Etiqueta: Perugia BTÉS.
G. D. G.
21 AVEN. DAME.NICE
11.FAUBG
ST HONORÉ PARIS
Décadas de 1920 y 1930

◄ Brocado de plata y lamé; correa en forma de «T»; botones.

► Raso de seda rojo y negro; bordado floral con cuentas metálicas; botones.

◄ Anónimo
Tacones
Hacia 1925
Tacones de madera con pintura al esmalte y resina; decorados con incrustación de falsa pedrería.

► Faucon
Bolso de noche
Etiqueta: FAUCON 38 AVE DE L'OPÉRA PARIS
Década de 1910
Lamé de oro y damasco negro con motivo foliado; armazón de latón dorado; correa de cordoncillo de seda; bolsillo.

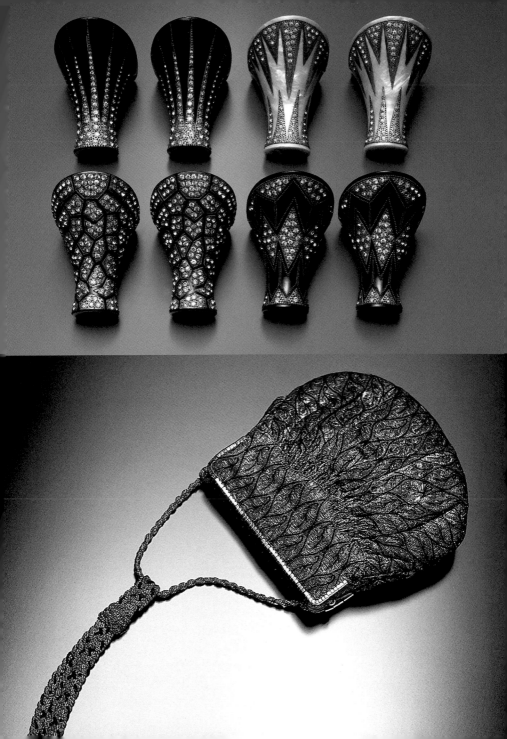

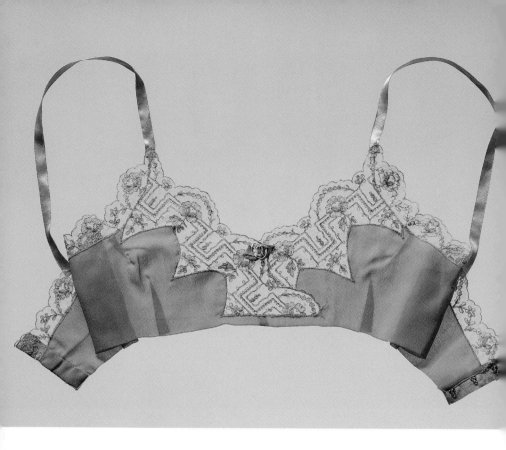

La moda del siglo XX emprendió un rumbo
totalmente diferente. Después de la Primera
Guerra Mundial el corsé, que había constreñido
el cuerpo femenino durante tanto tiempo, fue
sustituido por el sujetador como prenda interior
de soporte. El sujetador era más adecuado para la
libre y dinámica moda del estilo garçonne de los
años veinte, debido a su estructura menos restrictiva
y a su línea plana. La combinación, otra pieza de
ropa interior contemporánea, se inventó también
por esta época para complementar el vestido de una
sola pieza que entonces estaba de moda.

▲ **Anónimo**
Sujetador
Década de 1920
Georgette de seda rosa con encaje; adorno floral.

► **Anónimo**
Combinación
Década de 1920
Crepé de China azul con inserción de encaje.

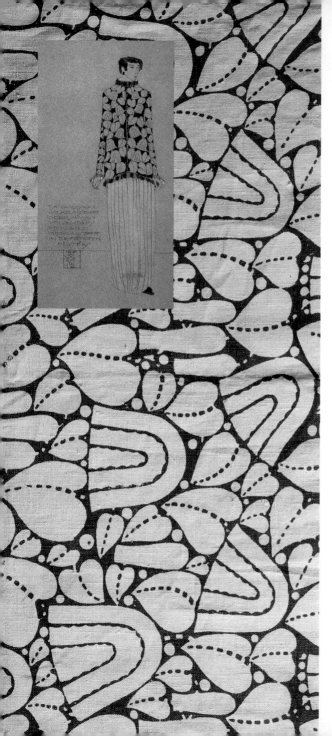

Josef Hoffmann fue uno de los promotores del Wiener Werkstätte de Viena. A la izquierda, el dibujo del diseño «Franziska» de Eduard J. Wimmer-Wisgrill, para un abrigo de tejido único procedente de la colección del Österreichisches Museum für angewandte Kunst.

◄ **Josef Hoffmann**
Tejido «Jagdfalke»
Etiqueta: ninguna
1910–1911
Donación de Wolfgang Ruf
Lino blanco con estampado de estarcido negro, 39 x 72,5 cm.

Esta capa fue realizada con el tejido «Bavaria», diseñado por Carl Otto Czeschka hacia el año 1910. Probablemente fue confeccionada en el departamento de moda del Wiener Werkstätte. Utilizando el mismo material, en el año 1913 Eduard J. Wimmer-Wisgrill creó un abrigo que llamó «Cresta».

► **Carl Otto Czeschka**
Tejido «Bavaria»
Capa
Etiqueta: ninguna
Hacia 1920
Chiffon de seda negro; estampado con motivos vegetales y ribeteado con plumón de marabú.

▼ **Eduard J. Wimmer-Wisgrill**
Diseño «Franziska» con tejido «Jagdfalke», una tela creada por Josef Hoffmann, 1912
MAK – Österreichisches Museum für angewandte Kunst/ Gegenwartskunst, Viena

◄ **Wiener Werkstätte: Felice Rix**
Tejido «Davos»
Vestido de calle
Etiqueta: WIENER
WERKSTÄTTE
Hacia 1920
Pongís de seda a rayas grises, negras
y violeta; cuello y puños de algodón
blanco; corbata de lazo de tafetán
de seda negro; botones forrados;
sobrefalda con cuatro paneles.

► Conjunto de pijama
confeccionado con «Pan», un tejido
diseñado por Dagobert Peche, 1920
Fotografía: Madame D'Ora-Benda
Archivo fotográfico de la Biblioteca
Nacional de Austria, Viena

Peche se incorporó al Wiener Werkstätte en 1915. El tejido «Pan» en distintos colores se encuentra en la colección del Österreichische Museum für angewandte Kunst de Viena. El diseño fue utilizado para pijamas, chales y almohadones.

▶ **Dagobert Peche**
Tejido «Pan»
Etiqueta: WIENER WERKSTÄTTE
1919
Seda blanca con estampado estarcido en tonos pastel. 46 cm x 129,5 cm

Josef Hoffmann y Kolomann Moser fundaron el Wiener Werkstätte en 1903. Para lograr su objetivo de que lo artístico debiera impregnar todos los aspectos de la vida cotidiana, establecieron un departamento textil en 1905 y otro de moda en 1911. El departamento textil tenía como objetivo crear diseños que fueran modernos pero que conservaran la calidez de los productos artesanales. El departamento de moda buscaba un nuevo tipo de indumentaria y realizo diseños innovadores, como el holgado vestido saco. El tejido de esta bata fue diseñado por Mathilde Flögl, miembro del Wiener Werkstätte. La estilizada pluma de pavo real queda muy elegante sobre la tela de color negro.

Wiener Werkstätte: Mathilde Flögl
Tejido «Hoby»
Bata
Etiqueta: WIENER WERKSTÄTTE
Hacia 1928
Seda *habutae* negra estampada con motivos de pavos reales, modelo «Hoby»; estilo kimono; botones forrados; cinturón y bolsa del mismo tejido.

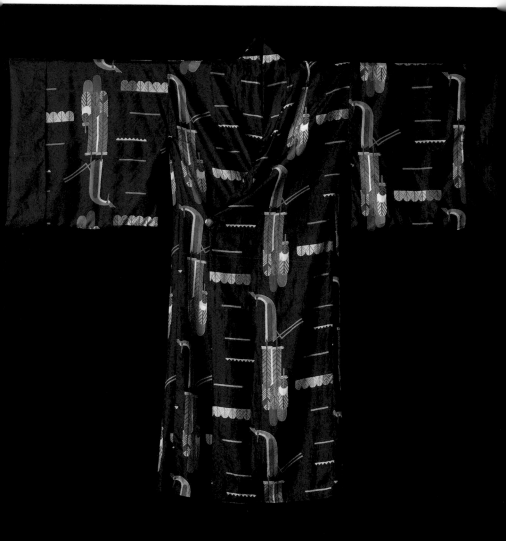

Filippo Tommaso Marinetti proclamó el «futurismo» en 1909 como un acicate para la reforma artística. A partir de entonces, poetas, pintores y arquitectos italianos intentaron llevar el arte a todos los campos para conseguir la armonía en todos los aspectos de la vida cotidiana. El término «futurismo» sugiere un gran movimiento en lugar de un solo estilo artístico, y el movimiento futurista abarcó campos como la literatura, la música y el diseño de moda. El chaleco y el sombrero de esta página podrían haber sido hechos por un artista futurista: la nueva ética del diseño, que intentaba que las artes impregnaran todos los aspectos de la vida cotidiana, queda aquí perfectamente demostrada.

► **Anónimo**
Chaleco masculino
Década de 1920
Italia
Cañamazo bordado con hilo de lana polícromo.

◄ **Anónimo**
Sombrero
Décadas de 1920 y 1930
Italia
Fieltro beige y marrón.

Sonia Delaunay creó una gama completa de diseños, tanto de tejidos como de indumentaria. Creó un vestido como medio de expresión artística personal en lugar de intentar conseguir una nueva tendencia de moda. Adoptó sus coloristas cuadros abstractos para sus dibujos textiles y vestidos de construcción sencilla.

Sonia Delaunay
Abrigo
Etiqueta: ninguna
Hacia 1925
Lana marrón bordada con hilo de lana y de seda; dibujo ondulante con gradación de marrones.

Vionnet inventó una innovadora técnica de corte: el corte al bies. Este vestido es un magnífico ejemplo de esta técnica.

◄ **Madeleine Vionnet**
Vestido de noche
Etiqueta: MADELEINE VIONNET DÉPOSÉ 64396
Hacia 1929
Voile de seda rosa bordada con dibujos de estrellas; cuerpo cortado al bies; cuello tipo cogulla; falda con nueve piezas; cinturón a juego.

Los materiales vaporosos ganaron popularidad en los años treinta, ya que permitían crear líneas muy fluidas, tan de moda en esa época. Los estampados de varios colores y dibujos eran un sistema eficaz para decorar los vestidos y conservar al mismo tiempo una línea esbelta.

► **Gabrielle Chanel**
Vestido
Etiqueta: CHANEL 24128
Hacia 1935
Chiffon de seda color burdeos con estampado blanco; capa corta; vestido bajo de crepé de China del mismo color.

►► **Madeleine Vionnet**
Vestido
Etiqueta: ninguna
Hacia 1933
Chiffon de seda blanco con estampado matizado en rojo y amarillo; corte al bies; lazo largo cruzado en la parte frontal del cuerpo que después sube hasta el escote, donde se cose a modo de cuello.

El corte al bies se convirtió en una técnica de gran utilidad en los años treinta, cuando en el mundo de la moda se reavivó el interés por la forma natural del cuerpo. Vionnet creó vestidos únicos utilizando originales técnicas de diseño; primero dividió el cuerpo según las líneas anatómicas y después unió estas con el corte al bies. El vestido que se halla junto a estas líneas tiene un aspecto minimalista gracias a su calculada teoría del diseño. El efecto se consigue mediante el corte al bies, con el que se obtienen diferentes texturas cosiendo algunos trozos de tela en vertical y otros en horizontal. El vestido de la página siguiente está confeccionado con tela de rayón elástico, cortada al bies para que se ajuste al cuerpo. El lazo que lo rodea realza la esbeltez. Este vestido forma parte del vestuario personal de Vionnet.

◄ **Madeleine Vionnet**
Vestido de noche
Etiqueta: ninguna
1932
Raso de seda negro; dos piezas
para el cuerpo y cinco, de varios
tamaños, para la falda; corte al
bies.

► **Madeleine Vionnet**
Vestido de noche
Etiqueta: ninguna
Hacia 1933
Tela de punto de rayón negro;
lazo de crepé de seda bermellón;
corte al bies.

En la década de 1910, Chanel causó un gran impacto en el mundo de la moda al adoptar el punto de lana, un material utilizado en la ropa interior, para vestidos de alta costura.

A la izquierda, un elegante vestido de noche de los años treinta con inserciones de encaje, un tejido muy utilizado en lencería durante el período de la *Belle Époque*.

◄ **Gabrielle Chanel**
Vestido de noche
Etiqueta: CHANEL
CANNES-31, RUE CANBON
PARIS-BIARRITZ
Hacia 1930
Raso de seda y encaje beige,
alternados.

En los años veinte, la creciente popularidad de los deportes hizo que el conjunto para playa, llamado también «pijama de playa», se pusiera de moda. El pijama, que había sido utilizado como prenda masculina para dormir, fue adaptado para la indumentaria playera femenina, así como para vestidos de anfitriona en las ocasiones informales y para llevar en lugares vacacionales. El vestido pantalón de la derecha contiene elementos de los pijamas creados en los años veinte. El dibujo de encaje negro de la sobrefalda parece intrincado sobre el vestido color rosa.

► **Madeleine Vionnet**
Vestido pantalón
Etiqueta: MADELEINE
VIONNET DÉPOSÉ
1937
Vestido pantalón de chiffon de seda rosa; sobrefalda de tejido de malla negra con aplicaciones de encaje; lazo de terciopelo; vestido interior de crepé de China.

Al mismo tiempo que la moda experimentó cambios espectaculares en los años veinte, el mundo de la alta costura parisina también se renovó. Los nuevos talentos eran Edward Molyneux, Jean Patou, Maggy Rouff y Jacques Heim, que sustituyeron a las *maisons* que habían estado en activo antes de la guerra. Molyneux, que inauguró su establecimiento en 1919, creó el vestido que se muestra junto a estas líneas en el punto álgido de su carrera. El tejido cortado al bies queda perfectamente entallado al cuerpo y los frunces de las costuras forman un hermoso drapeado. El vestido de la página siguiente es un buen ejemplo de las sencillas y frescas estructuras típicas de Patou. Dos tejidos de color diferente están cosidos de forma alterna creando pliegues que se abren en la parte baja con el movimiento de la persona.

► **Edward Molyneux**
Vestido de noche
Etiqueta: MODÈLE MOLY-NEUX 5, Rue Royale
Otoño/Invierno 1935
Vestido de una sola pieza de terciopelo verde; corte al bies.

►► **Jean Patou**
Vestido de noche
Etiqueta: Jean Patou PARIS
Hacia 1930
Crepé de seda negro y verde; pliegues de la falda terminados en punta en el bajo; cinturón.

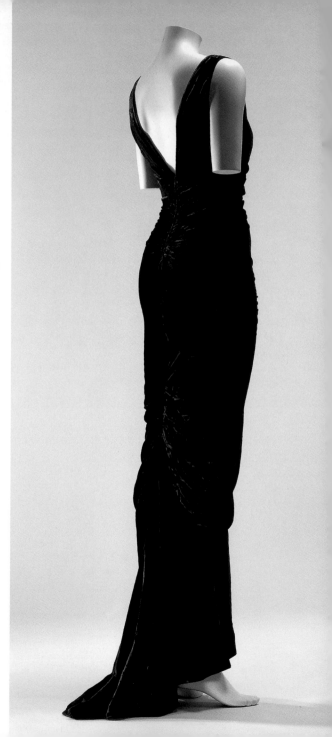

Los vestidos largos de gran elaboración se volvieron a poner de moda en los años treinta, a pesar de las graves condiciones sociales causadas por la Gran Depresión de 1929. Lanvin siempre había mantenido una línea de diseño muy elegante, y por ello supo sintonizar bien con el ambiente de los treinta. Estos dos vestidos de Lanvin muestran la línea típica de esa década. El vestido de la derecha, con mangas desmontables, está hecho con una velvetina reluciente que realza su hermosa línea. A la izquierda, el vestido de línea sirena muestra la fina técnica de Lanvin, que le permitía crear un efecto de ligereza a pesar de la larga cola.

◄◄ **Jeanne Lanvin**
Vestido de noche
Etiqueta: Jeanne Lanvin Paris
UNIS FRANCE ÉTÉ 1934
Verano 1934
Organdí de lino negro; dibujo romboidal realizado con bordado de canutillo; vestido bajo de crepé de China.

◄ **Jeanne Lanvin**
Vestido de noche
Etiqueta: ninguna
Otoño/Invierno 1937
Velvetina negra; lazo en la manga; botones forrados en la abertura trasera; mangas y escote con tirantes.

Madame Grès abrió la casa de moda Alix en 1934, pero se vio forzada a cerrarla cinco años más tarde. En 1941 abrió un nuevo establecimiento con el nombre artístico de su marido: Grès. A mediados de los años treinta se dio a conocer por sus extravagantes vestidos, realizados con género de punto de seda al estilo griego clásico y con pocas costuras visibles. El vestido que aquí se muestra fue diseñado en 1944 para la actriz Danièle Delorme, para su papel en la obra *Antigona*, de Jean Anouilh.

Madame Grès
Vestido de noche
Etiqueta: ninguna
Hacia 1944
Tejido de punto de seda blanco; finos pliegues.

Elsa Schiaparelli lideró la moda de los años treinta gracias a su interés y conocimiento de los nuevos avances en el campo del arte y la tecnología. Trabajó junto a artistas dadaístas y surrealistas e intentó utilizar los materiales artificiales que se iban descubriendo. El diseño de la izquierda muestra la figura de un auriga celestial: el dios griego Apolo. El motivo fue diseñado por Christian Bérard, un pintor y escenógrafo parisino. Lesage, un taller de bordado fundado en 1924, fue el encargado de realizar el bordado, que muestra el elevado nivel de la alta costura parisina. La capa de la derecha está ribeteada con celofán «rosa chillón», un color que era la firma personal de Schiaparelli. A ella le parecían muy valiosos los tejidos de fibras artificiales y no los consideraba únicamente un complemento de las telas naturales. Propuso un cambio en las ideas convencionales de las clases altas y bajas mediante el uso de materiales artificiales.

◄ **Elsa Schiaparelli**
Capa de noche
Etiqueta: ninguna
1938
Terciopelo negro bordado con hilo de oro, lentejuelas y cuentas.

► **Elsa Schiaparelli**
Capa de noche
Etiqueta: Schiaparelli London
Primavera/Verano 1937
Tejido de malla de lamé plateado con celofán «rosa chillón».

Los vestidos estampados, una
tendencia de los años treinta,
adquirieron un toque único
y humorístico en manos de
Schiaparelli. El estampado de
la izquierda fue probablemente
realizado por un popular
ilustrador, Marcel Vertès.
Contiene un motivo de
columnas con su logotipo en el
interior. El motivo de la columna
es un símbolo de la Place
Vendôme, donde Schiaparelli
tenía su *maison*, y aparece en
el anuncio publicitario para su
perfume, ilustrado por Vertès,
que se muestra en las páginas
siguientes. A la derecha, un
estampado de cerillas, objetos
cotidianos, aplicado a su vestido.
Schiaparelli instaba a los artistas
a que emplearan útiles de la
vida diaria como tema principal,
y ella misma llevó ese tipo de
objetos a la alta costura, donde
la dignidad y la elegancia se
consideraban esenciales.

◄ **Elsa Schiaparelli**
Vestido de noche
Etiqueta: ninguna
Hacia 1937
Crepé de seda negro estampado
y plisado; cinturón a juego.

► **Elsa Schiaparelli**
Vestido de noche
Etiqueta: Schiaparelli 21 Place
Vendôme Paris ÉTÉ 1935
Verano 1935
Seda negra estampada.

Páginas 422/423
Marcel Vertès
Anuncio publicitario de
un perfume de Schiaparelli

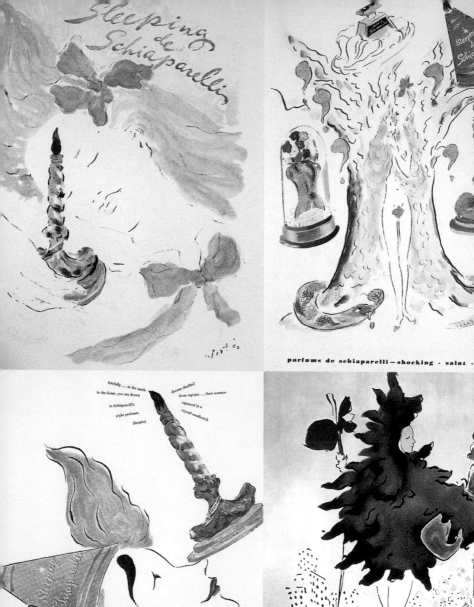

Sleeping
de
Schiaparelli

parfums de schiaparelli — shocking · salut · sleep

fatefully . . . as the moth   . . . dreams distilled
to the flame, you are drawn   from rapture . . . their essence
to Schiaparelli's   captured in a
night perfume,   crystal candlestick
Sleeping.

Shocking
de
Schiaparelli

Sleeping
de *Schiaparelli*

IT LIGHTS THE WAY TO ECSTASY . . .

*Schiaparelli's own interpretation of
a night perfume, caressing,
intoxicating, lingering.*

parfums schiaparelli . . . made in france

En 1935, Schiaparelli fue la primera diseñadora que utilizó la cremallera para un vestido de alta costura. Este abrigo también lleva una cremallera interior.

Elsa Schiaparelli
Abrigo de noche
Etiqueta: Schiaparelli London 4136
Otoño/Invierno 1936
Lana color burdeos; cuello
de terciopelo con aplicaciones
de cuero dorado y cuentas.

Tras la Segunda Guerra Mundial, Schiaparelli regresó a París procedente de Nueva York. Sus intentos de volver a establecerse como diseñadora no tuvieron éxito, así que se retiró en 1954. Sus esfuerzos por integrar arte y moda fueron recogidos más tarde por Yves Saint Laurent.

◄ Elsa Schiaparelli
Vestido de noche
Etiqueta: Schiaparelli 21 Place
Vendôme Paris HIVER 1939–
1940
Invierno 1939
Terciopelo color burdeos; lazada
de raso de seda a rayas.

► Elsa Schiaparelli
Vestido de noche
Etiqueta: ninguna
Hacia 1947
Georgette de seda negra con
dorso satinado; mangas y lazo
de terciopelo «rosa chillón».

En 1924, se celebraron los primeros Juegos Olímpicos de Invierno en Chamonix, Francia, y la siguiente edición tuvo lugar en Saint Moritz, Suiza, en 1928. El esquí se convirtió en un deporte popular y la clase alta gustaba de pasar sus vacaciones estivales en la Riviera y esquiando en Chamonix, en invierno. Este traje de esquí es de estilo pantalón, pero las mujeres siguieron esquiando con falda hasta mediados de los años veinte.

▶ **Anónimo**
Traje de esquí
Hacia 1930
Conjunto de suéter y pantalón de punto de lana color negro y crudo; cuello de cisne y puños canalé; cinturón a juego con pompones en los extremos.

Jean Pagès
Vogue (edición británica), 1928
The Condé Nast Publication Inc.

El nuevo estilo femenino llamado *garçonne* o «a lo chico», tan popular después de la Primera Guerra Mundial, tenía como objetivo eliminar la división por géneros en la indumentaria. Las mujeres empezaron a utilizar el pantalón, hasta entonces símbolo del atuendo masculino, aunque solo lo llevaban para estar en casa o en lugares de vacaciones. La aparición regular en público de mujeres con pantalones solo llegó después de la Segunda Guerra Mundial. Durante los años veinte se puso de moda pasar unos días de vacaciones en lugares cálidos y broncearse. La ropa deportiva fue adquiriendo mayor importancia, y las prendas de este estilo de Patou, como se muestra en esta página, Schiaparelli y Hermès se hicieron populares entre la clase alta.

◄ **Jean Patou**
Conjunto de playa
Etiqueta: Jean Patou SPORT ET VOYAGE 21719
Hacia 1929
Vestido pantalón de punto de rayón negro con capa corta.

► **Simone Demaria con atuendo playero de Schiaparelli**
Fotografía: George Hoyningen-Huene
Vogue (edición francesa), 1930

En 1944, París fue liberado de la ocupación alemana. Durante la guerra, la mayoría de casas de moda parisinas habían cerrado o se habían trasladado a otras ciudades. La grave escasez de materiales había significado un recorte importantísimo en la producción. El estilo anterior a la guerra de hombros rectos y hombreras, así como la línea entallada, siguieron estando de moda durante los años que duró el conflicto bélico, como demuestra este traje. Lanvin se enorgullecía, como casa de alta costura ya consolidada, de producir creaciones de calidad incluso durante una época de restricciones, como se puede observar en el complicado almohadillado y las bellas costuras de la falda de este conjunto de calle.

Jeanne Lanvin
Conjunto de calle
Etiqueta: JEANNE LANVIN
PARIS
22 Frg St HONORÉ
1940–1944
Conjunto de falda y chaqueta; tweed de lana beige-rosa; bolsillo almohadillado con botones.

En Londres, durante el período de la guerra, las regulaciones del plan «Utility» estipulaban que solo se podía producir ropa funcional con un mínimo de adornos. El vestido que se muestra junto a estas líneas fue realizado por la sucursal londinense de Callot Sœurs, abierta desde 1917. Los hombros cuadrados, con hombreras, las mangas con pinzas y la falda a la altura de la rodilla son típicos del estilo de los años cuarenta. En la página siguiente, se observa la línea simple de un vaporoso abrigo hasta la rodilla realizado por Fath. Fath creó diseños juveniles y muy dinámicos, al tiempo que mantenía la elegancia tradicional del estilo de posguerra. Los oscilantes pliegues de la espalda ofrecían un aspecto cambiante con el movimiento de la persona.

▶ **Callot Sœurs**
Conjunto de calle
Etiqueta: Callot Sœurs Ltd
LONDON
Hacia 1940
Conjunto de cuerpo y falda; lana amarilla; piel de leopardo sobre cuello desmontable y pecho; cinturón a juego; hombreras; falda con tablón delantero.

▶▶ **Jacques Fath**
Abrigo
Etiqueta: JACQUES FATH
PARIS 10092
Primavera/Verano 1949
Algodón beige; grandes pliegues en la espalda; manga tres cuartos con doble puño; gran bolsillo de parche; abertura frontal; cierre con corchete en el cuello.

Los anchos hombros y los bolsillos a los lados crearon una silueta horizontal, mientras que la cintura entallada realzaba las líneas paralelas. Estos efectos son el resultado de la precisa técnica de corte de Fath. Durante el período de regulación, cuando los vestidos tenían que ser sencillos y modestos, las mujeres intentaron estar a la moda llevando grandes y decorativos sombreros o turbantes para alegrar unas prendas tan sobrias.

Jacques Fath
Conjunto de calle
Etiqueta: JACQUES FATH PARIS
1940–1944
Conjunto de falda y chaqueta; franela de lana azul marino; ribete de terciopelo; pliegues en la parte frontal de la falda.

▶ **«La moda es indestructible»**
Fotografía: Cecile Beaton
Vogue (edición británica), 1941

◄ **Anónimo**
Guantes
Década de 1930
Ganchillo de algodón blanco.

▼ **Anónimo**
Sombrero
Década de 1930
Fieltro de lana negro con plumas
de avestruz color rosa.

Página 440
Izquierda
Anónimo
Sombrero
Década de 1940
Plumas de garceta negras
con peineta.

Derecha
Anónimo
Sombrero
Década de 1940
Plumas de garceta marrones
con peineta.

Página 441
Izquierda
Marthe Schiel
Sombrero
Etiqueta: Modes Marthe Schiel
13, LOWER GROSVENOR
PLACE S. W. I.
Década de 1930
Fieltro negro con adorno de
cuero en forma de plumas.

Derecha
Anónimo
Sombrero
Década de 1930
Faya de seda negra con cinta
a juego; piel blanca.

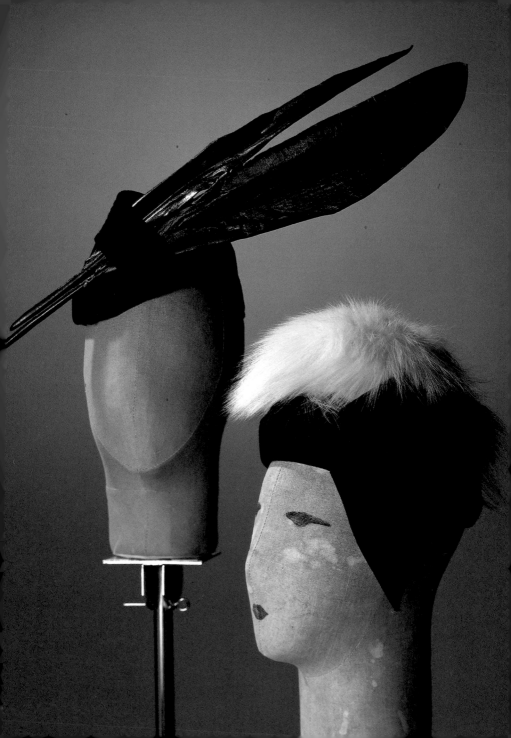

Las regulaciones que entraron en vigor durante la Segunda Guerra Mundial, junto con la grave escasez de materiales, frenaron la actividad de la alta costura parisina. Incluso las horquillas para el pelo desaparecieron del mercado, así que las mujeres no podían recogerse el cabello. Los sombreros grandes se hicieron populares porque podían cubrir un peinado deficiente y dar un rápido toque de elegancia a los sobrios vestidos; además, no eran artículos regulados. Los complicados tocados, como los altos turbantes y los sombreros de paja con montones de adornos florales, constituyeron un eficaz contraste a los vestidos restringidos.

De izquierda a derecha
1. Marie-Louise Bruyère
Sombrero
Etiqueta: BRUYÈRE 22,
PLACE
VENDÔME, PARIS
Hacia 1945
Paja color beige con cinta de faya de seda y horquilla.

2. Helen & René
Turbante
Etiqueta: Helen & René, h. 1945
Georgette de seda marrón, parte
superior acolchada.
3. Caroline Ranchin
Turbante
Etiqueta: Caroline Ranchin 10
RUE DUPHOT PARIS,
hacia 1943
Terciopelo rosa, con horquilla.

4. Albouy
Turbante
Etiqueta: ALBOUY 49, RUE
DU COLISÉE ELYSÉE 91–23
PARIS, hacia 1943
Tubos acolchados de terciopelo
rojo.
5. Marie-Louise Bruyère
Turbante
Etiqueta: BRUYÈRE 22,
PLACE VENDÔME, PARIS,

hacia 1944
Punto de lana gris; parte superior
acolchada.
6. Janine
Turbante *Etiqueta:* JANINE Opé
27–92 S4 Rue Vignon. PARIS
Hacia 1945 Crepé de seda
estampada de color azul marino,
blanco y rojo; parte superior
acolchada.

LA ÉPOCA DE LA INNOVACIÓN TECNOLÓGICA

La moda en la segunda mitad del siglo XX

Después de la confusión causada por las consecuencias de la Segunda Guerra Mundial en los años cincuenta, la sociedad entró en una era de consumo de masas en los sesenta. La dinámica de la producción masiva se podía ver en todos los sectores del mundo de la moda. Proliferaban las innovaciones tecnológicas, cuyo mejor ejemplo podría ser la exploración espacial, y ello aceleró el desarrollo de las fibras artificiales. Como resultado, apareció una indumentaria a precios razonables y de buena calidad que se llamó *prêt-à-porter* (ropa de confección). La alta costura, la autoridad de la moda aceptada hasta entonces, ya no parecía ofrecer diseños que se adaptaran al estilo de vida cotidiano y funcional de la nueva era de posguerra. Durante los años setenta, a medida que la estética social pasaba por una drástica transformación, hubo una demanda de ropa nueva para el gran público. El *prêt-à-porter* proponía una indumentaria para mujeres activas y trabajadoras, y llevó la moda a un nuevo nivel de popularidad. La moda de la calle también resultó ser una fuente importante de inspiración para la creación de *prêt-à-porter*.

A partir de los años setenta, el *prêt-à-porter* hizo posible que la industria de la moda se desarrollara y diversificara. Hacía tiempo que París era la capital de la moda y de una refinada artesanía, pero ahora otras ciudades entraron en ese círculo y se convirtieron en prósperos centros de nuevas tendencias propias. En los ochenta tuvo lugar una vuelta al estilo tradicional, pero en los noventa la gente empezó a reconsiderar el significado de la indumentaria y a buscar un sistema idealista para la industria de la moda del siglo XXI. A finales del siglo XX era posible ver, encargar y enviar ropa de moda a cualquier parte del mundo, instantáneamente, gracias a medios de comunicación como la televisión o Internet. Por consiguiente, la moda actual parece que se está dirigiendo hacia una uniformidad universal.

El resurgimiento de la alta costura parisina

La alta costura parisina se vio muy afectada durante la Segunda Guerra Mundial, pero empezó a revitalizarse cuando París fue liberada de la ocupación alemana en 1944. Aunque la guerra había terminado, reinaba la confusión y la gente parecía incapaz de disfrutar plenamente de la paz. Christian Dior fue quien avivó el resurgimiento de la alta costura parisina. En febrero de 1947, la primera colección de Dior fue anunciada como «New Look», y determinó el rumbo que iba a tomar la moda en los años cincuenta. El «New

Look» era un estilo nostálgico y elegante, caracterizado por hombros redondeados y un busto alto y realzado, con una diminuta y entallada cintura, una falda más bien larga y acampanada, guantes, sombrero y zapatos de tacón alto. Para confeccionar un vestido «New Look» se precisaban metros y metros de material. Para las mujeres esta ostentosa utilización de material confirmaba el hecho de que la guerra realmente había terminado. Durante los cincuenta, Dior presentó una serie consecutiva de nuevos diseños cada temporada y su producción tuvo un tremendo impacto en el mundo de la moda.

El español Cristóbal Balenciaga fue otro gran diseñador de la década de 1950. Balenciaga era uno de los pocos diseñadores que tenía experiencia práctica en las técnicas de confección, y buscaba la perfección en cada corte y cada costura. Sus diseños de líneas creativas, con un original espacio extra entre la prenda y el cuerpo, y unos colores exquisitos, parecían obras de arte; por ello se le dio el nombre de «el maestro» de la alta costura. Además, como sus vestidos no precisaban ropa interior que moldeara el cuerpo, también eran famosos por su comodidad. Su traje de cuello redondo y el vestido suelto y sin cinturón, ligeramente entallado, de los años cincuenta, se convirtió en la base de las prendas femeninas durante la segunda mitad del siglo XX.

En 1954, Gabrielle (Coco) Chanel, que había dejado de trabajar durante la Segunda Guerra Mundial, regresó a la moda de forma espectacular. Tras la moda nostálgica de los años cincuenta, las mujeres empezaron de nuevo a buscar la comodidad en el vestir, y Chanel volvió a presentar el «traje Chanel», que era una versión perfeccionada de su traje chaqueta de punto de los años veinte. Con su estructura simple y funcional, los trajes Chanel tuvieron una aceptación mundial en los sesenta y acabaron por representar el estilo del moderno siglo XX; más adelante este mismo tipo de traje fue adoptado por el mercado internacional del *prêt-à-porter*.

Aunque la alta costura parisina estaba destinada a quedar aislada de las demandas de la emergente sociedad de consumo, siguió dando muchos diseñadores de talento en las décadas de 1950 y 1960. La gente llegó a apreciar de nuevo el valor de la alta costura tradicional, y compradores y periodistas de moda de todo el mundo se reunían en las exhibiciones que dos veces al año se celebraban en París, que volvió a convertirse en la capital mundial de la moda. La infraestructura económica de Francia resultó muy beneficiada por el establecimiento de un negocio de licencias para aprobar el copyright del «griffe» o ropa «de marca». Esto puso en marcha una obsesión por las marcas que sigue teniendo gran influencia sobre las mujeres de hoy en día.

El poder de la juventud

En los años sesenta la generación de los *baby boomers* alcanzó la edad de diez años, y la era de la producción en masa y la sociedad de consumo llegaron a su madurez. En 1961, la Unión Soviética lanzó con éxito la primera cápsula espacial tripulada y en 1963 el presidente John F. Kennedy fue asesinado. La revuelta estudiantil parisina tuvo lugar en mayo del 68 y la llegada del hombre a la Luna en 1969. En medio de tales acontecimientos, la joven generación buscó su propio y distintivo modo de expresión y la poderosa nueva cultura americana fue una elección obvia. Se podía oír la voz de la juventud en las letras de las canciones de grupos ingleses como The Beatles, y sus preocupaciones quedaban reflejadas por el movimiento cinematográfico francés de la *nouvelle vague*. También la moda se propuso expresar nuevas y atrevidas emociones.

Los jóvenes creyeron que mostrar su físico era la manera más efectiva de diferenciarse de las generaciones anteriores. En 1964, el diseñador americano Rudi Gernreich presentó un traje de baño sin la parte superior, el «monokini», que claramente representaba un nuevo concepto del cuerpo: la llamada «conciencia corporal». El vestido que dejaba a la vista las piernas hasta los muslos se llamó «mini», y resultó una manera más sencilla y práctica de expresar el mismo concepto. Las piernas desnudas de la moda femenina, que también pudieron verse en los años veinte, fueron pasando por varias etapas conceptuales en los sesenta. Marshall McLuhan insistió en que la ropa es una extensión de la piel, e Yves Klein expresó su pensamiento en su obra de arte *Anthropometry*. La diseñadora londinense Mary Quant también tuvo un papel importante a la hora de llevar la «mini» al mundo de la moda y recibir la aceptación como el estilo normal del siglo XX. Lo mismo se podría decir de los minivestidos de André Courrèges, exhibidos contra el poderoso telón de fondo de la alta costura parisina.

Antes de que se hubiera calmado la conmoción causada por la minifalda, el pantalón llegó al mundo de la moda femenina. Aunque el estilo *garçonne* de entreguerras había introducido una imagen andrógina con chaquetas sastre como prendas de moda femenina, en esa época los pantalones se reservaban para la casa o la playa. En Estados Unidos, los pantalones vaqueros, originalmente creados como prenda de trabajo, se convirtieron en atuendo informal tanto para hombres como para mujeres en los años treinta. A continuación, tras la Segunda Guerra Mundial, los pantalones fueron aceptados como una prenda femenina informal. La tendencia influyó en la alta costura y cuando Courrèges presentó un conjunto pantalón como vestido de noche en el año 1964, el tabú que pesaba sobre esta prenda en la alta costura femenina cayó definitivamente.

Los vestidos también causaron sensación. En su «Colección de la Era Espacial» de 1964, Pierre Cardin presentó diseños de vestidos futuristas de sencillas formas geométricas y realizados con materiales inorgánicos. Con su debut en la alta costura, en 1953, Pierre Cardin enterró la elegancia clásica de los años cincuenta, pero su indumentaria minimalista estaba más en sintonía con el *prêt-à-porter* que se impondría en breve. En 1959, Cardin presentó su línea de *prêt-à-porter* por primera vez como miembro de la Chambre Syndicale, el organismo regulador de la alta costura parisina. Desde su privilegiada posición, logró ser el pionero de un negocio de ropa de confección controlado por una firma de alta costura. Además, en 1960, irrumpió en el mundo de la moda masculina, que hasta entonces había sido dominio celosamente custodiado de los sastres, con un sistema que no había variado apenas desde la Revolución Francesa. Cardin, con gran astucia, anticipó la llegada de la tendencia unisex, un notable cambio en la sensibilidad social que desembocó en el movimiento hippie. Hacia finales de los sesenta, los hombres llevaban el pelo largo y vestían ropa de vivos colores, con encaje y adornos, con lo que este período se ganó el adecuado sobrenombre de «la revolución del pavo real».

Yves Saint Laurent, abanderado entre los jóvenes diseñadores, también era extremadamente sensible a las tendencias sociales. Se independizó de Dior en 1961 y cinco años más tarde abrió una boutique de *prêt-à-porter* con una línea de pantalones sastre como moda urbana femenina. Los disturbios del mes de mayo del 68, que tuvieron un profundo impacto en los valores sociales franceses, también contribuyeron a la popularización del estilo pantalón. En otra maniobra en consonancia con los tiempos, Saint Laurent creó una manifiesta fusión de moda y arte con dos de sus modelos, el «Mondrian Look» de 1965 y el «Pop Art Look» de 1966.

Los nuevos materiales artificiales abrieron diversas posibilidades para una moda minimalista con los futuristas y sintéticos estilos de los sesenta. Aunque Elsa Schiaparelli había experimentado con tejidos de fibra artificial ya en los años treinta, sus intentos habían sido considerados excepciones de carácter radical. En el mundo de la alta costura, Paco Rabanne tuvo un espectacular debut en 1966 con un vestido confeccionado casi totalmente con plástico. Fue Rabanne quien por primera vez se alejó de forma sistemática de la idea de que sólo se podía utilizar tela para confeccionar prendas, y siguió adoptando metales y materiales no tejidos para la ropa. La fiabilidad de las fibras artificiales, producidas en masa, respaldó el desarrollo de la industria del *prêt-à-porter*. En 1935, W. H. Carothers inventó el nylon (o nailon), la primera fibra artificial, en la DuPont Company de Estados Unidos. En 1940 la compañía lanzó las medias de nailon, que rápidamente alcanzaron una gran popularidad. Pronto le siguieron otras fibras artificiales para la confección. Imperial Chemical Industries (ICI) lanzó el poliéster al mercado en 1946 y DuPont creó el material elástico Lycra en 1958.

El auge de la ropa *prêt-à-porter* (de confección)

En la década de 1960, la alta costura todavía controlaba las tendencias del mundo de la moda, pero la era de la sociedad de consumo se estaba acercando con rapidez. El objetivo del *prêt-à-porter* era satisfacer las necesidades de un amplio mercado con artículos de calidad. La ropa de confección ya existía desde finales del siglo XIX, pero se consideraba de poco valor y no estaba muy bien hecha. En el siglo XX, con el avance de la cultura de masas y las fibras artificiales, el *prêt-à-porter* se ganó un respeto y contribuyó a popularizar la moda. En 1973 los diseñadores de *prêt-à-porter* empezaron a mostrar sus colecciones en París dos veces al año, siguiendo un programa similar al de la alta costura. Este tipo de colecciones se han venido celebrando en Milán y Nueva York desde mediados de los setenta, y Londres, Tokio y otras ciudades no tardaron en apuntarse a la tendencia. El sistema de moda establecido por Charles Frederick Worth a finales del siglo XIX, cuyo centro era París, sigue jugando un papel crucial hoy en día. Diseñadores como Sonia Rykiel y Emmanuelle Khanh presentaron una indumentaria *prêt-à-porter* que era elegante y al mismo tiempo adecuada para la vida cotidiana. Otro influyente diseñador, Kenzo Takada, hizo su debut en París en 1970. Sus creaciones, realizadas con tejidos comunes para kimonos, aparecieron en la portada de *Elle*. Pronto se convirtió en defensor del *prêt-à-porter* y representó un aspecto contracultural de la era al centrarse en diseños cotidianos y distendidos y utilizando materiales japoneses de formas inusuales.

En los años setenta, como movimiento contrario a la moda futurista de los sesenta, las tendencias volvieron a un aspecto natural siguiendo la misma línea de los diseños de Takada. La moda hippie y folk, incluyendo el pantalón vaquero, prosperó. Los vaqueros, en particular, se convirtieron en símbolo de la prosperidad americana, de las estrellas de Hollywood y de la juventud rebelde. Espoleada por la guerra de Vietnam a finales de los sesenta, la gente empezó a rechazar el *establishment*. Los hippies no aceptaban la sociedad ni la moral tradicionales, y dirigieron la mirada hacia culturas y religiones extranjeras para encontrar inspiración e iluminación. Hombres y mujeres hippies llevaban el cabello largo, confeccionaban a mano su propia moda folk y preferían vestir desgastados pantalones vaqueros. Los jóvenes de todo el mundo siguieron sus pasos y desde manifestantes universitarios hasta cantantes de folk, con sus canciones protesta, todos vestían vaqueros y camiseta. Los diseñadores de París no se quedaron al margen de esta nueva tendencia y presentaron ropa folklórica y vaqueros rotos como artículos de moda. Con una popularidad sin precedentes, los vaqueros se confirmaron como uno de los ejemplos de ropa capaz de atravesar todo tipo de fronteras generacionales, de género, clase y nación.

En los años setenta, además del estilo naturalista de los hippies, las modas callejeras añadieron elementos esenciales a la imagen de la década. Yves Saint Laurent, en la década de 1950, cuando todavía estaba en la firma Dior, inició la tendencia, entonces escandalosa, de adoptar estilos de la calle para la alta moda: tomó prestada la imagen de los existencialistas parisinos que se reunían en los cafés. La jerarquía del mundo de la moda, que colocaba la alta costura en la cúspide de la pirámide, empezaba a tambalearse. Desde esa época, las modas callejeras que visten punks, surfistas, patinadores urbanos y casi cualquiera que forme parte del mundo de la música o del deporte, han tenido una gran influencia sobre la imagen de finales del siglo XX.

El estilo «Power Dressing»

Hacia los años ochenta el mundo había alcanzado cierta estabilidad política y económica. Como consecuencia, la moda regresó a una imagen conservadora. En 1979, Margaret Thatcher fue elegida primer ministro del Reino Unido y la igualdad de sexos como objetivo moral fue ganando atención internacional. Las mujeres, de repente activas en el mundo de los negocios profesionales e interesadas en mantener sus cuerpos físicamente a punto, vestían con un estilo que dio en llamarse «Power Dressing» («vestuario con poder»), que de forma simultánea presentaba una imagen de clara autoridad y una femineidad con un pequeño toque sexual. Esta tendencia comprendía tanto elementos conservadores como el regreso a una moda «consciente del cuerpo» que recordaba la de los sesenta. Azzedine Alaïa lideró este estilo de los ochenta utilizando materiales elásticos de vanguardia. Las casas parisinas tradicionales como Chanel y Hermès volvieron a ganar una posición privilegiada en el mundo de la moda satisfaciendo las necesidades más conservadoras de la época.

Hacia los años setenta, la industria del *prêt-à-porter* arraigó en varios países. Milán, el centro de la moda italiana, se distinguió por anticiparse a las tendencias mediante una concienzuda investigación de mercado. Giorgio Armani diseñó ropa para hombres y mujeres ejecutivos, y produjo sofisticados trajes sastre sin entretelas ni forro, y Gianni Versace atrajo la atención internacional hacia la moda italiana en la década de los ochenta con su lujosa y al mismo tiempo práctica «Indumentaria Real».

Comparada con la indumentaria del siglo XIX, que en general tendía a ser voluminosa y ornamental, la del siglo XX pareció haberse quedado con lo imprescindible y «situarse» mucho más cerca del cuerpo. Así, por ejemplo, en el estilo «consciente del cuerpo» de los ochenta, prendas que anteriormente hubieran sido consideradas de uso interior empezaron a llevarse como prendas exteriores. Los diseñadores vanguardistas como Jean-Paul Gaultier, de la nueva ola parisina, o la británica Vivienne Westwood, transformaron la lencería tradicional, como el corsé y las ligas, en modernas prendas exteriores que intentaban expresar el dinamismo del cuerpo humano. La adopción de indumentaria tradicional como concepto que se invierte y se presenta como una creación moderna se puede describir como un enfoque posmoderno.

Diseño japonés

Gradualmente, Japón adoptó atuendos occidentales para uso cotidiano durante el período Meiji (1867–1912) y se montó en la ola de la moda internacional tras la Segunda Guerra Mundial. Con el exitoso debut de Kenzo Takada en París, en 1970, y respaldados por la prosperidad económica de la posguerra, los diseñadores japoneses finalmente consiguieron subir a las pasarelas de la moda internacional.

Issey Miyake llevó su primer pase de moda a Nueva York (1971) y a París (1973). Su significativo concepto de «un trozo de tela» subrayó la idea de una prenda plana, que es la estructura tradicional de la indumentaria japonesa. Miyake sostuvo que cubrir el cuerpo con una sola pieza de tejido crea un interesante *ma* (espacio) entre el cuerpo y la tela. Como la figura de cada persona es diferente, el *ma* es único en todos los casos, y ello crea una forma individual. El concepto difería radicalmente del que sostenían los occidentales. Hacia finales de los ochenta, Miyake diseñó una línea de innovadoras prendas plisadas. Para ello, el proceso habitual es primero crear los pliegues en el tejido y después confeccionar la prenda. Al invertir este proceso y plegar la prenda después de la fase de corte y confección, Miyake creó artículos nuevos que orgánicamente combinan materiales, formas y funcionalidad. Sus innovadoras creaciones se apoyan en la industria textil japonesa, cuyo punto fuerte es la ingeniería química, así como el tratamiento japonés tradicional de la indumentaria, que realza el propio material. En 1999, Miyake introdujo el «A-POC», que proponía una ética totalmente nueva para el vestuario del futuro. Combinando moderna tecnología informática con métodos tradicionales de tejer el punto, creó prendas de talla única que se presentan como un tubo de punto. La persona que lo lleva corta las formas deseadas a partir de este tubo, consiguiendo con ello de forma automática una prenda hecha a medida.

En 1982, Rei Kawakubo y Yohji Yamamoto causaron un sorprendente impacto en el mundo de la moda occidental. Presentaron una ropa monocromática, rota y nada decorativa, que llevó el desaliño a la moda para expresar intencionalmente un sentido de ausencia en lugar de existencia. Kawakubo, siempre insatisfecho con las ideas preconcebidas, ha seguido aceptando nuevos retos. Yamamoto, por el contrario, más acorde con los principios occidentales de la indumentaria, ha encontrado su sello personal sintetizando la confección europea con la sensibilidad japonesa. Por último, como miembro de la siguiente generación de diseñadores japoneses, Junya Watanabe ha producido ropa que utiliza un corte innovador y las características propias de las fibras artificiales. Los creadores japoneses han influido de forma notable en el mundo de los jóvenes diseñadores de moda al expresar, consciente o inconscientemente, su sentido de la estética japonés. Parte de la razón de su fuerte impacto sobre el mundo de la moda podría radicar en la sugerencia implícita que contienen sus obras acerca de que la indumentaria internacional puede proceder de otra cultura que no sea la occidental.

Diversificación de valores

El muro de Berlín cayó en 1989; la Unión Soviética fue disuelta en 1991. No hay duda de que los últimos años del siglo XX han sido testigos de cambios radicales en los sistemas sociales. También el mundo de la moda fue evolucionando hasta convertirse en una industria gigantesca, sorprendiendo al mundo con notables progresos gracias a las tecnologías de la comunicación, como la televisión e Internet. El apasionamiento por las marcas hizo que las personas reconocieran que la moda es algo más que meros objetos, ya que ofrece información por sí misma y sobre ella misma. Al mismo tiempo, el deterioro del medio ambiente global puso en cuestionamiento la cultura material del sistema de la moda. Como respuesta, se puso atención en la ropa usada, reciclada o recompuesta, así como en las prendas de alta costura que no han sido producidas en masa. Por ejemplo, el belga Martin Margiela, que debutó en París en 1989, recicló sus propias creaciones y repetidamente presentó las mismas prendas en diversos certámenes. Su enfoque expresaba una objeción a un sistema de moda que continuamente crea cosas nuevas y descarta las viejas. Su propuesta de reciclar fue muy aplaudida durante los años noventa.

Hacia finales del siglo XX, en directa oposición a las postrimerías del siglo anterior, la ropa había sido despojada prácticamente de todo hasta llegar al cuerpo desnudo. En lugar de centrarse entonces en prendas simplificadas, la moda empezó a considerar el cuerpo humano como el objeto a «llevar». Las antiguas artes de decoración corporal, como el maquillaje, tatuaje y *piercing*, reaparecieron como la última tendencia de moda, tanto masculina como femenina, a finales del siglo XX.

Que la moda parezca repetir ciertos estilos es algo inevitable, ya que la forma del cuerpo humano limita las opciones. No obstante, el resurgimiento de antiguos estilos tiene que ser considerado cada vez como una expresión completamente nueva del momento actual, ya que surge de un contexto social diferente.

El Instituto de la Indumentaria de Kyoto (KCI) ha intentado revelar las circunstancias y preocupaciones sociales prevalentes en la historia mediante el estudio de la indumentaria, que representa la cultura y el aspecto estético de aquélla. Ha transcurrido un cuarto de siglo desde que el KCI lanzó sus colecciones e inició sus investigaciones sobre la indumentaria occidental. Gracias al vestuario, cada escena de la historia de la humanidad –la lujosa cultura de la corte, el despertar de la sociedad moderna, la evolución hacia la sociedad de consumo– queda representada de forma clara y tangible. Estamos seguros de que en el siglo XXI las personas seguirán expresando nuevas formas de la ética de la belleza mediante la indumentaria.

Rie Nii, curadora del Instituto de la Indumentaria de Kioto

Todos los vestidos de Dior
tenían una línea clara. Debían su
estructura a una tiesa entretela o
a unas varillas, como si los rígidos
materiales y prendas interiores
restrictivas del pasado se hubiesen
incorporado a los vestidos. El de
la derecha pertenece a la «Ligne
Profilée», que Dior presentó
en 1952. La rígida enagua crea
una forma similar al vestido a la
francesa del siglo XVIII.

◄ **Christian Dior**
Vestido de calle
Etiqueta: Christian Dior PARIS
18027
Hacia 1949
Tejido a la plana de lana azul
marino; incisión de forma curva
en el centro de la parte trasera de
la falda; lleva una sobrefalda.

► **Christian Dior**
Vestido de calle
Etiqueta: Christian Dior PARIS
AUTOMNE-HIVER
19522280052751
Otoño/Invierno 1952
Otomán de muaré de seda gris;
enagua de tul de nailon.

Entre la clientela de Dior se encontraban la princesa Margarita de Inglaterra y Evita Perón, la primera dama argentina. El elegante estilo de la firma era ideal para las personas que valoraban el refinamiento por encima de todo. A la izquierda, un bordado que cambia de tamaño según la línea del cuerpo; esto realza el estrecho talle y la falda acampanada, alcanzando el tipo de perfección que sólo se puede encontrar en la alta costura. A la derecha, el delicado tono pastel de este vestido Dior realza el elegante brillo del raso.

◄ **Christian Dior**
Vestido de noche
Etiqueta: Christian Dior PARIS MADE IN FRANCE AUTOMNE-HIVER 195575917
Otoño/Invierno 1955
Raso de seda rosa champán; capas de tul bordado con hilo de plata y lentejuelas.

► **Christian Dior**
Vestido de noche
Etiqueta: Christian Dior PARIS 1902428944
Década de 1950
Doble capa de raso de seda rosa perlada y blanca; anudada con una cinta en la parte central trasera.

Roger Vivier, conocido como el modisto del calzado, se independizó en 1937 y empezó a crear zapatos para Dior en 1953. Sus diseños únicos encajan perfectamente con los elegantes vestidos Dior y algunas de sus creaciones fueron utilizadas durante la coronación de la reina Isabel II de Inglaterra. Muchas personas famosas, incluyendo la propia reina, la duquesa de Windsor y la actriz Elizabeth Taylor, se sintieron cautivadas por los zapatos de Vivier. Aquí se muestran tres pares de zapatos tipo escarpín que Vivier realizó para Dior. Las delicadas punteras y tacones son estilos característicos de los años cincuenta.

► **Roger Vivier / Christian Dior**
Zapatos «Versalles»
Etiqueta: Christian Dior créé par Roger Vivier RITZ
Primavera/Verano 1960
Tejido de seda y algodón color blanco con estampado floral azul procedente de Jouy.

◄ **Roger Vivier / Christian Dior**
Zapatos
Etiqueta: Christian Dior Roger Vivier
Finales de la década de 1950
Georgette de seda beige con falsa pedrería y bordado de plata.

▲ **Roger Vivier / Christian Dior**
Zapatos
Etiqueta: Christian Dior créé par Roger Vivier RITZ
Finales de la década de 1950
Sarga de seda verde hielo con motas negras; adornados con lazos.

► Anuncio de zapatos de Roger Vivier / Christian Dior
L' Officiel, marzo 1960

Christian Dior

Souliers créés par

Roger Vivier

VILLANDRY
forme Chantilly en
caravelle marine

VERSAILLES
forme Chantilly en toil
de Jouy bleu et blan

Este vestido, sandalias y bolso están confeccionados con la misma tela. Las casas de alta costura coordinaban los atuendos de la cabeza a los pies, en perfecta concordancia con el pedido del cliente. Este maravilloso conjunto simboliza la elegancia de los años cincuenta. Aquí se muestra un estilo en el que el entallado cuerpo y la falda ahuecada producen un claro contraste. El cuerpo lleva varillas insertadas. La doble capa de tafetán de seda, con su fuerte ligamento, da más volumen a los volantes.

Christian Dior
Vestido de noche, sandalias y bolso
Etiqueta: Christian Dior Paris PRINTEMPS-ETE 195679671
Primavera/Verano 1956
Tafetán de seda azul turquesa con estampado de aguas; falda con volantes replegados y enagua de tul de seda.

En 1953 Dior creó un departamento de franquicias. Daimaru, un gran almacén japonés, inmediatamente solicitó una licencia y el Daimaru Dior Salon abrió sus puertas ese mismo año. Los diseños de alta costura del prestigioso creador fueron producidos entonces en Japón. Dior siguió ampliando su negocio de franquicias y con ello aumentó su fama. Este vestido está confeccionado con tejido japonés. Se trata de un diseño especializado, con una falda de zuavo de Yves Saint Laurent, que asumió la dirección de la firma en 1957. Christian Dior también solía utilizar sedas japonesas tradicionales.

Daimaru Dior Salon
Vestido de fiesta
Etiqueta: Christian Dior
EXCLUSIVITE POUR LE
JAPON PAR DAIMARU
Hacia 1958
Rayón naranja tejido con hilos de Dacrón dorados y plateados, con motivos de agujas de pino; conjunto de bolero y vestido con sujetador incorporado.

Dior murió repentinamente
en 1957 e Yves Saint Laurent
asumió la dirección de la
firma a la temprana edad
de 21 años. Era la época de
la transición, del período
de recuperación posterior
a la guerra a la era de la
producción en masa. A la
derecha, la primera pieza que
Saint Laurent diseñó tras
encargarse de la maison.
El vestido campana tuvo
un gran éxito. Utilizaba las
técnicas tradicionales de la
alta costura pero también
introducía el nuevo concepto
de la forma abstracta para
el cuerpo. Esta línea se
anticipaba a la época
venidera de los vestidos
de confección, que se
convertirían en prendas
estándar después de
los años sesenta.

◄◄ Christian Dior
Vestido de calle
Etiqueta: Christian Dior PARIS
AUTOMNE-HIVER 195790538
Otoño/Invierno 1957
Donación del Estate of Tina
Chow
Tweed de lana beige; falda con
pliegues fruncidos.

**◄ Yves Saint Laurent /
Christian Dior**
Vestido «campana»
Etiqueta: ninguna
1958
Donación del Estate of Tina
Chow
Tweed de lana gris; lazo en el
cuello.

Cristóbal Balenciaga, el maestro de la alta costura, estuvo en la cúspide de la moda durante los años cincuenta. Fue uno de los pocos diseñadores que realmente sabía cortar y coser, y creó complejas formas con su técnica de corte. Este vestido (a la izquierda) fue creado en 1948. Su forma clásica,similar al estilo polisón del siglo XIX, reflejala tendencia basada en la obtención de la elegancia. Aunque precisa gran cantidad de tejido, el vestido es sorprendentemente ligero y constituye un claro ejemplo de la refinada técnica de Balenciaga.

◄ **Cristobal Balenciaga**
Vestido de calle
Etiqueta: BALENCIAGA 10,
AVENUE GEORGE V PARIS
Otoño/Invierno 1948
Tafetán de seda negro; cuello tipo chal; cinturón como parte integrante del vestido; falda drapeada.

Un estilo de abrigo que saca el máximo partido a la textura de gran calidad del terciopelo; el corte es simple pero muy calculado. El cuello girado y despejado resalta la esbeltez de quien lo lleva, lo que le da al abrigo un efecto aún más espectacular.

► **Cristobal Balenciaga**
Abrigo de noche
Etiqueta: BALENCIAGA 10,
AVENUE GEORGE V PARIS
Otoño/Invierno 1949
Terciopelo violeta; cuello girado; canesú frontal fruncido; abertura frontal con botones forrados.

El español Cristóbal Balenciaga
se trasladó a París en 1937, donde
desarrolló su mayor actividad. A
pesar de ello, nunca olvidó los
elementos de la indumentaria
tradicional de su país natal,
que a menudo incorporó en su
creaciones. A la izquierda, la
aplicación tridimensional con
pompones recuerda la chaquetilla
de un torero español. A la derecha,
los volantes son de un estilo similar
a las batas de cola de los trajes de
flamenco.

◄ **Cristobal Balenciaga**
Bolero
Etiqueta: BALENCIAGA 10,
AVENUE GEORGE V PARIS
1945–1949
Georgette de lana negra; aplicación
del mismo material con motivo
floral y pompones.

► **Cristobal Balenciaga**
Vestido de noche
Etiqueta: BALENCIAGA 10,
AVENUE GEORGE V PARIS
92556
Otoño/Invierno 1961
Seda negra con capas de encaje
con motivos de rosas; chorrera de
encaje desde el escote hasta el bajo
de la falda.

A Balenciaga le encantaba utilizar tejidos rígidos para crear bellas formas. Una tercera parte de sus creaciones estaba confeccionada con los tejidos de gran calidad de la firma Abraham, como el gazar. A la izquierda, un vestido de línea oblicua con el bajo más corto por la parte de delante, que saca el máximo partido a la textura rígida del gazar. A la derecha, un vestido que consiste en cuatro partes: cuerpo, falda, cola y tirante cruzado por la espalda. La forma sencilla del cuerpo, la distendida parte del abdomen y la cola se complementan para formar una bella silueta tridimensional. El tafetán es de la firma Abraham.

◄ **Cristobal Balenciaga**
Vestido de novia
Etiqueta: ninguna
Hacia 1967
Gazar blanco; con cola.

► **Cristobal Balenciaga**
Vestido de noche
Etiqueta: BALENCIAGA 10,
AVENUE GEORGE V PARIS
76902
Verano 1961
Tafetán de seda chiné verde
y amarillo con motivo floral.

Estas prendas ilustran la principal característica de los vestidos de Balenciaga: el cuerpo abstracto. La falda corta, la cintura holgada y la forma trapezoidal que se ensancha a partir de los hombros hasta el bajo fueron popularmente conocidas como vestido «baby doll». El conjunto de la izquierda está confeccionado con gazar rígido. El de la derecha es de tafetán de seda reforzado con crin de caballo para crear una forma perfecta.

◄ **Cristobal Balenciaga**
Conjunto de calle
Etiqueta: BALENCIAGA 10, AVENUE GEORGE V PARIS 28463
Hacia 1960
Conjunto de gazar amarillo de abrigo, cuerpo y falda; cuello alzado; cierre con pliegue; cintura alta; manga raglán.

► **Cristobal Balenciaga**
Vestido de fiesta
Etiqueta: EISA
Primavera/Verano 1959
Tafetán de seda azul; fleco en los volantes de la falda.

En el año 1951 Balenciaga creó la línea «semientallada», que dejaba un espacio entre el vestido y el cuerpo. Este estilo determinó el nuevo rumbo de la moda. A continuación presentó el vestido túnica y el vestido saco, que daban un aspecto más abstracto al cuerpo. Balenciaga sentó las bases de la moda de los años sesenta. El vestido de la izquierda, de forma ahusada, formaba originalmente parte de un conjunto de vestido y abrigo. A la derecha, un abrigo de hermosa forma creado con el menor número de cortes. Las mujeres que llevaban este modelo se asombraban de lo cómodo que resultaba.

◄ **Cristobal Balenciaga**
Vestido de calle
Etiqueta: ninguna
Otoño/Invierno 1957
Lana negra; abertura frontal con botones forrados; cuerpo delantero y trasero cortado de una sola pieza; costura en la parte central trasera.

► **Cristobal Balenciaga**
Abrigo
Etiqueta: BALENCIAGA 10, AVENUE GEORGE V PARIS 1960
Otomán de seda fucsia con dibujo de rayas; botones forrados con cordoncillo.

El vestido de la izquierda presenta unos nostálgicos detalles reminiscentes del guardainfante a ambos lados de la cintura. Las puntiagudas cuentas de azabache de la parte superior crean un fuerte contraste y relucen como los dientes de un animal. El vestido de la derecha fue confeccionado en 1962, en una época en que Balenciaga experimentaba con un nuevo material: el plástico. Éste ya se venía utilizando desde los años veinte, y en los cincuenta ya era de uso generalizado en Estados Unidos. Avanzándose a su época, Balenciaga empezó a utilizar formas y materiales modernos que más tarde serían aceptados por el gran público.

◄ **Cristobal Balenciaga**
Vestido de noche
Etiqueta: BALENCIAGA 10,
AVENUE GEORGE V PARIS
89429
Otoño/Invierno 1949
Faya de seda negra; falsa pedrería y abalorios de azabache; sobrefalda de paneles delanteros y traseros.

► **Cristobal Balenciaga**
Vestido de fiesta
Etiqueta: ninguna
Otoño/Invierno 1962
Gazar negro bordado en toda su superficie con canutillo negro de plástico.

◄ Este es un vestido de la primera colección de Saint Laurent, después de abandonar la casa Dior en 1961. El bordado tridimensional de cuentas, realizado a mano, destaca sobre la sencilla forma. El vestido pertenece a su época de transición, en la que Saint Laurent pasó de la elegancia de la alta costura a las prendas más informales, que caracterizaron su período posterior.

Yves Saint Laurent
Vestido
Etiqueta: ninguna
Primavera/Verano 1962
Faya de seda verde pálido con bordado floral de cuentas y lentejuelas; falda de faya de seda amarilla.

Pierre Balmain se independizó en 1945 y sus principales clientes fueron damas de la clase adinerada conocidas como «Jolie Madames». Junto con Dior, Balmain fue uno de los diseñadores que reavivó la elegancia tradicional en el París de los años cincuenta. El vestido que aquí se muestra es un claro ejemplo de que en aquel momento estaban de moda los estampados de fantasía.

Pierre Balmain
Vestido de noche
Etiqueta: PIERRE BALMAIN PARIS 80.030
Primavera/Verano 1956
Tafetán de seda chiné blanco con estampado de amapolas rojas; aplicaciones de amapolas en el cuerpo; cinturón de faya negra.

Estos dos vestidos muestran el
talle estrecho y la amplia falda
característicos del estilo de los años
cincuenta. Junto a estas líneas, un
vestido que data de la última época
de Robert Piguet, cuya maison había
abierto las puertas en 1933. La casa
Piguet era conocida por su excelente
técnica y la sencilla belleza de los
modelos que producía, así como por
descubrir diseñadores como Dior o
Givenchy, que se convirtieron en los
pilares principales de la alta costura
parisina de los cincuenta. En la página
siguiente, una de las últimas creaciones
de Jacques Fath, ya que murió
repentinamente en 1954, a la edad de
42 años. El algodón y los topos, con la
forma clásica, añaden exuberancia al
vestido. El ribete sirve para realzar la
línea del vestido.

Robert Piguet
Vestido de noche
Etiqueta: ROBERT PIGUET PARIS
18962
Hacia 1950
Gasa de seda azul con estampado de
lazos y topos; escote halter; se lleva
sobre una falda de faya de seda y
enagua de gasa.

Jacques Fath
Vestido de noche
Etiqueta: JACQUES FATH
PARIS
Hacia 1953
Piqué de algodón blanco
estampado con topos negros;
ribete ornamental negro.

Antes de la Segunda Guerra Mundial la moda americana dependía de la alta costura parisina, pero cuando estalló la guerra, América tuvo que encontrar su propio estilo original. Con tejidos sencillos como el dril de algodón y la zaraza, que hasta entonces se habían utilizado para uniformes de trabajo, Claire McCardell creó unas prendas funcionales para mujeres y estableció una original moda americana. Sus vestidos de línea clara eran exactamente lo que Estados Unidos, con su bien organizado sistema de producción en masa, había estado esperando, y la ropa de confección no tardó en extenderse por todo el país.

▼ **Claire McCardell**
Vestido de calle
Etiqueta: CLAIRE MCCARDELL
CLOTHES BY TOWNLEY
Década de 1940
Raso y velarte de algodón con rayas blancas, rojas y verdes; manga corta sencilla; cuello solapa; cinturón del mismo tejido.

◄ **Claire McCardell**
Vestido de calle
Etiqueta: CLAIRE MCCARDELL
CLOTHES BY TOWNLEY
Década de 1940
Tejido a la plana de algodón con rayas polícromas; cuerpo cortado al bies; cinturón del mismo material.

► **Claire McCardell**
Vestido de calle
Etiqueta: CLAIRE MCCARDELL
CLOTHES BY TOWNLEY
Hacia 1949
Punto de lana rojo color cereza; cinturón de cuero negro con hebilla dorada.

McCardell creó una sencilla y fresca ropa deportiva americana y la hizo popular. En 1942 sacó una nueva forma: el traje de baño en forma de pañal, en que un trozo de tela que colgaba del cuello se recogía entre las piernas. Su combinación de simplicidad y funcionalidad es sorprendente. El traje de baño de la página siguiente tiene una estructura simple, ya que sólo utiliza un fruncido en la parte superior e inferior. Originalmente se llevaba con un cinturón.

► **Claire McCardell**
Traje de baño
Etiqueta: CLAIRE MCCARDELL CLOTHES BY TOWNLEY
1950–1954
Calicó de algodón azul marino con finas rayas blancas; forma de mameluco.

▼ **Traje de baño de Claire McCardell**
Fotografía: Louise Dahl-Wolfe *Harper's Bazaar,* mayo 1948

Chanel regresó al mundo de la moda en 1954. A pesar de la elegancia de los años cincuenta, el traje Chanel, el exponente perfecto del traje de punto que creó en los años veinte, se consideraba pasado de moda y generalmente fue ignorado; pero de hecho sus líneas claras se habían adelantado a su tiempo y eran precursoras de la era de la ropa de confección que estaba en camino. A la izquierda de estas líneas, un traje de punto de lana; a la derecha, dos conjuntos de tweed de lana. Este tejido de gran calidad es sorprendentemente ligero y en el dobladillo interior lleva cosida una cadenita para dar peso a la prenda.

◄ **Gabrielle Chanel**
Conjunto de calle
Etiqueta: CHANEL
1954
Donación del Fashion Institute of Technology, State University of New York
Chaqueta y falda de punto de lana azul marino; galón de lana blanco; botones forrados en los puños.

► **Gabrielle Chanel**
Conjunto de calle
Etiqueta: ninguna
Hacia 1966
Tweed de lana a cuadros rosas, amarillos y lilas; falda y chaqueta; botones dorados; forro y blusa de sarga de seda acolchada a cuadros.

►► **Gabrielle Chanel**
Conjunto de calle
Etiqueta: CHANEL
Hacia 1969
Donación del Fashion Institute of Technology, State University of New York
Tweed de lana a cuadros rosas, amarillos y azules; botones dorados; forro y blusa de sarga de seda acolchada; puños desmontables del mismo tejido.

Homenaje a Chanel de Yohji Yamamoto, creador de la imagen boro («desaliñado» o «mendigo») en los años ochenta. El traje está bien confeccionado, pero las mangas y el bajo de la falda se han dejado sin coser y pueden verse los hilos colgando.

Yohji Yamamoto
Trajes, sombreros y zapatos
Etiqueta: YOHJI YAMAMOTO
Primavera/Verano 1997
◄◄ Tweed de seda gris y blanco con ribete de rayón negro; falda, chaqueta, sombrero y zapatos; blusa de raso de seda negro con lazo.

◄ Tweed de seda blanco y negro con bordado de lentejuelas doradas; falda, chaqueta, sombrero y zapatos; blusa de crepé satinado.

Gabrielle Chanel murió en 1971 a la edad de 87 años, pero la marca siguió adelante. Estas creaciones son de Karl Lagerfeld, que fue el director de diseño de Chanel desde 1983. Aunque mantuvo el clásico estilo Chanel, les añadió algunos elementos modernos, como la falda por encima de la rodilla y una prominente y atrevida etiqueta. Lagerfeld fue famoso por su habilidad para detectar las últimas tendencias, y su posición se vio respaldada por la estabilidad del ya tradicional «estilo Chanel».

Karl Lagerfeld / Chanel
Conjunto y Traje abrigo
Etiqueta: CHANEL
Otoño/Invierno 2000
► Abrigo beige de alpaca y tweed de lana; suéter de fibra sintética; pantalones de crepé y muselina de seda estampados con el logotipo de la casa; medias estampadas con el logotipo Chanel.

►► Tweed de lana blanco adornado con ribete negro; pañuelo, collar, camelia; medias estampadas con el logotipo Chanel.

La minifalda apareció en los años sesenta, cuando la moda empezaba a estar en manos de la generación más joven. La palabra «mini» viene de «mínimo», que en moda indicaba las faldas que mostraban los muslos. André Courrèges, que realizó su debut en 1961, creó la minifalda en el año 1965. Con el respetable apoyo de la alta costura, la minifalda fue aceptada por la sociedad. Unos años antes, en 1963, había presentado un conjunto pantalón como traje de noche e intentó revitalizar la imagen algo pasada de moda de la alta costura. Las mujeres ya llevaban pantalones como atuendo informal, pero tras su aceptación por parte de las maisons, su uso se hizo más generalizado.

◄ **Vestidos de André Courrèges**
Fotografía: Guégan
L'Officiel, septiembre 1967

► **André Courrèges**
Traje pantalón
Etiqueta: COURRÈGES PARIS
Otoño/Invierno 1969
Chaleco y pantalón de sarga
de algodón blanca; botones
dorados; bolsillos de parche.

▼ **André Courrèges**
Vestido
Etiqueta: COURRÈGES PARIS
Otoño/Invierno 1967
Raso de algodón blanco y
recubrimiento de organdí
de seda con bordado floral verde;
organdí de seda en la cintura.

En la década de 1960, jóvenes
diseñadores como Courrèges
presentaron las claras y sencillas
siluetas en forma de letra A.
También utilizaron tejidos
sintéticos e intentaron crear
futuristas e innovadores diseños.

◄ **André Courrèges**
Vestido
Etiqueta: Courrèges Paris 60351
Hacia 1967
Algodón y lana negro con
ornamentación blanca del mismo
tejido; cremallera de plástico en la
parte frontal del cuerpo.

▶ **André Courrèges**
Vestido abrigo
Etiqueta: Courrèges Paris 104110
Hacia 1970
Vinilo naranja; cuello alzado;
cinturón a juego; botón de punto
blanco en la parte central del
cuerpo; logotipo de Courrèges
sobre el pecho izquierdo.

Con las revueltas estudiantiles de mayo del 68 en París, los valores sociales cambiaron de forma radical, y para seguir la tendencia, Saint Laurent creó una nueva imagen basada en los pantalones, cuyo uso en público se había considerado tabú hasta aquel momento. Abajo, a la derecha, modelo safari basado en el tema «África» que presentó en la colección Primavera/Verano de 1968. Saint Laurent transformó el tradicional traje de caza en un atuendo urbano para la mujer. A la izquierda, un traje de ciudad que cumple el mismo rol que el traje masculino.

► **Yves Saint Laurent**
Traje pantalón «City Pants». *Etiqueta:* ninguna. Otoño/Invierno 1967. Donación de Shoko Hisada Chaqueta de punto de lana gris marengo con cinturón y pantalón; botones aplicados con solapa.

▼ **Yves Saint Laurent**
Traje safari. *Etiqueta:* SAINT LAURENT rive gauche PARIS
Primavera/Verano 1968
Chaqueta de gabardina de algodón caqui con anudado frontal; bolsillo de parche con solapa; pantalón.

Página 493
Veruschka con el traje safari de Yves
Saint Laurent
Fotografía: Franco Rubartelli, 1968

Yves Saint Laurent
Vestido
Etiqueta: YVES SAINT
LAURENT PARIS
Primavera/Verano 1967
Base de organdí de seda beige
bordada con hilos metálicos,
cuentas metálicas y de madera y
falsa pedrería; bordado en forma
de malla, sin base, en la parte de
la cintura.

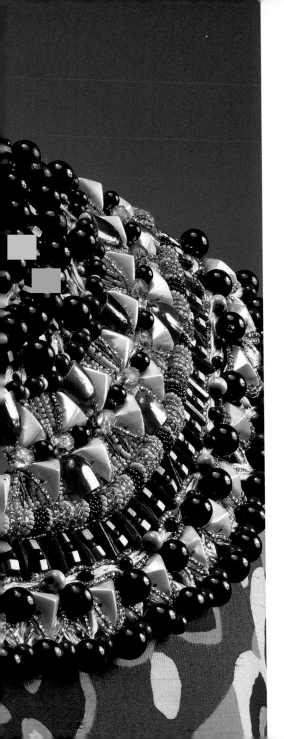

Minivestido de la línea «African Look» adornado con conchas y cuentas en forma de dientes de animal. Este exótico y extravagante atuendo revolucionó la imagen formal de la alta costura. Saint Laurent irrumpió en el estilo urbano moderno de los sesenta y fue uno de los primeros en crear el estilo étnico denominado «vuelta a la naturaleza», que estuvo en boga durante los años setenta.

Yves Saint Laurent
Vestido
Etiqueta: YVES SAINT LAURENT PARIS 015494
Primavera/Verano 1967
Sarga de seda negra, amarilla, rosa, roja y verde con dibujo psicodélico; canesú bordado con cuentas de madera y cristal.

En la década de 1950, Vivier creó impresionantes zapatos para conjuntar con el clásico y elegante estilo entonces en boga. Los años sesenta requirieron nuevos y futuristas diseños. Él comprendió rápidamente la demanda y creó, como se muestra aquí, un zapato informal de puntera ancha y tacón grueso.El uso del charol y de los espejitos hacía juego con la textura artificial de los vestidos de los sesenta.

▼ **Roger Vivier**
Zapatos
Etiqueta: Roger Vivier PARIS, 1960–1965
Faya de seda blanca; espejitos incrustados en los tacones.

▼▼ **Roger Vivier**
Zapatos
Etiqueta: Roger Vivier PARIS.
Hacia 1965
Charol negro con hebilla.

▶ **Yves Saint Laurent**
Vestido «Mondrian»
Etiqueta: YVES SAINT LAURENT PARIS
Otoño/Invierno 1965
Donación de Yves Saint Laurent
Punto de lana rojo, blanco y negro.

Aunque los años sesenta fueron la era de la producción en masa, el delicado trabajo manual de la alta costura seguía siendo muyapreciado. El intrincado bordado y la perfecta confección de estos ejemplos es una buena demostración de la habilidad técnica que precisaba.

◄ **Pierre Cardin**
Vestido
Etiqueta: PIERRE CARDIN PARIS
Otoño/Invierno 1966
Minivestido de línea «A»; dibujo oblicuo ondulado con bordado de lentejuelas y canutillo dorado y plateado.

► **Yves Saint Laurent**
Vestido y chaqueta
Etiqueta: YVES SAINT LAURENT PARIS
Primavera/Verano 1966
Chaqueta con bordado de lentejuelas azul marino, blancas y plateadas sobre una base de seda azul marino. Vestido: cuerpo plateado con cuello de pico y falda azul marino con bordado de lentejuelas.

Pierre Cardin presentó el estilo
futurista, de orientación espacial,
en 1966. Sus prendas geométricas
y de diseño simple resultaron
novedosas, pero también
funcionales y en sintonía con
el recién establecido mercado
del *prêt-à-porter* de los años
sesenta. Es muy probable que
los dos ejemplos de la izquierda
fueran diseñados para una
franquicia americana. Tras la
aparición del *prêt-à-porter* en la
década de 1960, el negocio de
las franquicias se convirtió en
el eje económico de las casas de
alta costura. A la derecha, un
traje de 1966. El corte al bies y la
escrupulosa confección realzan la
forma del conjunto; así mismo,
la falda corta le da un aspecto
novedoso.

◀◀ **Pierre Cardin**
Suéter
Etiqueta: PIERRE CARDIN
PARIS NEW YORK
Hacia 1970
Suéter azul marino con correas
de vinilo rojo.

◀ **Pierre Cardin**
Vestido
Etiqueta: PIERRE CARDIN
PARIS NEW YORK
Hacia 1968
Minivestido de punto de lana
negra adornado con aplicaciones
de vinilo blanco.

▶ **Pierre Cardin**
Traje
Etiqueta: PIERRE CARDIN
PARIS
Otoño/Invierno 1966
Tweed de lana a cuadros beige
y negros; chaqueta y minifalda;
gran cuello cisne.

El traje masculino moderno, que surgió tras la Revolución Francesa, conservó una imagen que sufrió pocas modificaciones a lo largo de ciento cincuenta años. En 1960, Cardin previó la tendencia unisex y sugirió una nueva línea para la moda masculina. Para el modelo de la izquierda utilizó cremalleras, un primer paso para eliminar las diferencias de estilo entre sexos. Las corbatas son de estilo étnico y con estampados batik, en boga durante los años sententa.

◄ **Pierre Cardin**
Chaleco, pantalón bombacho y suéter
Etiqueta: (chaleco) PIERRE CARDIN BOUTIQUE PARIS, (suéter) LES TRICOTS DE PIERRE CARDIN PARIS
Hacia 1966
Donación de Richard Weller
Chaleco de franela de lana roja con cuello enrollado, cremallera y cinturón de charol; pantalón bombacho ceñido bajo las rodillas; suéter de lana blanca.

► **Pierre Cardin**
Corbatas
Etiqueta: PIERRE CARDIN PARIS
1965–1974
Donación de Richard Weller
Seda, lana y otros materiales polícromos.

En 1966, Paco Rabanne hizo su
debut en la alta costura. Invirtió la
creencia de que los vestidos tenían
que ser confeccionados con tela
e hilo, y escandalizó a muchos
con su utilización de nuevos
materiales, como el plástico, en
lugar del tejido. Los dos ejemplos
que aquí se muestran son obras
de su primera época. El «tejido»
metálico, inorgánico, produce un
fuerte contraste con la piel. En los
años sesenta el brillo metálico de
la plata fue el centro de atención
en diversos campos, como el arte
y el cin.

◄ **Paco Rabanne**
Vestido
Etiqueta: ninguna
Hacia 1967
Minivestido hecho con placas
de aluminio y alambre de latón.

► **Paco Rabanne**
Top y falda
Etiqueta: PACO RABANNE
PARIS
Primavera/Verano 1967
Conjunto de top con el estómago
al aire y minifalda de cintura
baja, confeccionado con discos de
aluminio unidos por filamento
metálico.

▼ **Paco Rabanne**
Vestido
Etiqueta: ninguna
Primavera/Verano 1969
Minivestido de plástico cromado
y discos de acero unidos por aros
de acero inoxidable.

▶ **Paco Rabanne**
Top
Etiqueta: ninguna
Hacia 1969
Discos de plástico de color rosa y
blanco, y cuentas blancas unidos
por aros de acero inoxidable.

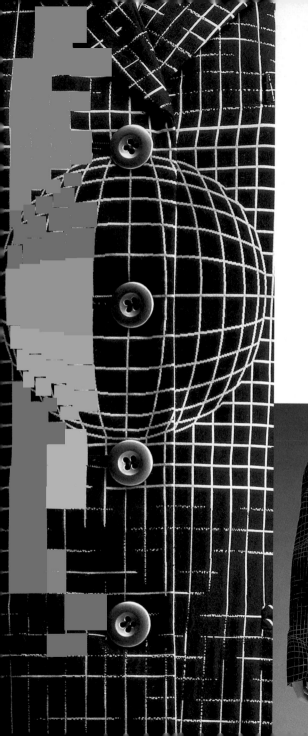

► **Anónimo**
Vestido
Hacia 1965
Vinilo de cuadros blancos y negros;
estampado op art; línea «A»; cuello
alzado y cremallera.

►► **Harry Gordon**
Vestido de papel «Poster Dress»
Etiqueta: POSTER DRESS
Hacia 1968
Minivestido de tela no tejida estampada
en blanco y negro.

▼ **Masahiro Nakagawa y
Lica / 20471120**
Traje pantalón
Etiqueta: 20471120
Otoño/Invierno 1995
Donación de Sumiyo Koyama
Chaqueta y pantalón de nailon y
algodón negro; estampado de rejilla
blanca.

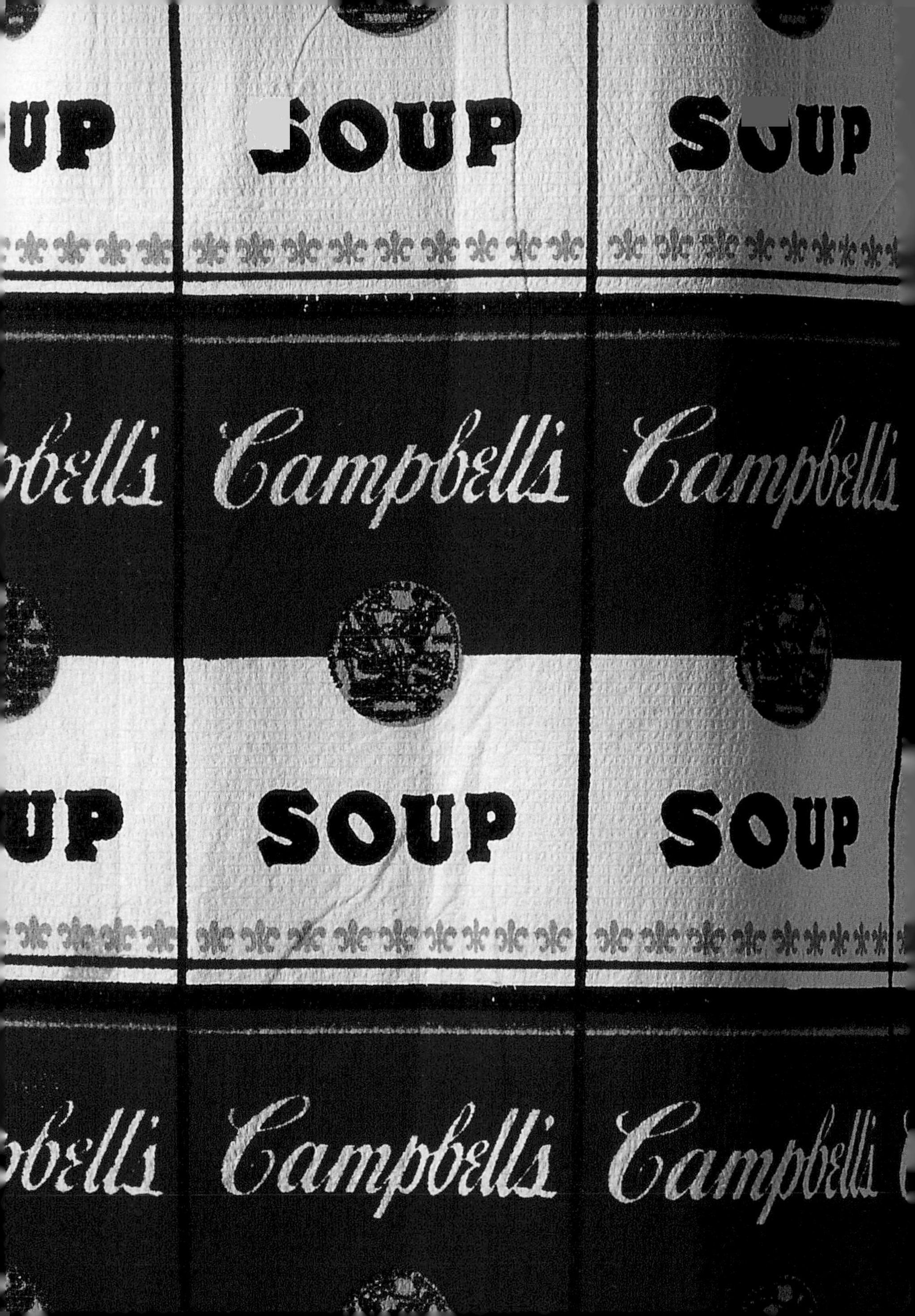
SOUP
Campbell's
SOUP
SOUP
Campbell's

En 1962, Andy Warhol realizó
su primera exposición y dio
a conocer el cuadro titulado
32 latas de sopa. El pop art,
un estilo artístico basado
en imágenes de la era de la
producción en masa que se
podían encontrar en cualquier
parte, atrajo la atención del
gran público. El vestido de
papel que aquí se muestra tiene
gran relación con el pop art y
simboliza la cultura consumista
de los años sesenta. El propio
Warhol confeccionó, en 1966,
los llamados «vestido plátano»
y «vestido frágil».

▶ **Anónimo**
Vestido de papel «Souper Dress»
Etiqueta: Souper Dress
Hacia 1966
Minivestido de tela no tejida
con estampado de latas de
sopa Campbell's y ribete
negro cortado al bies.

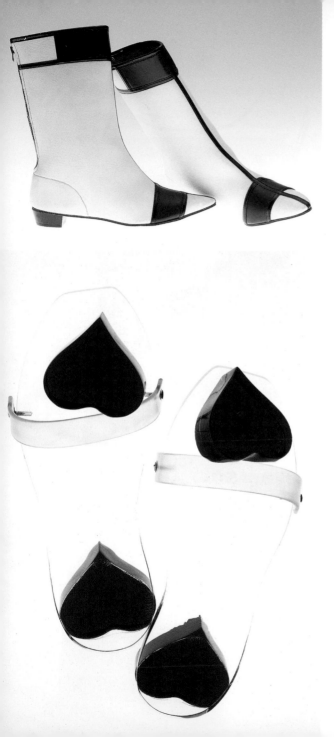

◄ **Hi Brows**
Botas
Etiqueta: HI BROWS
1965–1969
Imitación de cuero blanco, negro,
rojo y azul, cosido en un estilo
«Mondrian»; con cremallera.

▸ **Anónimo**
Sandalias
1960s
Plástico transparente y rojo con
adorno y tacón en forma de
corazón; tira de vinilo.

▸ **Beth Levine / Herbert Levine**
Sandalias «Descalzos en la hierba»
Etiqueta: ninguna
Hacia 1968
Césped artificial; vinilo
transparente; suela de goma.

Emilio Pucci empezó su carrera
en Florencia hacia el año 1950.
Con sus prendas deportivas de
impactantes estampados, basados
en diseños clásicos italianos, Pucci
arrasó en el mercado americano.
En los sesenta la moda Pucci se
extendió a todo el mundo, con
sus atrevidas combinaciones de
colores parecidas a los populares
dibujos psicodélicos de la época.
Utilizaba telas finas y ligeras para
sus prendas, que se convirtieron
en atuendos obligados entre la *jet
set*, especialmente en sus lugares de
recreo.

Emilio Pucci
Capa
Etiqueta: EMILIO PUCCI
FLORENCE-ITALY
1965–1969
Capa con capucha de georgette de
seda rosa; estampado con dibujos
de máscaras.

Rudi Gernreich, que desarrolló
su actividad profesional en
América, creó el traje de baño
sin parte superior en 1964, y
un año más tarde diseñó el
sujetador de nailon color piel
denominado «Sin sujetador».
Estas prendas lanzaron el nuevo
concepto de la «conciencia del
cuerpo» a un mercado muy poco
acostumbrado a este atrevido
estilo. Junto a estas líneas, el
«monokini», el traje de baño
sin parte superior que provocó
un gran escándalo. En la página
siguiente, un traje de baño con
tiras cruzadas de color negro.
Con él se introducía la novedosa
idea de que la propia piel podía
constituir una hermosa prenda.

▶ **Rudi Gernreich**
Monokini
Etiqueta: RUDI
GERNREICH
DESIGN FOR HARMON
KNITWEAR
1964
Punto de lana a rayas negras
y gris parduzco; en la parte
superior, tan sólo tirantes.

▶▶ **Rudi Gernreich**
Traje de baño
Etiqueta: RUDI GERNREICH
DESIGN FOR HARMON
KNITWEAR
1971
Punto de lana negro y gris
parduzco con tiras negras.

Páginas 520/521
Kenzo Takada debutó en París en 1970 como diseñador en el campo del *prêt-à-porter* parisino, en rápida expansión. Uno de sus vestidos, hecho con una tela para kimono sencilla y corriente, apareció en la portada de la revista *Elle* y Takada se convirtió de la noche a la mañana en una sensación dentro del mundo de la moda. Sus diseños tenían un estilo sencillo y distendido, combinado con la imagen esotérica de Japón, que sintonizaba con el espíritu posterior al mayo de 1968. Los suéteres con manga kimono son para llevar sobre una blusa de manga larga, en conjunto con los vaqueros y pantalones cortos de la época.

Kenzo Takada
Suéteres
Etiqueta: JAP PARIS TOKYO, 1970

En los años setenta el *prêt-à-porter* presentó prendas perfectamente adecuadas para la vida cotidiana pero que al mismo tiempo seguían la moda. La alta costura ya no era el origen de las nuevas tendencias, y el *prêt-à-porter* ocupó su lugar. Aparecieron muchos diseñadores nuevos. Daniel Hechter abrió una boutique en 1962 y se hizo famoso por su ropa informal de aspecto deportivo. Sonia Rykiel empezó en 1962, creando prendas de punto que realzaban el cuerpo esbelto de la mujer. Rykiel transformó el suéter y la chaqueta de punto, que habían sido prendas informales para llevar durante el día, en la moda del momento.

◄ **Daniel Hechter**
Abrigo
Etiqueta: DANIEL HECHTER PARIS
Hacia 1970
Donación de Yoshiko Okamura
Sarga de lana a cuadros amarillos, rojos, azul marino y verde pálido; grandes bolsillos de parche.

► **Sonia Rykiel**
Suéter
Etiqueta: SONIA RYKIEL
Hacia 1971
Gift of Ms Yoshiko Okamura
Punto color verde botella con dibujo de una muchacha en la parte frontal; ribete de canalé en mangas y bajo.

►► **Sonia Rykiel**
Chaleco y blusa
Etiqueta: (blusa) SONIA RYKIEL
1974
Blusa de gasa de algodón rojo con estampado de frutas; chaleco de punto jacquard rojo y negro, ribete de mohair negro en sisa y cuello, canalé en el bajo.

A finales de los sesenta, la protesta contra la guerra del Vietnam fue general. Los hippies abandonaron los valores de la moderna sociedad y simpatizaron con culturas y religiones no occidentales. Tanto hombres como mujeres se dejaron crecer el cabello y vestían prendas hechas a mano que se hicieron populares entre las jóvenes generaciones de todo el mundo. Los diseñadores parisinos no dejaron pasar por alto estas modas callejeras y éstas hicieron su aparición en los diseños de París, como en el caso de la moda folklórica y los vaqueros hechos con retales.

Página 525, izquierda
Emmanuelle Khanh
Blusón
Etiqueta: Emmanuelle Khanh diffusion Froisa Paris
Primavera/Verano 1971
Donación de Yoshiko Okamura
Gasa de algodón blanca con bordado polícromo de algodón

representando un paisaje junto al escote cuadrado; otros bordados con motivos florales y de mariposas.

Levi's
Vaqueros
Etiqueta: Levi's
Hacia 1971
Pantalón campana con retales de tela vaquera en azules claros y oscuros.

Página 525, arriba, a la derecha
Izquierda: **Thea Porter**
Vestido
Etiqueta: thea porter london
Hacia 1970
Algodón indio de fondo amarillo con rayas rojas; algodón naranja con espejitos en la pechera; cinta de terciopelo azul.

Derecha: **Barbara Hulanicki / BIBA**
Vestido
Etiqueta: BIBA
Principios de la década de 1970
Lana beige rosado; gran escote cuadrado; cinturón a juego.

Página 525, abajo, a la derecha
Izquierda: **Giorgio Sant'Angelo**
Túnica y pantalón
Etiqueta: SANT'ANGELO
Hacia 1970
Túnica de punto rojo con cuello tortuga y puños lila y naranja; pañuelo largo con fleco; pantalones rojos de punto de poliéster.

Derecha: **Stephen Burrows**
Túnica y pantalón
Etiqueta: stephen burrows
Principios de la década de 1970
Cuerpo de punto verde con mangas amarillas; pespunte rojo en el bajo y los puños.

▼ La cantante Joan Baez y la actriz Vanessa Redgrave en una manifestación contra la guerra de Vietnam, 1965

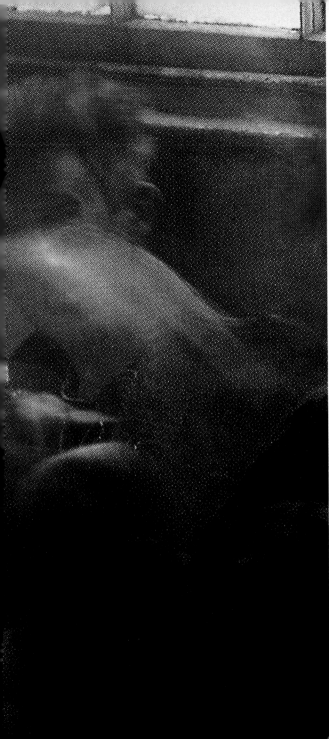

En 1978 Malcolm McLaren
lanzó el grupo musical punk
The Sex Pistols. Este conjunto
cantaba a gritos unas letras
explícitas que se mofaban de
una sociedad dividida en clases,
y llevaban atuendos de estilo
bondage y ropa rasgada, así como
agujas imperdibles que se podían
adquirir en «Seditionaries»,
la boutique propiedad de
McLaren y Vivienne Westwood.
Su combinación de música
y moda generó apasionados
seguidores entre la generación
joven. Westwood nunca olvidó
el espíritu surrealista de la era
del punk.

Página 528
**Vivienne Westwood
et Malcolm McLaren pour
Seditionaries**
Camisa
Etiqueta: SEDS 430 King's Rd.,
Chelsea tel: 3510764
Hacia 1977
Gasa de seda blanca con
estampado foto-tipográfico de
unos pechos femeninos; velcro;
metal.

Página 529
Vivienne Westwood
Zapatos tipo chinela
Etiqueta: Vivienne Westwood
MADE IN ENGLAND
Primavera/Verano 2000
Cuero beige con puntera en
forma de dedos.

Punks en un pub de King's
Cross, Londres, 1987
Fotografía: Gavin Watson

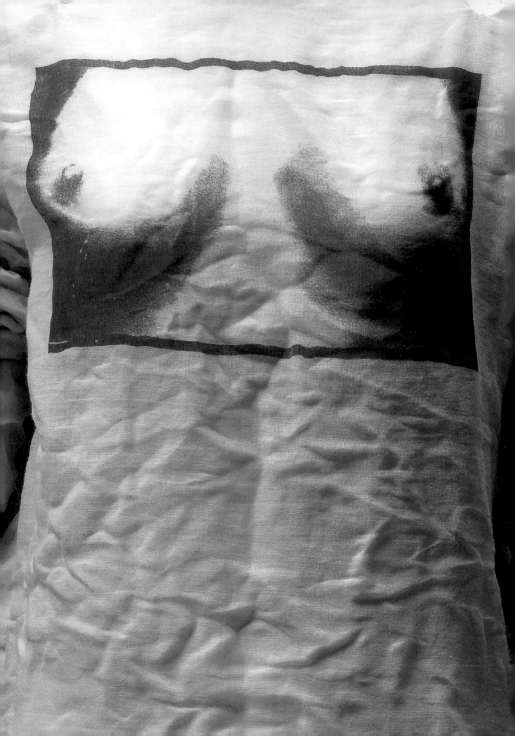

Estos dos corpiños son obra de McQueen y Miyake. El primero utilizó cuero prensado y el segundo, plástico. Ambos querían conseguir un aspecto realista, como si se tratara de una segunda piel. Su nueva forma de considerar el cuerpo humano como la base de la indumentaria queda muy patente en estos ejemplos.

◄ **Alexander McQueen / Givenchy**
Corpiño y pantalón
Etiqueta: GIVENCHY COUTURE

Otoño/Invierno 1999
Cuerpo de cuero rojo prensado; pantalones de cuero blanco.

▼ **Issey Miyake**
Corpiño
Etiqueta: ninguna
Otoño/Invierno 1980
Donación de Miyake Design Studio
Plástico rojo; interior repujado.

Páginas 532/533
En 1979, Inglaterra eligió por
primera vez a una mujer como
primera ministra, y con ello la
igualdad entre hombres y mujeres
se puso más de relieve que nunca.
Las mujeres entraron en la
sociedad y empezaron a exhibir
con orgullo sus cuerpos bien
modelados, por lo que resurgió
el movimiento «conciencia del
cuerpo», que tuvo su origen
en los años sesenta. Alaïa, que
utilizaba los tejidos elásticos que
cada vez eran más populares,
dio forma al estilo funcional
«conciencia del cuerpo» de la
década de los ochenta.

Página 532
Azzedine Alaïa
Vestido
Etiqueta: ALAÏA PARIS
1987
Punto de lana verde.

Página 533
Azzedine Alaïa
Vestido
Etiqueta: ALAÏA PARIS
Hacia 1987
Mezcla de rayón, nailon y lycra
negro; costuras de ganchillo.

Estos dos ejemplos muestran los intentos de la cultura occidental por crear un estilo capaz de moldear el cuerpo. Una forma de conseguir la silueta ideal es el tejido elástico; la otra es el tradicional estilo de la alta costura.

A la izquierda, un traje de Galiano, de Londres. Se convirtió en diseñador de la casa Dior en 1996, y para crear el estilo actual se ha inspirado en las prendas históricas y étnicas.

A la derecha, un vestido de Alaïa. La lycra, creada por DuPont en 1958, fue evolucionando con los años hasta llegar a poseer una elasticidad de gran calidad.

◀ **John Galliano / Christian Dior**
Traje y gargantilla
Etiqueta: CHRISTIAN DIOR HAUTE COUTURE AH97 PARIS 29374
Otoño/Invierno 1997
Conjunto de falda y chaqueta de tweed de lana gris; bajo de la chaqueta acolchado; falda larga con cola; gargantilla con 35 aros de plata en dos tonalidades.

▶ **Azzedine Alaïa**
Vestido
Etiqueta: ALAÏA PARIS
1985–1989
Lycra de rayón azul marino; gran escote de pico en la espalda; costura visible y pliegues en el bajo.

Gaultier debutó en 1976. Le encantaba la parodia, y en los años ochenta cogió prendas que tradicionalmente habían sido de lencería, como el corsé y la faja, y las transformó en prendas femeninas de uso exterior, borrando así la imagen negativa de la ropa interior. La transformación de ropa interior en prendas de uso exterior es uno de los principales fenómenos de finales del siglo XX, con origen en el movimiento «conciencia del cuerpo» de los años ochenta, que destacaba la belleza de un cuerpo en forma y lleno de salud.

Jean-Paul Gaultier
Vestido
Etiqueta: Jean-Paul GAULTIER pour GIBO
Primavera/Verano 1987
Mezcla de raso de seda rojo, nailon y lycra; pieza transparente de nailon elástico desde el lateral hasta la espalda.

▶ Vestido de Gaultier de la colección Primavera/Verano 1987

Gaultier utilizó nuevos tipos de tejidos e intentó crear un estilo que fuera lo suficientemente funcional para ser utilizado en la vida cotidiana, conservando al mismo tiempo una imagen original e impactante.
A la derecha, un par de pantalones y en la página siguiente una falda y guantes confeccionados con tejido elástico y ajustados al al cuerpo. El top está hecho con tejido de efecto tridimensional mediante la técnicade adherido.

▶ **Jean-Paul Gaultier**
Chaqueta, sujetador y pantalones
Etiqueta: Jean-Paul GAULTIER pour GIBO
Primavera/Verano 1987
Chaqueta de rayón negro; sujetador mezcla de sintético y seda; el mismo material para la parte central del pantalón; piezas trasparentes en los laterales.

▶▶ **Jean-Paul Gaultier**
Top, falda y guantes
Etiqueta: Jean-Paul GAULTIER pour EQUATOR
Otoño/Invierno 1987
Top de punto de tejido adherido de poliéster color negro; falda y guantes de poliéster elástico color bronce.

Páginas 540/541
El brillo artificial del tejido viene dado por el material elástico, que casi lo hace parecer como piel auténtica. El muaré con dibujo del cuerpo humano fue estampado con la intención de obtener un efecto visual difuminado.

Jean-Paul Gaultier
Vestido
Etiqueta: Jean-Paul GAULTIER MAILLE
Primavera/Verano 1996
Malla de nailon azul estampada con dibujo del cuerpo humano en azul marino y beige.

En sus diseños, Gaultier utiliza imágenes del mundo del arte y la música. Para la colección aquí representada se inspiró en la obra del artista americano Richard Lindner. En sus creaciones, Lindner utilizaba a mujeres con corsés para expresar la mezcla de agresividad y constricción de las emociones femeninas.

◄ **Jean-Paul Gaultier**
Mono corto
Etiqueta: Jean-Paul GAULTIER
Primavera/Verano 1990
Tafetán rayado, lycra y fruncido elástico de color azul, verde, naranja y marrón dorado; cordoncillo negro y cremallera.

Westwood fue conocida como la «reina del punk» y creó la firma Vivienne Westwood en 1983. Tras pasar algún tiempo en París, regresó a Londres en 1987 y utilizó ropa interior antigua, como corsés, miriñaques y polisones a modo de prendas exteriores. Junto con Gaultier, representó un nuevo estilo de femineidad. Aquí se muestra un top, que parece un corpiño, y un par de pantalones cortos. Este desigual conjunto de ropa interior clásica con cremalleras metálicas es un diseño típico de Westwood.

► **Vivienne Westwood**
Chaqueta, corpiño, pantalón corto y ligas
Etiqueta: Vivienne Westwood London
Otoño/Invierno 1997
Chaqueta, corpiño y pantalón corto de material sintético beige metálico; punto elástico con varillas en el lateral del corpiño; éste se puede sujetar a la chaqueta con dos cremalleras.

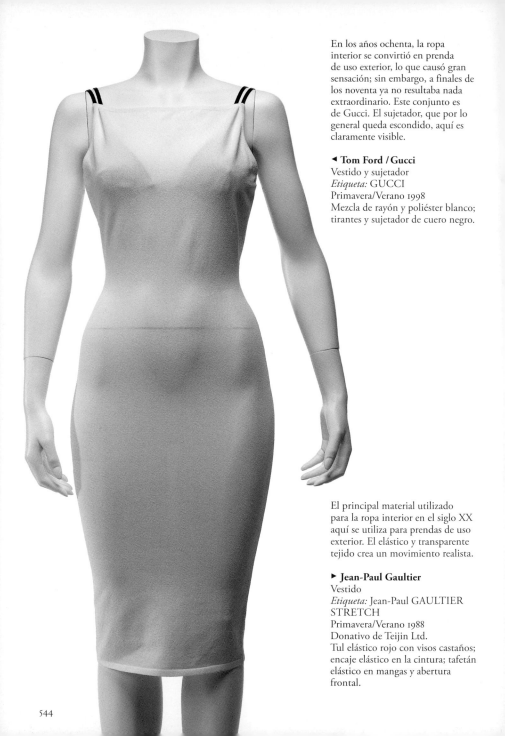

En los años ochenta, la ropa interior se convirtió en prenda de uso exterior, lo que causó gran sensación; sin embargo, a finales de los noventa ya no resultaba nada extraordinario. Este conjunto es de Gucci. El sujetador, que por lo general queda escondido, aquí es claramente visible.

◀ **Tom Ford / Gucci**
Vestido y sujetador
Etiqueta: GUCCI
Primavera/Verano 1998
Mezcla de rayón y poliéster blanco; tirantes y sujetador de cuero negro.

El principal material utilizado para la ropa interior en el siglo XX aquí se utiliza para prendas de uso exterior. El elástico y transparente tejido crea un movimiento realista.

▶ **Jean-Paul Gaultier**
Vestido
Etiqueta: Jean-Paul GAULTIER STRETCH
Primavera/Verano 1988
Donativo de Teijin Ltd.
Tul elástico rojo con visos castaños; encaje elástico en la cintura; tafetán elástico en mangas y abertura frontal.

Thierry Mugler debutó en 1973
y es una de las principales figuras
del estilo denominado «Power
Dressing». Sus diseños, sexys e
impactantes, ayudan a perfilar la
imagen perfecta de una mujer.
Las gruesas hombreras, típicas
de los años ochenta, ofrecen una
silueta marcada y triangular.

◄◄◄ **Thierry Mugler**
Chaqueta
Etiqueta: Thierry Mugler PARIS
Otoño/Invierno 1988
Donación de Sumiyo Koyama
Mezcla de triacetato y poliéster
amarillo; bajo de corte en zigzag;
bocamangas oblicuas.

◄◄ **Thierry Mugler**
Chaqueta
Etiqueta: Thierry Mugler PARIS
Primavera/Verano 1990
Donación de Sumiyo Koyama
Mosaico de gabardina de lana
en ocho colores; retales de cinco
colores en la parte central; corte
en diagonal en la parte derecha
del bajo.

◄ **Thierry Mugler**
Chaqueta
Etiqueta: Thierry Mugler PARIS
Finales de la década de 1980
Donación de Sumiyo Koyama
Gabardina de lana color salmón;
cuello alzado.

Cada vez más, las mujeres se fueron incorporando al mundo laboral y, siguiendo los pasos de los hombres, vistieron discretos trajes sastre. Para las mujeres trabajadoras de Milán, Giorgio Armani creó trajes sastre de líneas suaves y sin estructuras rígidas; en París, Claude Montana y Anne-Marie Beretta confeccionaron trajes de formas duras y sencillas.

Giorgio Armani
Traje pantalón
Etiqueta: GIORGIO ARMANI
1985–1989
Chaqueta de lana reversible de rayas rojas y grises; corte al bies; pantalón de gabardina de lana gris.

Giorgio Armani
Traje pantalón
Etiqueta: GIORGIO ARMANI
1985–1989
Sonjunto de chaqueta y pantalón de sarga de lana de rayas azul marino y blancas.

Anne-Marie Beretta
Traje
Etiqueta: ANNE MARIE
BERETTA PARIS
Hacia 1983
Chaqueta y falda de franela de
lana de raya-dillo; bolsillos de
parche; corte frontal en el bajo
de la falda.

Claude Montana
Traje
Etiqueta: claude montana
Hacia 1990
Chaqueta y falda de franela de
lana de rayadillo, con cremallera.

Romeo Gigli debutó en Milán en 1983. Eliminó las gruesas hombreras de la época y creó una figura de hombros redondeados. La silueta encapsulada fue otra característica de su obra. Este abrigo de cuerpo entero parece ligero gracias a su tejido de punto que imita el encaje.

Romeo Gigli
Abrigo
Etiqueta: ROMEO GIGLI
Primavera/Verano 1991
Punto de rafia negra imitación de encaje, con capucha.

► **Christian Lacroix**
Bolero y vestido
Etiqueta: CHRISTIAN
LACROIX *prêt-a-porter*
Hacia 1990
Gift of Ms Mari Yoshimura
Bolero de raso de seda jacquard
color violeta, tejido con dibujo
floral negro; volante de tafetán
de seda; vestido de seda violeta
estampado con motivos de
ángeles, animales y plantas.

◄ **Vivienne Westwood**
Blusa y falda
Etiqueta: ninguna
Primavera/Verano 1986
Blusa de punto de algodón rosa
con topos; falda de satén de
rayón gris con tres aros en el
interior; volante en el bajo; jareta
con cinta.

En 1980 Kumagai abrió una boutique de calzado. Utilizando el estilo de pintura de artistas como Dalí y Pollock, creó un zapato antes nunca imaginado. En la serie llamada «calzado para comer», en la que utilizó los métodos de producción de muestras de alimentos japoneses de plástico, colocó imágenes hiperrealistas de carne, arroz y *sundaes* en los zapatos. En el pasado, Elsa Schiaparelli había confeccionado un sombrero con la forma de un par de zapatos; ahora Kumagai decoraba las punteras con alimentos sorprendiendo al mundo de la moda.

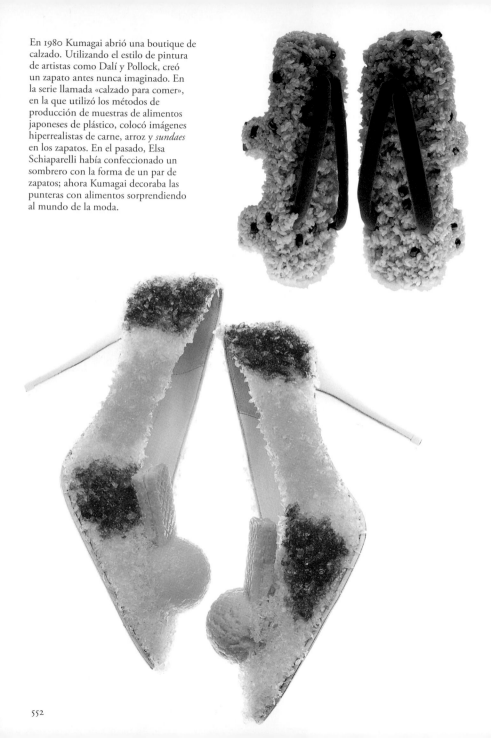

Tokio Kumagai
Taberu Kutsu («zapatos comestibles»)
Etiqueta: TOKIO KUMAGAÏ PARIS
Hacia 1984
Donación de Tokio Kumagai
Resina.

TOKIO KUMAGAÏ
PARIS
MADE IN ITALY
TOKIO KUMAGAÏ
PARIS
MADE IN ITALY

Este diseño está inspirado en la escultura titulada El beso (1908), de Constantin Brancusi, un escultor rumano conocido por sus formas abstractas. El zapato izquierdo es el perfil de un hombre, y el derecho, el de una mujer.

◄ **Tokio Kumagai**
Zapatos
Etiqueta: TOKIO KUMAGAÏ
PARIS
Hacia 1984
Donación de Tokio Kumagai
Cuero y raso de seda negro
con tira elástica, lazo, aro y
aplicación de cuero.

El bordado en forma de cabezal de ducha de la pechera sigue hacia la parte trasera y se va curvando por la manga izquierda, en un diseño de sabor surrealista. Fue creado por Karl Lagerfeld, diseñador de Chloé de 1963 a 1984.

► **Karl Lagerfeld / Chloé**
Vestido y falda
Etiqueta: Chloé
Otoño/Invierno 1983
Vestido de satén con dorso de acetato rojo y negro, bordado con un motivo de cabezal de ducha y agua realizado con cuentas y falsa pedrería; falda de crepé de China negro; bajo con bordado de cuentas.

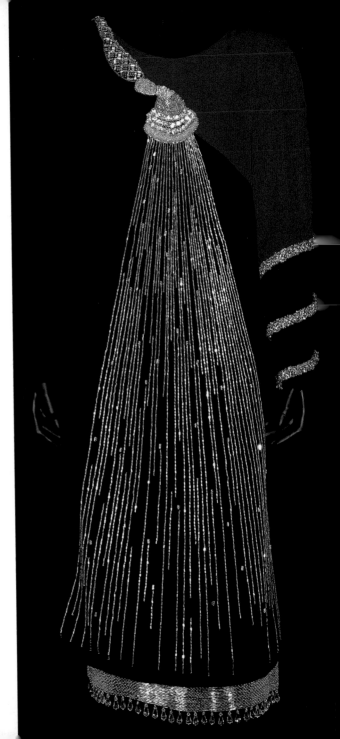

En octubre de 1982, Kawakubo y Yamamoto realizaron su segundo pase de ropa *prêt-à-porter* en París. La línea que presentaron ese año se caracterizó por la ausencia de color y la forma de harapos con agujeros; su objetivo era promocionar el estilo desaliñado. Su colección creó un nuevo vocablo en el mundo de la moda: el «*boro* look», o imagen desaliñada o de mendigo. Los diseños expresaban un concepto japonés de la belleza: la hermosura de una pobreza consciente. Su colección cuestionó el concepto del estilo occidental y provocó polémica en el mundo de la moda parisina. Existía una gran conmoción, ya que los diseñadores japoneses habían demostrado que existía la posibilidad de que la ropa aceptada mundialmente proviniera de otras culturas que no fueran la de Europa occidental.

◄ **Rei Kawakubo / Comme des Garçons**
Blusa y vestido
Etiqueta: COMME des GARÇONS
Primavera/Verano 1983
Gift of Comme des Garçons Co., Ltd.
Blusa de punto de algodón color crudo con aplicaciones de tiras de algodón; vestido de satén de rayón y tejido para sábanas, formando un mosaico de retales blancos desteñidos.

► **Yohji Yamamoto**
Chaqueta, vestido y pantalón
Etiqueta: YOHJI YAMAMOTO
Primavera/Verano 1983
Chaqueta y pantalón: donación de Hiroshi Tanaka; vestido: donación de Sumiyo Koyama
Chaqueta, vestido y pantalón de algodón blanco con calados.

Desde su debut, Rei Kawakubo
nunca ha dependido de los
conceptos estandarizados de
la moda al crear sus propios
diseños, siempre nobles y
hermosos. Este suéter parece
complicado, pero su estructura
es básica y consiste en una sola
pieza recta. El espacio interior
es amplio y cuando la manga se
abre por el lado adquiere forma
de kimono japonés.

**Rei Kawakubo /
Comme des Garçons**
Suéter y falda
Etiqueta: tricot COMME des
GARÇONS (suéter), COMME
des GARÇONS (falda)
Otoño/Invierno 1983
Donación de Comme des
Garçons Co., Ltd.
Suéter de media de punto bobo,
color crudo, con canalé en el
bajo; falda de punto de lana
color crudo.

Suéter y falda de Rei Kawakubo
Fotografía: Peter Lindbergh, 1983

En estas páginas, dos de los primeros diseños de Kawakubo, completamente opuestos al objetivo occidental de perfilar el cuerpo. A la izquierda, el *top* tiene dos capas, pero el bajo tan sólo una. Algunas partes de la sisa no están cosidas al cuerpo. El singular corte da a la prenda una forma irregular que cambia según el movimiento del cuerpo o del viento. A la derecha, esta prenda de cómoda forma lleva elástico cosido en todas las direcciones, creando así una silueta asimétrica. El material recuerda al tejido *ai-zome* (teñido con índigo), que se utilizaba para la ropa común de los japoneses y otorga un toque nostálgico y amable al vestido.

◄ **Rei Kawakubo /**
Comme des Garçons
Vestido
Etiqueta: COMME des GARÇONS
Primavera/Verano 1984
Donación de Comme des Garçons Co., Ltd.
Vestido de una sola pieza de tejido a la plana de algodón blanco con cortes y fruncidos.

► **Rei Kawakubo /**
Comme des Garçons
Vestido
Etiqueta: COMME des GARÇONS
Otoño/Invierno 1984
Donación de Comme des Garçons Co., Ltd.
Acetato azul marino parecido al *ai-zome* (tejido japonés estampado con índigo); estampado de imitación estarcido con dibujo de crisantemos.

Los dos modelos de la derecha son trajes pantalón de diseño asimétrico. Yamamoto combinó el concepto japonés de asimetría con las prendas simétricas de Occidente.

◄ **Yohji Yamamoto**
Chaqueta, chaleco y falda
Etiqueta: Yohji Yamamoto
Otoño/Invierno 1990
Chaqueta de nailon color verde musgo, acolchada con plumas; manga desmontable con cremallera; falda de poliéster forrado de algodón color verde musgo, acolchada; chaleco de cuero marrón.

► **Yohji Yamamoto**
Traje pantalón
Etiqueta: Yohji Yamamoto
Otoño/Invierno 1984
Donación de Sumiyo Koyama
Chaqueta y pantalón de chalí de lana negro con forro de chalí de lana blanco; pantalón asimétrico con pernera izquierda más grande.

►► **Yohji Yamamoto**
Traje pantalón
Etiqueta: Yohji Yamamoto
Otoño/Invierno 1986
Chaqueta y pantalón de gabardina de lana gris-beige; parche de cuero marrón en la chaqueta; pieza similar en el pantalón.

En 1971 Miyake debutó en Nueva York con su colección de medias de cuerpo entero. Estampó imágenes de Jimi Hendrix y Janis Joplin, con técnicas similares a las del tatuaje japonés, sobre material elástico color piel. Veinte años más tarde Miyake presentó su línea «Tattoo Body». La textura del material da la impresión de que realmente todo el cuerpo estuviera tatuado. La combinación de la elasticidad del tejido sintético y la función decorativa del tatuaje, un arte practicado desde épocas antiguas, crearon algo así como un nuevo tipo de piel. En el desfile de moda, el vestido de la izquierda se llevó sobre la media de cuerpo entero.

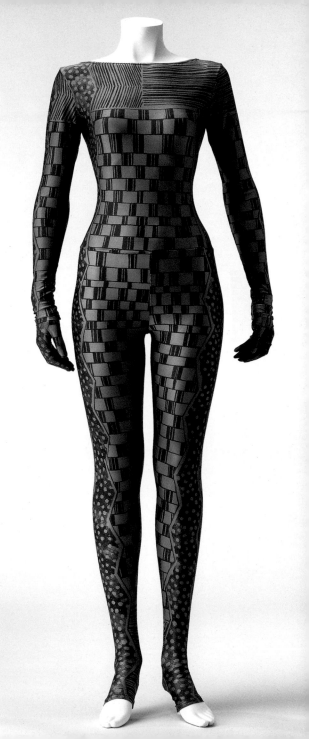

◀ **Issey Miyake**
Vestido
Etiqueta: ninguna
Otoño/Invierno 1989
Organdí de poliéster marrón plisado.

▶ **Issey Miyake**
Media de cuerpo entero «Tattoo Body»
Etiqueta: ninguna
Otoño/Invierno 1989
Donación de Miyake Design Studio
Punto de poliéster marrón estampado con dibujo imitación de un tatuaje.

En 1976 Miyake presentó una
línea de diseño plano titulada «A
piece of cloth» (un solo trozo de
tela), que en muchos sentidos es
el concepto básico subyacente
en la indumentaria japonesa. A
finales de los ochenta, Miyake
desarrolló este concepto con sus
conjuntos plisados. Confeccionó
la ropa al revés del proceso
habitual, cosiendo primero la
prenda y después plisándola. Al
utilizar todas las características
del poliéster, la forma y la
función se combinaban de forma
orgánica y con ello creó un
nuevo tipo de atuendo.
Aquí se muestra un abrigo
creado mediante esta innovadora
técnica, con una forma que
recuerda a la indumentaria
teatral de la danza clásica
japonesa *No*.

Issey Miyake
Abrigo
Etiqueta: ISSEY MIYAKE
Primavera/Verano 1995
Monofilamento de poliéster
plisado de color rosa pálido,
con aplicaciones rojas, azules
y verdes.

Los diseños plisados evolucionaron hacia una serie más cómoda de llevar titulada «Pleats Please» (Pliegues, por favor). A partir de 1996 otros artistas colaboraron con la serie «Pleats Please», que se llamó entonces «Pleats Please Issey Miyake Guest Artists Series». Abajo, la primera de la serie, obra del japonés Yasumasa Morimura. El arte de Morimura, inspirado en *La fuente* de Ingres (1856, Musée d'Orsay, París), creó un efecto trampa en los pliegues. El segundo invitado de la serie «Pleats Please Issey Miyake Guest Artists Series» fue el fotógrafo Nobuyoshi Araki (páginas 570/571). Araki es conocido por el erotismo de sus fotografías, en ocasiones extremo. A la izquierda está *Iro-shojo* y a la derecha el «estampado Araki». El contraste entre la línea clara y definida y el colorido pop de «Pleats Please», así como la imagen de displicencia de las fotografías de Araki dan a la serie un giro interesante.

Issey Miyake
Vestido: «Pleats Please Issey Miyake Guest Artist Series No.1: Yasumasa Morimura on Pleats Please»
Etiqueta: PLEATS PLEASE
Otoño/Invierno 1996
Donación de Miyake Design Studio

▶ Vestido color naranja de una sola pieza de poliéster plisado y estampado.

▼ Yasumasa Morimura
Retrato (La Fuente 1, 2, 3), 1986–1990

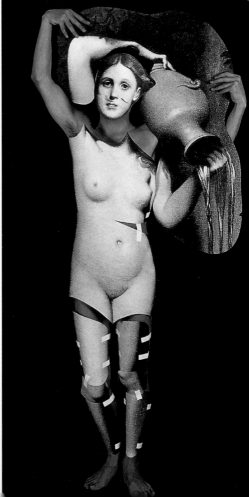

Páginas 570/571
Issey Miyake
Vestido: «Pleats Please Issey
Miyake Guest Artist Series No.2:
Nobuyoshi Araki on Pleats Please»
Etiqueta: PLEATS PLEASE
Primavera/Verano 1997

Página 570
Vestido de una sola pieza plisado
y estampado, color amarillo
fluorescente.

Página 571
Vestido de una sola pieza plisado y
estampado, color rosa fluorescente.

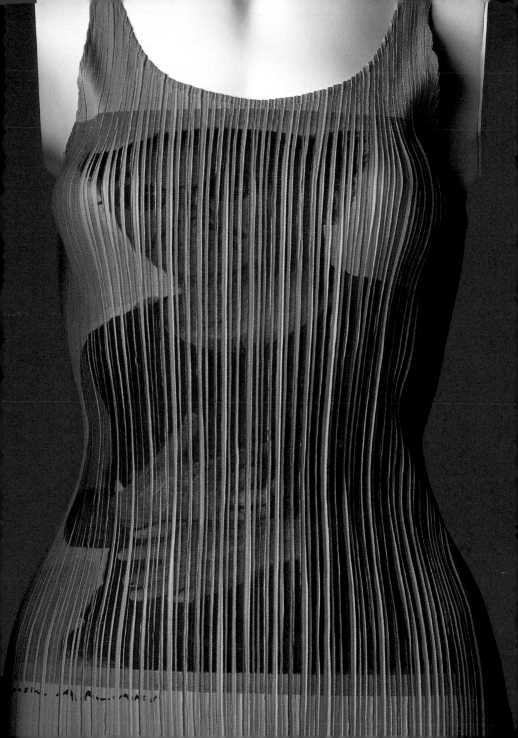

En 1998, Miyake se interesó por el punto tubular y empezó a investigar sobre la aplicación de las características funcionales del género de punto. La determinación de Miyake llevó a la mezcla del punto con la tecnología de vanguardia, y desembocó en la creación de la línea «A-POC». Como se puede observar, el cuerpo es de una sola pieza de punto cilíndrica. Un largo cilindro de punto se dobla a la altura de los hombros y se estira hasta la cintura, cubriendo los brazos. El diseño que atenaza los brazos es digno de destacar, porque va en contra de todas las características funcionales del punto, como la ligereza, la resistencia a las arrugas y la adaptabilidad a cualquier forma.

Issey Miyake
Vestido
Etiqueta: ISSEY MIYAKE
Primavera/Verano 1998
▸ Vestido de una sola pieza de nailon con textura de lana, color beige; falda mezcla de algodón y seda.
▸▸ Vestido de una sola pieza de nailon con textura de lana, color beige rosado; vestido interior mezcla de algodón y seda.

Tejido de alta tecnología con una forma que recuerda al estilo miriñaque. Invierte la creencia generalizada de que «químico» significa «artificial», y la prenda causa una impresión de suavidad y calidez. A la derecha, un conjunto que recuerda al polisón, una prenda del siglo XIX que realzaba la parte posterior del vestido. Kawakubo intenta expresar la disonancia entre el cuerpo y la forma del conjunto.

◄ **Rei Kawakubo /**
Comme des Garçons
Vestido de novia
Etiqueta: COMME des
GARÇONS
Otoño/Invierno 1990
Donación de Comme des
Garçons Co., Ltd.
Vestido de una sola pieza de tela no tejida blanca con una cinta en la cintura; enagua del mismo material.

► **Rei Kawakubo /**
Comme des Garçons
Falda y suéter
Etiqueta: COMME des
GARÇONS NOIR
Otoño/Invierno 1995
Suéter de punto acrílico color rosa pálido; falda larga a juego con bordado; tubo estilo polisón cosido a la parte posterior de la falda; enagua de tul.

«No lo que ya se ha visto antes, no lo que se ha repetido; en lugar de ello, nuevos descubrimientos que miran hacia el futuro, que son libres y dinámicos». Éste fue el mensaje escrito por Comme des Garçons en la primavera de 1997. Aquí se muestran unos vestidos con almohadillas interiores, que crean montículos irregulares en la superficie del tejido. La forma del cuerpo queda alterada por la ropa, y esto cambió las ideas estandarizadas que la gente tenía del mismo. La moda del siglo XX descubrió el cuerpo, pero la ropa parecía adaptarse a la forma de éste. Kawakubo intentó liberar la indumentaria de su esclavitud con respecto al cuerpo y descubrió esta nueva forma.

◄ **Rei Kawakubo / Comme des Garçons**
Vestido
Etiqueta: COMME des GARÇONS
Primavera/Verano 1997
Tejido de nailon-uretano elástico a cuadros blancos y azules; almohadilla lateral.

► **Rei Kawakubo / Comme des Garçons**
Vestido
Etiqueta: COMME des GARÇONS
Primavera/Verano 1997
Tejido de nailon-uretano elástico color naranja; almohadilla lateral; vestido interior mezcla de poliéster y poliuretano elástico.

Para la colección de Otoño/
Invierno de 1994, Kawakubo
presentó una nueva idea: un
vestido «viejo» creado mediante
un prelavado para darle un
efecto encogido. El ejemplo que
aquí se muestra es un vestido
cuya parte suelta fue retorcida
y cosida formando un bulto
enorme, antes de dar el efecto
encogido al tejido. Éste aparece
desgastado, los bajos se han
deshilachado y el resultado
es una prenda con un aire de
inquietante tensión.

**Rei Kawakubo /
Comme des Garçons**
Vestido
Etiqueta: COMME des
GARÇONS NOIR
Otoño/Invierno 1994
Nailon de lana gris con efecto de
encogido; tejido retorcido para
dar una forma tubular a la parte
frontal.

Este vestido parece un amplio cilindro de pliegues de acordeón. La forma del cuerpo ha desaparecido por completo.

◄ **Rei Kawakubo / Comme des Garçons**
Vestido
Etiqueta: COMME des GARÇONS
Primavera/Verano 1998
Base de linón de algodón color crudo; nueve capas de tejido idéntico plisadas y cosidas para formar el cuerpo y la falda; la capa superior tiene un estampado y un recubrimiento de vinilo.

La entretela es algo que normalmente solo se utiliza para el interior de las prendas, pero en este caso la estructura del conjunto requiere que se lleve por fuera.

► **Rei Kawakubo / Comme des Garçons**
Blusa, falda y mallas
Etiqueta: COMME des GARÇONS
Otoño/Invierno 1998
Blusa ancha de algodón blanco con entretela de lana beige en la parte posterior del canesú; chaleco y parte de la falda de tejido de entretela; falda azul marino plisada; mallas de punto de lana.

En Japón, durante el período Kamakura (1192–1333) se utilizaron vestidos de papel, y en el período Edo (1603–1867) los vestidos de papel más caros se consideraban de una elegancia extrema. Este vestido de papel probablemente encajaría dentro de la tradición japonesa. Los diseñadores japoneses de plantillas para estarcir crearon los dibujos cortados conocidos como *goshoguruma* y momiji. Kawakubo pensó que este dibujo recortado, utilizado durante la producción, tenía un aspecto parecido al encaje, pero creyó que era una pena que después de utilizarlo como plantilla para estarcido ya no sirviera más. La utilización de papel como material para la indumentaria, y la idea de usar la propia plantilla como el rasgo principal del vestido ilustran el original punto de vista de Kawakubo con respecto a los materiales.

Rei Kawakubo /
Comme des Garçons
Vestidos
Etiqueta: COMME des GARÇONS NOIR
Primavera/Verano 1992
Donación de Comme des Garçons Co., Ltd.
Papel calado de poliéster-rayón.
A la izquierda, el dibujo japonés *goshoguruma*, y a la derecha, el *momiji*.

Una forma de estructura recta. Cuando el lazo de punto se ata cruzándolo por la espalda, los lados sobresalen un poco, creando una forma original. Yamamoto examinó de nuevo la relación entre el kimono y su cinturón, y aplicó el resultado a la indumentaria moderna.

◄ **Yohji Yamamoto**
Vestido
Etiqueta: Yohji Yamamoto
Primavera/Verano 1995
Don de Comme des Garçons
Co., Ltd.
Punto de seda y rayón blanco y negro; brocado sintético rojo y oro con dibujo de crisantemos y arabescos.

En estas piezas creadas por Kawakubo, aunque la forma es típica del estilo occidental, el tejido fue diseñado por un pintor japonés de kimonos *yuzen*. La ornamentación del bajo recuerda a la del *fuki* de los kimonos.

**Rei Kawakubo /
Comme des Garçons**
Vestidos
Etiqueta: COMME des GARÇONS NOIR
Otoño/Invierno 1991
Donación de Comme des Garçons Co., Ltd.

► Vestido de una sola pieza de tafetán de seda blanco, pintado a mano con motivos de pinos; bajo de lamé de oro acolchado.

►► Tafetán de seda negro pintado a mano con motivos de grullas volando; bajo acolchado de color rojo.

El diseñador japonés Yamamoto, conocido en todo el mundo por su particular visión de la moda, ha mostrado el mayor respeto hacia la indumentaria de estilo occidental. Después de más de diez años de participar en las colecciones parisinas, en su colección Otoño/Invierno de 1994 Yamamoto introdujo varios elementos de la esencia actual del kimono. Eso sentó las bases para el movimiento llamado «neo-japonismo».

◄ **Yohji Yamamoto**
Vestido
Etiqueta: Yohji Yamamoto
Otoño/Invierno 1993
Vestido de una sola pieza de sarga de lana negra con pespunte realizado con cordoncillo blanco.

► **Yohji Yamamoto**
Vestido abrigo
Etiqueta: Yohji Yamamoto
Primavera/Verano 1995

Vestido de una sola pieza de crepé de China verde pálido; corte recto; teñido *shibori*.

La imagen de Japón sigue siendo fuente de inspiración para los diseñadores de todo el mundo. En los años sesenta, Gernreich utilizó la forma del kimono para sus prendas de punto. Mostró un gran y variado interés por Japón y utilizó uniformes de samurái, luchadores de sumo y jóvenes escolares como motivos. En los noventa, Galliano utilizó tejidos trasparentes, la micro-minifalda y un liguero para crear una chica *geisha* sexy acorde con los tiempos actuales. Se pueden observar técnicas de confección de alta calidad.

◄ **Rudi Gernreich**
Vestido «Kabuki»
Etiqueta: Rudi Gernreich Design for Harmon Knitwear
Otoño 1963
Género de punto de lana jacquard, de cuadros blancos y negros; cuello en pico estilo kimono; ceñidor y puños del mismo material.

John Galliano
Conjuntos
Etiqueta: John Galliano
Otoño/Invierno 1994

► Vestido de una sola pieza de organdí de seda rosa y ceñidor con bordado de flores.
►► Vestido de una sola pieza de lana negra y ceñidor con recubrimiento de encaje con motivo floral.

En la primavera de 1994 el KCI presentó en Kyoto la exposición titulada «El japonismo en la moda». Se trataba de un repaso histórico a la influencia que Japón ha ejercido sobre la moda. En 1996 la exposición viajó a París y Tokio, y en 1998 a Estados Unidos. Posiblemente como resultado de esta exposisición, el japonismo tuvo una presencia universal en la moda de finales del siglo XX.

▼ **Consuelo Castiglioni / Marni**
Falda y blusa
Etiqueta: MARNI
Primavera/Verano 2000
Blusa de georgette color lavanda con volante estampado; falda de mezcla de seda y cupro con estampado de crisantemos y bordado de lentejuelas.

◀ **Hiroshige Maki / Gomme**
Conjuntos
Etiqueta: GOMME
Primavera/Verano 1997
Donación de Maki Hiroshige Atelier Co., Ltd.

▼ Chaqueta de poliéster negro con la letra «G» estampada a modo de blasón familiar; cinturón de cuero; mono negro con estampado floral; ribetes de vinilo.
◀ Túnica de poliéster marrón oscuro con la letra «G» estampada a modo de blasón familiar; drapeado asimétrico; pantalón de poliéster.

▶ **Masaki Matsushima**
Vestido
Etiqueta: MASAKÏ MATSUSHÏMA
Primavera/Verano 1997
Donación de Masaki Matsushima International Co., Ltd.
Izquierda: algodón negro con dibujo blanco de conchas estampado por el reverso; vestido de una sola pieza.
Derecha: algodón negro con dibujo de conchas blanco; vestido de una sola pieza. En esta colección, el vestido de la derecha se llevaba sobre el de la izquierda.

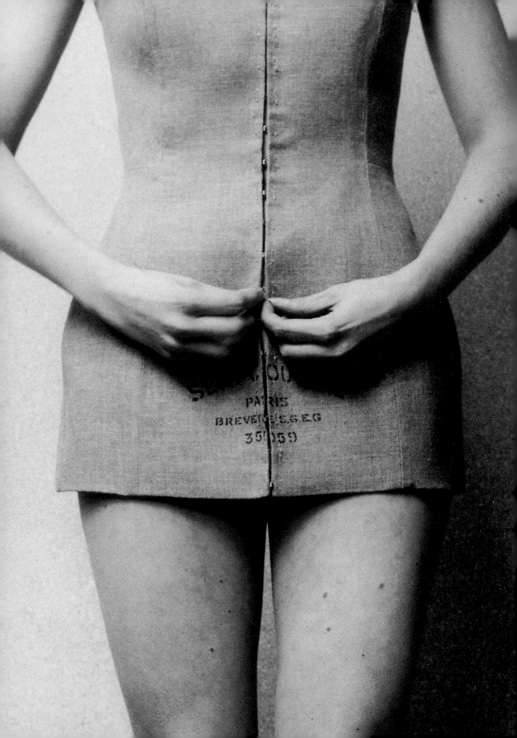

El torso del maniquí utilizado en alta costura, creado por Stockman, empezó a producirse a finales del siglo XIX y se convirtió en indispensable para el sistema de producción en masa que se fue desarrollando en el siglo XX. Aunque cada cuerpo humano es diferente, éste se clasifica en siete tallas distintas cuando se trata de un torso de maniquí, y se ve forzado a convertirse en un cuerpo estándar sea como sea. En esta chaqueta de Margiela, que

adapta la forma de un maniquí Stockman, la dura realidad se hace patente: en la moda actual, el cuerpo individual de todo ser humano queda prácticamente ignorado.

▼ Martin Margiela
Chaqueta
Etiqueta: (cinta blanca de algodón)
Primavera/Verano 1997
Lino beige del que se utiliza para maniquíes; estampado con el n.º 42 en el cuello, y «SEMI COUTURE PARIS BREVETE. S.G.E.G 35059» en el bajo.

◄ Chaqueta de Martin Margiela; fotografía: Anders Edström

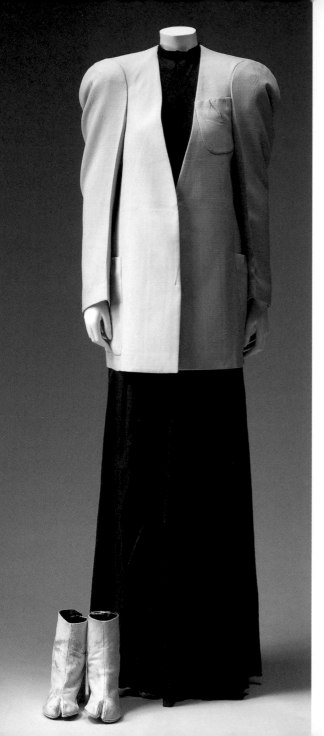

El concepto japonés de prendas de superficie plana ha tenido un fuerte impacto en la moda occidental, especialmente en los años veinte y ochenta. Margiela, que comparte la mentalidad japonesa de Kawakubo y otros, realizó un pase junto con Rei Kawakubo en la Primavera/Verano de 1998. Entre las piezas presentadas estaban las que se muestran aquí. La sisa pasó a la parte delantera y las prendas fueron planchadas después del proceso de confección. Aunque en un colgador parece plana, cuando se lleva puesta aparece una línea de hombros dimensional.

◄ **Martin Margiela**
Chaqueta
Etiqueta: (cinta blanca de algodón)
Primavera/Verano 1998
Poliéster beige; sisas en la parte delantera; planchada después de cosida.

La técnica de estampación fototipográfica se hizo popular en los años sesenta, pero con el desarrollo de la tecnología se obtuvo un estampado de mejor calidad en la década de los noventa. Aquí se muestra un dibujo de punto de media estampado sobre un tejido de género de punto. La ligera diferencia que se percibe entre el estampado fotográfico y el tejido real crea una disonancia provocativa entre el tacto del género punto y el de la textura de un punto de media hecho a mano.

► **Martin Margiela**
Chaqueta de punto, jersey, vestido y cinturón
Etiqueta: (cinta blanca de algodón)
Primavera/Verano 1996
Chaqueta de punto de rayón marrón; jersey de malla de nailon; vestido de acetato; estampación fototipográfica; cinturón de vinilo.

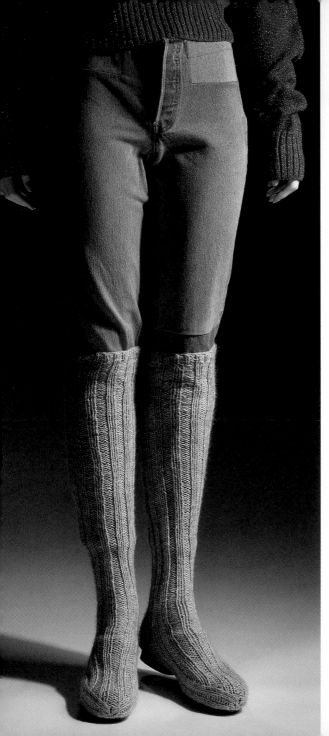

En los años noventa la ropa de época y la usada, con alguna alteración, ocupó el lugar central en la escena de la moda, y las prendas nuevas que tenían un aspecto antiguo se convirtieron en las más preciadas de la temporada. A la izquierda, una funda de zapatos de Margiela. Al sacar la funda, que es lavable, la superficie del zapato parece nueva; al volverla a colocar, la forma del zapato aparace modificada. Esto hizo resurgir la idea de que las cosas deberían utilizarse con cuidado para que duraran mucho tiempo. A la derecha, una falda vaquera a laque intencionadamente se le ha dado un aspecto de usada.

◄ **Martin Margiela**
Suéter, vaqueros, zapato bajo
y funda de zapatos
Etiqueta: (cinta blanca de algodón)
Otoño/Invierno 1999
Suéter de punto de lamé violeta
rosado; vaqueros con retales;
zapatos sin tacón de cuero negro;
funda de zapatos de lana tejida.

► **Tom Ford / Gucci**
Falda y suéter
Etiqueta: GUCCI
Primavera/Verano 1999
Suéter de punto amarillo; falda
vaquera con bordado floral de hilo
de seda y lentejuelas.

Los diseñadores de moda continúan buscando formas variadas para sus creaciones. A finales del siglo XX el avance de las tecnologías modernas permitió experimentar con nuevos métodos de dar forma a la ropa. En el caso del vestido de la izquierda la forma viene determinada por el aro insertado. El efecto en espiral hace que el tejido adquiera una apariencia dinámica y original. A la derecha, una falda de formaondulada, creada con un tejido sintético que lleva plástico entretejido.

◄ **Junya Watanabe**
Vestido y falda
Etiqueta: JUNYA WATANABE COMME des GARÇONS
Otoño/Invierno 1998
Vestido camisero de algodón blanco; falda de sarga de lana verde, con aro interior.

► **Yohji Yamamoto**
Vestido
Etiqueta: Yohji Yamamoto
Primavera/Verano 1999
Donación de Yohji Yamamoto Inc.
Poliéster estampado blanco con rayas grises; acolchado.

Este vestido no debe su forma al corte ni a unas pinzas, sino al primitivo sistema de retorcer o enrollar el tejido.

▶ **Yohji Yamamoto**
Vestido
Etiqueta: Yohji Yamamoto
Primavera/Verano 1998
Mezcla de raso de lana y seda blancos; tejido con pieza retorcida que continúa hasta los tirantes.

Diseños de Yohji Yamamoto
Primavera/Verano 1998
Fotografía: Peter Lindbergh
Vogue (edición italiana), enero de 1998

Tras su debut parisino con prendas asimétricas realizadas con tejido colgante, Yamamoto volvió a un estilode confección occidental más tradicional a mediados de los ochenta. El vestido de fieltro que se muestra junto a estas líneas se parece mucho a una forma nostálgica basada enlos trajes históricos. Mediante la exageración de espalda y caderas, este atuendo intenta crear un nuevo reconocimiento del cuerpo humano.

Yohji Yamamoto
Vestido
Etiqueta: Yohji Yamamoto
Otoño/Invierno 1996
Fieltro blanco y negro; falda interior de punto negro.

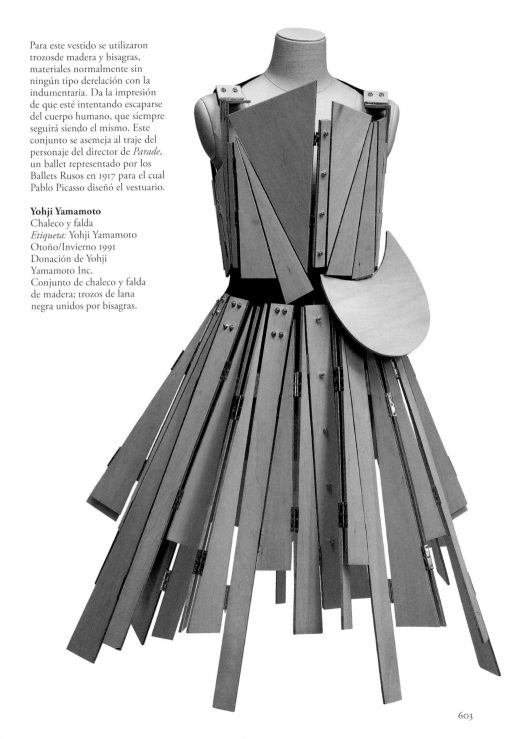

Para este vestido se utilizaron trozos de madera y bisagras, materiales normalmente sin ningún tipo de relación con la indumentaria. Da la impresión de que esté intentando escaparse del cuerpo humano, que siempre seguirá siendo el mismo. Este conjunto se asemeja al traje del personaje del director de *Parade*, un ballet representado por los Ballets Rusos en 1917 para el cual Pablo Picasso diseñó el vestuario.

Yohji Yamamoto
Chaleco y falda
Etiqueta: Yohji Yamamoto
Otoño/Invierno 1991
Donación de Yohji
Yamamoto Inc.
Conjunto de chaleco y falda de madera; trozos de lana negra unidos por bisagras.

Hussein Chalayan, que debutó en Londres en 1994, ha considerado el cuerpo y la ropa desde un punto de vista tecnológico, y ha creado prendas con un enfoque innovador y seguro. Al llevar este corsé, el corpiño de madera se pega a la piel, y da una sensación como si las palomillas metálicas se hubieran enroscado directamente al cuerpo.

Hussein Chalayan
Corsé
Etiqueta: (marca curvada) P' Ben 95
Otoño/Invierno 1995
Cuatro piezas de madera: frontal, trasera y dos laterales, unidas por piezas y palomillas metálicas.

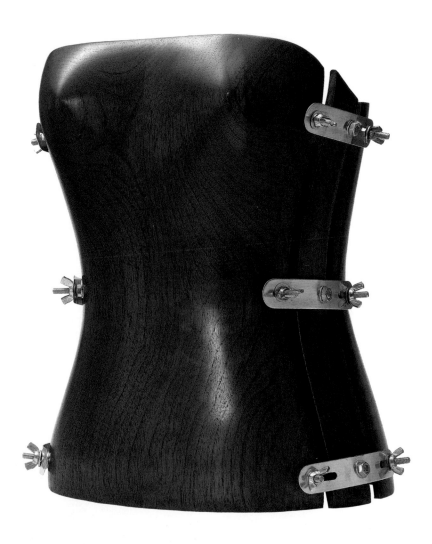

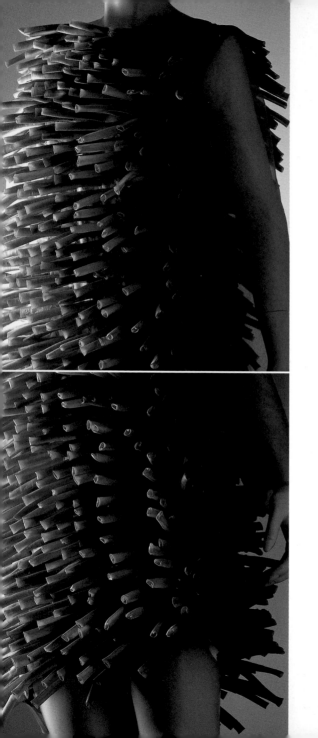

A finales del siglo XX aparecieronen el mundo de la moda una gran variedad de formas de expresiónque exploraban la esencia de la piel humana. Maurizio Galante hizo su debut en Milán en 1987 y cuatro años más tarde en París. Es conocido por presentar un estilo moderno imbuido de un sentimiento de calidez y por la fuerza de la vida humana. A la izquierda, un vestido con tubos de organdí, que cada vez que se mueven parecen los tentáculos de organismos marinos. Esta imagen estimula los sentidos del espectador. El jersey de la derecha utiliza el shibori, un tejido de seda japonés retorcido y teñido, que le da un tacto diferente.

◄ **Maurizio Galante**
Vestido
Etiqueta: MAURIZIO GALANTE
CIRCOLARE
Primavera/Verano 1992
Vestido de organdí de seda
verdepálido con tubos de tejido
del mismo material por toda la
superficie.

► **Maurizio Galante**
Jersey
Etiqueta: MAURIZIO GALANTE
Otoño/Invierno 1994
Donación de Maurizio Galante
Arimatsu shibori verde.

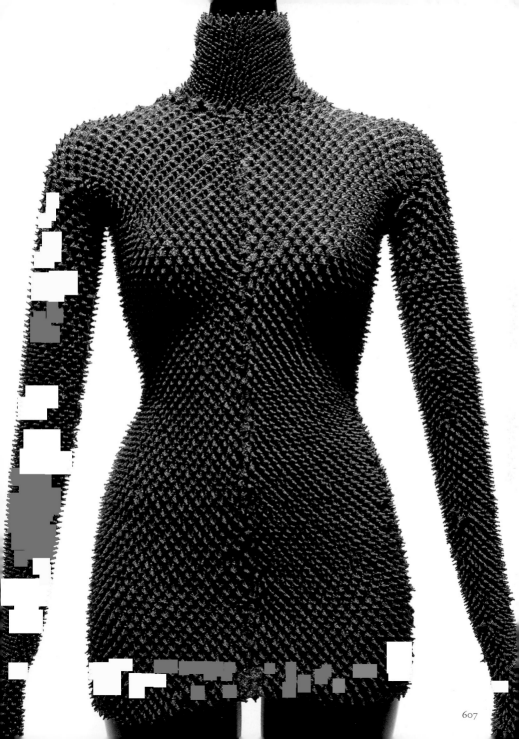

El *shibori*, tejido japonés
de sedaretorcida utilizado
como tejido elástico, moldea
libremente el cuerpo gracias
al corte al bies.

◄ **Fukuko Ando**
Vestido
Etiqueta: Fukuko Ando
1996
Vestido de una sola pieza de
color verde oscuro con efecto
shibori; retales de chiffon rojo;
festones.

La goma, utilizada en este
vestido y que le da un aspecto
como de piel estirada, da
nombre a la marca de Maki:
Gomme («goma» en francés).
Dicho nombre se debe al deseo
de sus creadores de expresar el
conceptode prendas que cubren
el cuerpo como si fuesen goma.

► **Hiroshige Maki / Gomme**
Vestido
Etiqueta: ninguna
Otoño/Invierno 1993
Donación de Maki Hiroshige
Atelier Co., Ltd.
Vestido de una sola pieza hecho
con gomas elásticas unidas.

La moda en el siglo XX emprendió el camino de ir eliminando prendas. A finales de la centuria, la indumentaria era muy sencilla, y en lugar de llevar ropa, se puso de moda «llevar» el propio cuerpo. Los cosméticos, los tatuajes y los *piercings*, que son distintas formas de adornar el cuerpo existentes desde tiempos inmemoriales, se convirtieron en la vanguardia de la moda en los últimos años del siglo. Takahashi pintaba tatuajes corporales en lugares donde la ropa no cubría la piel. La ropa se había transformado en piel y el límite entre la piel y el tejido se iba difuminando.

Jun Takahashi / Undercover
Conjunto
Etiqueta: under cover JUN
TAKAHASHI
Otoño/Invierno 2000
Conjunto de chaqueta, suéter, falda, pantalones, bufanda, cinturón, bolso, guantes, medias y peluca; seis tipos de material, entre ellos lana, mohair e imitación de cuero; dibujo a cuadros realizado con pintura, estampado y bordado con lentejuelas y cuentas.

►► Prendas de Jun Takahashi;
Otoño/Invierno 1997
Fotografía: Taishi Hirokawa
ZOLA, noviembre de 1997

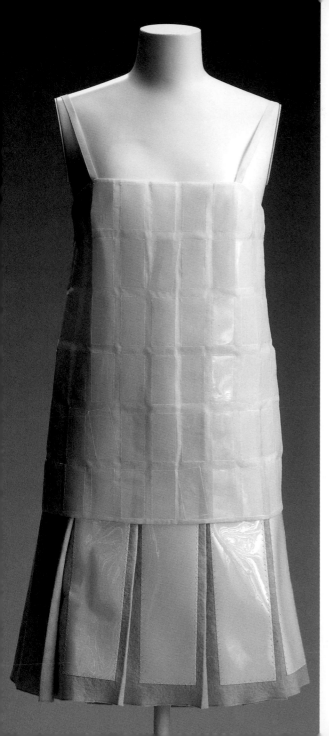

En la década de 1990, los materiales sintéticos como el papel y la tela no tejida aparecieron en los desfiles demoda de todo el mundo como una mirada retrospectiva a los años sesenta. Prada, que ha participado en las colecciones de Milán desde 1988, utilizala moda de los sesenta como base, pero también aplica el espíritu delos noventa para crear un estilo más urbano y sensiblemente funcional. A la derecha, conjuntos de Watanabe, cuyo debut tuvo lugar en París en 1994, que demuestran su habilidadcon el corte innovador y la utilización de fibras sintéticas. Su adopción del gusto de los noventa por los colores vivos y las fibras sintéticas, combinada con técnicas originales comoel doblado y el corte dieron como resultado estos futuristas conjuntos.

◄ **Prada**
Cuerpo y falda
Etiqueta: PRADA
Otoño/Invierno 1998
Cuerpo de chiffon de seda y organdí blanco con rectángulos de plástico transparente en el interior; falda tableada de tela no tejida con aplicación de piezas de plástico.

Junya Watanabe
Blusa, túnica y pantalón
Ropa interior, túnica y pantalón
Etiqueta: JUNYA WATANABE COMME des GARÇONS
Primavera/Verano 1996
► Blusa, túnica y pantalón. Blusa de nailon bermellón; túnica rosa de tela no tejida; pantalones de nailon.
►► Ropa interior de una sola pieza, túnica y pantalón. Ropa interior de nailon azul; túnica de nailon naranja; pantalón de nailon negro.

A finales del siglo XX, el diseño del calzado quedó por fin liberado de los rígidos marcos de referencia. La marca de difusión de Prada, Miu Miu, utiliza las suelas de goma, generalmente empleadas en zapatos deportivos, para las sandalias detacón alto. El grabado de la suela, parecido a un zapato para conducir, no resbala y resulta funcional, además de ser un elemento decorativo.

▼ **Miu Miu**
Sandalias
Etiqueta: MIU MIU MADE IN ITALY
Otoño/Invierno 1999
Ante verde con suela de goma.

La alemana Jil Sander debutó en París en 1976 y ha presentado sus colecciones en Milán desde 1982. Hace ya dos décadas que Sander viene creando estilos básicos y de gran calidad. Este vestido de línea redondeada, conseguida mediante el corte y unas pinzas, tiene un aspecto inorgánico.

▶ **Jil Sander**
Vestido
Etiqueta: JIL SANDER
Primavera/Verano 1999
Poliéster jacquard color oro.

Para la colección de Primavera/
Verano 2000, Watanabe utilizó el
tejido japonés de tecnología
más vanguardista: la microfibra,
ultraligera e impermeable. A
la derecha, un conjunto hecho
con numerosas capas de tejido
sintético ultraligero. La falda, que se
abre como una colmena, se puede
doblar hasta quedar plana.

◄ **Junya Watanabe**
Vestido
Etiqueta: JUNYA WATANABE
COMME des GARÇONS
Primavera/Verano 2000
Poliéster estampado con cuadros
naranja, gris y marrón; toda la
superficie cosida con trocitos de
plástico transparente doblados;
capucha a juego.

► **Junya Watanabe**
Falda y chaqueta
Etiqueta: JUNYA WATANABE
COMME des GARÇONS
Otoño/Invierno 2000
Chaqueta de poliéster rojo; falda
de poliéster amarilla.

Tsumura presentó un abrigo denailon llamado «Hogar final». Tiene más de cuarenta bolsillos, lo que sugiere que podría utilizarse como chaqueta de supervivencia para la vida urbana. Por ejemplo, si se rellenan estos bolsillos con papel de periódico, el abrigo se convierte en un cálido y portátil «hogar fuera del hogar». Margiela utilizó mantas rellenas de plumón como tejido para la confección de abrigos. Si se les añade una funda, se pueden llevar incluso en tiempo lluvioso, y está garantizada su función de abrigo de peso ligero.

◄ **Kosuke Tsumura**
Abrigo «Final Home»
Etiqueta: FINAL HOME
1994
Donación de Kosuke Tsumura
Nailon, cremallera.

► **Martin Margiela**
Abrigo
Etiqueta: (cinta blanca de algodón)
Otoño/Invierno 1999
Tejido a la plana de algodón
color blanco, relleno de plumón;
ribete de algodón marrón; forma
rectangular cuando no está
doblada; mangas desmontables.

DISEÑADORES Y CASAS DE MODA

Alaïa, Azzedine (1940–2017)
Nació en Túnez. Tras estudiar escultura, trabajó para las casas Dior y Guy Laroche de París antes de lanzar su propia marca. Su obra atrajo la atención del público en los años ochenta debido a su radical interés por el cuero y el género de punto, así como por su utilización de numerosas cremalleras. Experimentó con los materiales elásticos, que en esa época estaban en constante evolución, y presentó una rápida sucesión de aerodinámicos vestidos, minifaldas y monos ajustados. Con el resurgimiento en esa década del movimiento «conciencia del cuerpo», sentó precedente en el mundo de la moda al presentar vestidos que se ajustaban tanto al cuerpo como si estuvieran pegados a él.

Albouy (1938–1964)
Tienda de sombreros parisina famosa por sus ornamentadas creaciones de estilo barroco. En 1941, durante la ocupación alemana, Albouy confeccionó pequeños y hermosos sombreros con velo hechos con papel de periódico reciclado. La creación más famosa de Albouy fue el *mollusque* («invertebrado»), que se confeccionaba sin ninguna entretela.

Ando, Fukuko (n. 1964)
Japonesa de nacimiento, Ando se instaló en Francia en 1991. Es una creadora de moda independiente desde 1995. Utilizando técnicas de teñido de tejidos anudados y pequeñas tiras de tela, elabora y promociona «ropa que no es ni de alta costura ni de confección».

Arakawa, Shinichiro (n. 1966)
Nacido en Japón, se trasladó a Francia en 1989 y presentó su primera colección en París durante la temporada Primavera/Verano 1994. Participa regularmente en la Tokyo Collection desde la temporada Otoño/Invierno 1995. Sus colecciones suele contener temas que subvierten los conceptos establecidos. Su manera de enfocar la creación de ropa es considerarla del mismo modo que un cuadro o una escultura.

Armani, Giorgio (n. 1934)
Nacido en Italia, en 1975 fundó su propia compañía y empezó a confeccionar delicados trajes sastre utilizando materiales y entretelas suaves y aprovechando bien su larga experiencia como sastre masculino. Sus trajes, de confección impecable, se hicieron populares en todo el mundo, en particular

en Estados Unidos, y constituyeron una respuesta a la creciente importancia de la mujer en la sociedad. Sus obras se consideran como el uniforme de trabajo de los hombres y mujeres intelectuales de éxito, y en los años ochenta su presencia dominó los círculos de la moda. Mediante la industrialización de su delicado corte y sus técnicas de costura de elevado nivel, ha producido una ropa de confección que ha marcado una época.

Babani (1895–1940)
Vitaldi Babani, nacido en Oriente Medio, abrió su tienda en París en el año 1895. Babani importaba y vendía obras de arte y artesanía, artículos para decoración de interiores, bordados y sedas. Hacia el año 1904 empezó a vender unas batas estilo kimono, hechas con tejido japonés, que lograron gran renombre. Durante las décadas de 1910 y 1920 trabajó con las producciones de Fortuny y los tejidos de Liberty & Co., y produjo artículos en los que se traslucía su influencia. Se dice que tenía fábricas de bordados en Constantinopla (actualmente Estambul) y Kyoto.

Balenciaga, Cristóbal (1895–1972)
Nació en España y en 1919 abrió su primera tienda en San Sebastián. Debido a la guerra civil española, se trasladó a París, donde abrió una casa en 1937. Después de la Segunda Guerra Mundial, presentó unos vestidos con silueta de forma abstracta haciendo gala de su maestría en las técnicas del corte y la confección. Constantemente creó nuevas formas y empezó a simplificar las hechuras para concentrarse en los materiales, y esto mucho antes de los años sesenta, en que tales conceptos ya fueron de uso más general. Su vestido túnica, el vestido saco, el *baby doll* y tantos otros se convirtieron en la base de la indumentaria contemporánea e iniciaron la tendencia hacia el *prêt-à-porter*. Sus diseños exclusivos y su gran maestría se combinaban de un modo armonioso y elevaron la alta costura al reino del arte. Es uno de los diseñadores más representativos del siglo XX.

Balmain, Pierre (1914–1982)
Nacido en Francia, se formó en Molyneux y Lelong y en 1945 estableció su propia firma. Durante la época de escasez de materiales que siguió a la guerra, sus vestidos de talle estrecho con largas faldas acampanadas constituyeron un presagio del «New Look» de Dior del año 1947. Junto con Balenciaga

y Dior, fue uno de los «tres grandes» del momento álgido de la alta costura de los años cincuenta. Jolie Madame, un perfume que presentó en 1957, simbolizaba a la perfección su concepto del diseño.

Beer (1905–1929)
Casa de moda abierta en París en 1905 por el diseñador de nacionalidad alemana Gustav Beer. Basándose en su propio concepto de la moda, «elegancia conservadora para clientes conservadores», creó elegantes y lujosos trajes. Sus vestidos no se podían definir como especialmente innovadores, pero eran muy apreciados por sus magníficos e intrincados detalles. Una de sus actividades promocionales de mayor éxito fue visitar los grandes hoteles durante la temporada turística y vender sus colecciones a viajeros extranjeros.

Beretta, Anne-Marie (n. 1938)
Nacida en Francia, creó su propia marca en 1974. En sus obras abundan los colores discretos y las formas dinámicas sencillas pero constructivas. Tomó la iniciativa en el *prêt-à-porter* de los años ochenta, presentándose como una diseñadora nueva y original.

Biba (1964)
Boutique abierta en Londres por la diseñadora polaca Barbara Hulanicki (nacida en 1936), símbolo de la moda londinense de los años sesenta. Los jóvenes inconformistas aceptaron con entusiasmo su moda holgada y de precio asequible como alternativa al elegante estilo entonces en boga. Biba cerró en 1975. En los años noventa un nuevo sindicato recuperó la marca.

Bruyère (1928)
Casa abierta en París en 1928 por Marie-Antoinette Bruyère, quien se independizó tras estudiar con Callot Sœurs y Lanvin. Bruyère presentó colecciones de alta costura hasta los años cincuenta, y posteriormente se centró en el *prêt-à-porter.*

Bulloz (fechas desconocidas)
Firma parisina. Se desconocen los detalles. Estaba situada en el 140 de la Avenue des Champs-Elysées y su nombre apareció varias veces en la revista *Vogue* durante la década de 1910.

Burrows, Stephen (n. 1943)
Nacido en Estados Unidos, abrió su boutique en el año 1968. Es famoso por su exclusivo sentido del color, su composición del diseño y, sobre todo, por su estilo vanguardista. Fue el primer diseñador de moda de raza negra que consiguió un amplio reconocimiento.

Callot Sœurs (1895–1954)
Casa parisina creada por cuatro hermanas: Marie, Marthe, Régine y Joséphine Callot, que nacieron en Francia en el seno de una familia rusa. Empezaron con una tienda de lencería y encajes en 1888, y en 1895 abrieron su *maison* de alta costura. Como principal diseñadora, la hermana mayor, Marie (Mme Gerber), produjo hermosas prendas con delicados trabajos de encaje y bordado. Las hermanas Callot utilizaban materiales especiales como el encaje antiguo, el terciopelo y la seda china. Solían crear piezas con temas orientales, en muchas de las cuales se puede observar una clara influencia japonesa.

Cardin, Pierre (1922–2020)
Nacido en Italia, este modisto francés empezó su formación en un taller de sastrería a la edad de 17 años. Trabajó para Paquin y Schiaparelli desde 1945. En la casa Dior, participó en la creación del «New Look» que se presentó en 1947 y que tan notable influencia ejerció. Abrió su propia firma en París en 1950. Insatisfecho con la extravagancia y los molestos procedimientos de la alta costura, fue uno de los primeros diseñadores que decidió centrarse en el *prêt-à-porter.* En los años sesenta lanzó una línea de ropa con cremallera en la parte delantera para eliminar el inconveniente de las distinciones de género que implicaba el resto de los sistemas de abrochado. En 1964 su innovadora y futurista Colección de la Era Espacial obtuvo un reconocimiento general e incrementó la popularidad de su marca. Fue un pionero de la industria de la franquicia, y actualmente el nombre Cardin se puede ver en todo el mundo en diferentes productos. En 1992 se convirtió en el primer diseñador que ingresaba en la Academia Francesa de Bellas Artes.

Chalayan, Hussein (n. 1970)
Nacido en Chipre, debutó en Londres en la temporada Otoño/Invierno 1994. Desde entonces, ha creado prendas basadas en temas abstractos de su propia invención. Su principal objetivo es desafiar los conceptos aceptados de la moda; para ello, crea autendos restrictivos que ignoran la relación habitual entre el cuerpo y la ropa.

Chanel, Gabrielle (1883–1971)
Nacida en Saumur, Francia, se la conocía por el apodo de «Coco». Empezó a diseñar sombreros en 1909. En 1916 presentó innovadores y funcionales trajes confeccionados con género de punto, un material barato que en aquella época se solía reservar para la ropa interior. En 1921 abrió una tienda en la

Rue Cambon. Estableció un nuevo concepto de elegancia, dinámico y funcional, adaptando elementos de la moda masculina. Chanel, que tenía una figura esbelta y llevaba el pelo corto al estilo chico, ejerció una gran influencia en los círculos de moda con su aspecto de *garçonne*, la nueva imagen de la mujer dinámica que surgió después de la Primera Guerra Mundial. Tras cerrar su firma durante la Segunda Guerra Mundial, regresó al mundo de la moda a la edad de 71 años. El «traje Chanel», que fue un gran éxito mundial en los años sesenta, restableció la fama de Chanel y hoy día es considerado un icono de la moda femenina del siglo XX. A su muerte, en 1971, Karl Lagerfeld entró en la empresa como diseñador principal y la firma Chanel recuperó su presencia en el mundo de la moda.

Chloé (1952)
Firma establecida en 1952. En el momento más álgido y próspero de la alta costura, Chloé fue una de las primeras marcas que se lanzaron al *prêt-à-porter*. Desde 1963 hasta la colección Primavera/Verano 1984, y desde la colección Primavera/Verano 1993 hasta la de Otoño/Invierno 1997, el diseñador alemán Karl Lagerfeld (1933–2019) estuvo al cargo de la firma. Stella McCartney asumió el puesto de diseñadora hasta la temporada Primavera/Verano 2002. Natacha Ramsay-Levi es la actual encargada.

Courrèges, André (1923–2016)
Nacido en Francia, después de trabajar en la firma Balenciaga abrió su propia casa en 1961. Hacia 1964 adaptó las minifaldas que se llevaban en la calle a una colección de alta costura. Las minifaldas que presentó en 1965 dejaban las rodillas descubiertas por completo y se hicieron enormemente populares en todo el mundo. Así mismo, en 1963 diseñó un conjunto de noche con pantalón, lo cual en aquella época era un verdadero tabú en los círculos de la alta costura. Se apuntó a la ola de la conciencia corporal que surgió en los años sesenta y produjo de forma continuada un gran número de diseños innovadores. A mediados de esa década, igual que Pierre Cardin, utilizó la imagen «cósmica» como tema y diseñó atractivos vestidos futuristas. A finales de los años sesenta empezó a centrarse en la ropa de confección y la producción en masa de vestidos llevables.

Creed (1710–?)
Exclusivo establecimiento londinense para trajes de montar masculinos y femeninos, famoso incluso antes de la Revolución Francesa. En 1854 se abrió una sucursal en París, que alcanzó una gran fama por sus trajes sastre y sus hermosos conjuntos para montar femeninos. Entre sus clientes se contaban la familia real británica, la emperatriz Eugenia y Réjane, una famosa actriz. La marca se vio forzada a cerrar sus dos establecimientos durante la Segunda Guerra Mundial, pero cuando acabó ésta, Charles Creed VII (1909–1966) volvió a abrir la tienda de Londres. Sus elegantes y sofisticados trajes de estilo clásico volvieron a ganarse una buena reputación.

Czeschka, Carl Otto (1878–1960)
Nacido en Viena, estudió en la Akademie der bildenden Künste y empezó su carrera de profesor en escuelas de artes industriales de Viena y Hamburgo. En el otoño de 1905 se incorporó al Wiener Werkstätte y continuó colaborando con él incluso después de mudarse a Hamburgo. Entre su producción destacan muebles, esculturas, objetos lacados, tejidos y joyas.

Delaunay, Sonia (1885–1979)
Nació en Ucrania y en 1905, tras estudiar pintura en San Petersburgo, se trasladó a París; allí se casó con el pintor Robert Delaunay. La pareja experimentó con unas formas de expresión geométricas, rítmicas y abstractas, fuertemente influidas por el cubismo. Sonia se dio cuenta de que cualquier objeto de la vida cotidiana podía convertirse en una creación artística, e intentó unificar arte y moda reproduciendo pinturas abstractas de colores intensos sobre tejidos y confeccionando con ellos prendas de diseño innovador.

Dior, Christian (1905–1957)
Nacido en Francia, trabajó como marchante de arte y después se formó como modisto en Piguet y Lelong. En 1946 abrió su propia casa en París, patrocinada por Boussac, el «rey del algodón». Su creación de 1947, con una falda muy acampanada y una silueta nostálgica, fue una sensación mundial y rápidamente se le dio el nombre de «New Look». Revitalizó la alta costura parisina, que había perdido prestigio después de la guerra. En los diez años anteriores a su muerte, a la edad de 52 años, produjo consecutivamente las líneas «tulipán», «H», «A», «Y» y otras, y lideró la tendencia contemporánea de la moda en los años cincuenta. Tras su muerte, Yves Saint Laurent, Marc Bohan, Gianfranco Ferré y otros diseñadores crearon sucesivamente diseños para la firma. John Galliano fue director creativo de Dior de 1997 a 2011.

Doucet, Jacques (1853–1929)
Nacido en París, transformó la tienda de lencería de su familia en una casa de alta costura. Confeccionó elegantes vestidos con profusión de encajes y otros tipos de adorno. Gozaba del favor de las casas reales

de todo el mundo y de mujeres célebres de la sociedad parisina, como Réjane y Sarah Bernhardt. Trabajaba con colores suaves y materiales sedosos, y utilizaba la piel como un tejido liviano. Su estilo fue un modelo de la compleja femineidad de la *belle époque*. Era bien conocido como patrocinador de ilustradores de moda y como coleccionista de arte rococó, y su descubrimiento del talento del joven Paul Poiret es legendario. Tras la muerte de Doucet, la firma se fusionó con Doeuillet, y la empresa resultante, Doucet-Doeuillet, siguió en pie hasta los años treinta.

Dubois (fechas desconocidas)
Se desconocen los detalles. Era una casa francesa que vendió vestidos y abrigos durante la segunda mitad del siglo XIX en el 29 de la Avenue Wagram de París.

Dunand, Jean (1877–1942)
Nacido en Suiza, su punto fuerte era el trabajo con laca. Fue un escultor y artista representativo del movimiento art déco francés. Sus primeros trabajos fueron ornamentos hechos de latón, pero después se introdujo en la técnica tradicional del trabajo lacado de la mano de unos artistas industriales japoneses, y eso le llevó a aplicar laca a objetos metálicos. Pintó dibujos geométricos con los colores típicos de la laca japonesa, conjugando así los motivos art déco con los colores orientales. Es famoso por sus meticulosos y complejos métodos, como su técnica de decoración que consiste en mezclar con la laca pequeñas astillas de cáscara de huevo.

Mrs. Evans (fechas desconocidas)
Se desconocen los detalles. En la década de 1880 esta casa estaba situada en el 52 & 53 de Sloane Street, en Londres.

Fath, Jacques (1912–1954)
Nacido en Francia, fundó su empresa en 1937. Su firma fue creciendo hasta alcanzar un volumen de negocio considerable tras la Segunda Guerra Mundial. En 1948 se asoció con Joseph Halpert Inc., un gran fabricante americano de ropa de confección, y fue uno de los primeros en pasarse al *prêt-à-porter*. Fath llegó a ser muy famoso en Estados Unidos. Se especializó en producir vestidos de líneas suaves y formas estructuradas. La firma cerró en 1957.

Flögl, Mathilde (1893–1958)
Nacida en Austria, Flögl estudió en la Akademie der bildenden Künste y fue miembro del Wiener Werkstätte. De 1916 a 1931 fue una creadora independiente de artesanía de madera, cerámica, artículos *cloisonné*, cristal decorativo, accesorios, ropa, tejidos, papel pintado, etc.

Ford, Tom (n. 1961)
Nacido en Texas, Tom estudio en la Parsons School of Design de Nueva York. En 1990 entró a trabajar en la firma italiana Gucci, y en 1994 se convirtió en su director creativo. El paso de Gucci a un estilo moderno y sexy fue debido en gran parte a su propia fórmula de combinar ciertos elementos de los años sesenta y setenta. De 2001 a 2004 diseñó también las líneas de *prêt-à-porter* de Yves Saint Laurent.

Fortuny, Mariano (1871–1949)
Nacido en España, Fortuny trabajó en varios campos, incluidos los de la pintura, el diseño de ropa, la escenografía y la iluminación. En 1889 se mudó a Venecia, y en la década siguiente empezó a crear tejidos y vestidos con motivos medievales, renacentistas y orientales estarcidos en oro y plata. Se cree que sus creaciones son uno de los temas en torno a los cuales se desarrolla la obra de Proust *En busca del tiempo perdido*. Hacia 1907 empezó a producir el «Delphos», un vestido al estilo de los antiguos griegos para el que utilizaba delicadas telas de seda china y japonesa plisadas. Los pliegues caían con suavidad desde los hombros y cubrían el cuerpo de una manera muy sensual; el resultado fue la creación de una forma totalmente diferente. Las formas que Fortuny inventó, conscientes del cuerpo femenino, fueron precursoras de las tendencias de la moda del siglo XX y han seguido ejerciendo su influencia hasta hoy.

Galante, Maurizio (n. 1963)
Nacido en Italia, debutó en Milán en 1987. Presentó su colección por primera vez en París en la temporada Otoño/Invierno 1991; dos años más tarde, en 1993, entró en el circuito de la alta costura con la colección Otoño/Invierno. Su obra busca formas simples, al tiempo que explora nuevas fórmulas de expresión de los tejidos mediante la utilización de materiales especiales.

Gallenga, Maria Monaci (1880–1944)
Nacida en Italia, empezó a confeccionar vestidos en 1914 y abrió sus talleres en Roma y Florencia a principios de los años veinte. Estaba comprometida con los prerrafaelistas y producía vestidos «medievalistas» con unos estampados estarcidos influidos por Fortuny. En 1925 sus estampados recibieron una medalla de oro en la Exposition des Arts Décoratifs. Se retiró en 1938.

Galliano, John (n. 1960)
Inglés gibraltareño, en 1984 su colección de
graduación de la St. Martin's School of Art de
Londres atrajo la atención de los entendidos. Se
trasladó a París para la temporada Otoño/Invierno
1990. Fue diseñador para Givenchy en 1996, y en
1997 pasó a Dior. Galliano convierte trajes históricos
y atuendos étnicos en moda cotidiana vanguardista.
También es conocido por la espectacular puesta en
escena de sus fastuosos desfiles.

Gaultier, Jean-Paul (n. 1952)
Nació en París. Después de trabajar con Cardin y
Patou, en 1976 presentó su primera colección de
prêt-à-porter en París. Desde entonces ha propuesto
una moda con un claro mensaje social. Para la
colección Primavera/Verano 1983, recreó la ropa
interior para su uso exterior utilizando el corsé.
Esta moda se erigió en la indumentaria de la mujer
funcional y liberada. En su colección Primavera/
Verano 1985 presentó una moda andrógina que
difuminaba las fronteras entre lo masculino y lo
femenino. Con su desbordante imaginación,
reconfiguró prendas históricas y trajes no
occidentales en estilos novedosos. Para la temporada
Primavera/Verano 1997 lanzó una colección de alta
costura. Gaultier aúna la moda de la calle y la
tradicional con las mejores técnicas y materiales.

Gernreich, Rudi (1922–1985)
Nacido en Austria, este antiguo bailarín y diseñador
de trajes para la escena empezó su carrera como
diseñador de moda en Nueva York, en 1948, y en
1958 se independizó. Después de la moda de rígida
construcción de los años cincuenta, Rudi se inclinó
por otra más juvenil y liberadora del cuerpo, y en
los sesenta produjo obras que lo realzaban. En 1964
el «monokini», un bikini sin la parte superior, causó
un gran escándalo; en los años siguientes Gernreich
siguió presentando obras que representaban con
contundencia su nuevo concepto del cuerpo, como
los «sujetadores sin sujetador» del año 1965.
En los setenta produjo moda unisex que eliminaba
las diferencias de género. Intentó liberar el cuerpo
mediante su propio y exclusivo enfoque, ignorando
los conceptos convencionales.

Gigli, Romeo (n. 1950)
Nació en Italia y presentó su primera colección en
Milán para la temporada Primavera/Verano 1983.
Sus primeras obras, que envolvían suavemente el
cuerpo femenino con sus colores fuertes
característicos, se oponían a la arraigada imagen de
la moda contemporánea de Milán, que en esa época
hacía hincapié en las amplias hombreras. Con la

colección Otoño/Invierno 1989, Gigli empezó a
presentar su creación en París, donde produjo obras
decorativas y de vivos colores. Su obra está muy
influida por los estilos étnicos.

Givenchy (1952)
Firma establecida en 1952 por el diseñador francés
Hubert de Givenchy (n. 1927). Celebridades de todo
el mundo, como Audrey Hepburn, se mostraban
encantadas con su estilo refinado y elegante.
Givenchy es una de las *maisons* más representativas
de la edad de oro de la alta costura. Cuando
Givenchy se retiró, en 1995, se contrató a
diseñadores como John Galliano y Alexander
McQueen. Desde la colección Primavera/Verano
2002, Julien McDonald se encarga del diseño de
Givenchy.

Grès, Alix (1903–1993)
Nacida en París, se la conoce más como Madame
Grès. Tras renunciar a su sueño de ser escultora,
abrió su tienda, Alix, en 1934. Durante la Segunda
Guerra Mundial (1939) cesó su actividad, pero tres
años más tarde, en 1941, abrió de nuevo su
establecimiento bajo el pseudónimo de su marido,
«Grès». Era conocida por sus delicados vestidos con
hermosos drapeados de punto de seda. Imitó la
belleza perfectamente moldeada de las antiguas
estatuas griegas con sus maravillosos drapeados.

Gucci (1921)
Firma de moda italiana de artículos de piel.
En 1921 Guccio Gucci abrió una talabartería en
Florencia, y hacia los años cincuenta la tienda había
evolucionado hasta convertirse en una de las más
representativas de todas las marcas italianas. El
negocio declinó después de los ochenta, pero de
1994 a 2004 Tom Ford, diseñador americano, se
convirtió en el director creativo de la compañía y
supervisó todos los diseños Gucci. La tradicional
etiqueta Gucci renació como marca vanguardista
y exclusiva.

Hechter, Daniel (n. 1938)
Nacido en Francia, abrió su primera boutique en
1962. En 1966, trabajando con Scott, un fabricante
americano de papel, presentó un vestido de papel
confeccionado con una tela no tejida que atrajo
gran atención como obra vanguardista. Es conocido
por su uso de colores vivos y su estilo práctico y
refinado inspirado en la ropa deportiva y de
trabajo. Fue líder del *prêt-à-porter* a finales de los
sesenta y principios de los setenta. La marca se
mantuvo después de la muerte de Hechter en
1999.

Iida Takashimaya (1831)
Tienda japonesa. En 1831, Shinshichi Iida I abrió una tienda en Karasuma, Kyoto, donde se vendía ropa usada y algodón. Más tarde, uno de sus principales artículos de venta fueron los tejidos para kimonos. En el año 1900 abrieron una sucursal en Tokio y otra en Yokohama para dedicarla a la exportación, y en 1918 fundaron una sociedad anónima. En 1922 empezaron a funcionar como un gran almacén en un nuevo establecimiento situado en Osaka. Tomaron la iniciativa en la creación de productos para extranjeros, que presentaron en varias exposiciones mundiales. En sus tiendas de Japón también vendían a los turistas extranjeros tejidos de seda especiales para vestidos o batas occidentales estilo kimono. En 1899 abrieron una oficina en Lyon y fundaron Takashimaya Iida Inc., una compañía independiente que surgió de su departamento de exportación. Takashimaya sigue siendo uno de los grandes almacenes más representativos del Japón actual.

Jenny (1909–1940)
Firma parisina fundada por Jeanne-Adèle Bernard (1872–1962), conocida como Jenny. Sus vestidos eran elegantes pero sencillos y agradables de llevar. Una buena dirección empresarial hizo que la firma adquiriera fama en todo el mundo. La casa seguía siendo popular durante la Primera Guerra Mundial, pero en los años treinta su prosperidad declinó. Cerró en 1940.

Kawakubo, Rei (n. 1942)
Nacida en Japón, en 1975 Kawakubo presentó su colección Comme des Garçons en Tokio. En 1981 debutó en París. En su colección Primavera/Verano 1983, su imagen de «mendigo» causó sensación. Su método de crear vestidos es diferente al de sus predecesores y encarna una estética exclusivamente japonesa: utiliza materiales desnudos muy poco adornados. Desde siempre ha cuestionado la moda, un fenómeno que fluye constantemente y nunca se detiene (es decir, nuestra aceptación inconsciente del actual sentido de la estética), e inventa cosas absolutamente originales. Las creaciones de Kawakubo desestabilizan las ideas fijas de los espectadores y han ejercido una gran influencia en las jóvenes generaciones de diseñadores surgidas después de los años ochenta.

Khanh, Emmanuelle (1937–2017)
Nació en París. Después de trabajar como modelo, empezó su carrera de diseñadora en 1961. Trabajó para varias tiendas, y en 1964 presentó por primera vez su propia colección de *prêt-à-porter*. Fundó su firma en 1970. Decididamente contraria a la alta costura, lideró el *prêt-à-porter*, ofreciendo ropa más económica e informal a la gente joven. Es muy conocida por sus creaciones, en las que emplea técnicas artesanales como las aplicaciones y el bordado.

Kumagai, Tokio (1947–1987)
Nacido en Japón, después de 1970 trabajó principalmente en París. Presentó su primera colección de ropa para hombre en 1980, y después pasó a trabajar como diseñador de calzado a gran escala. Sus piezas eran diseños únicos, como obras de arte de gran imaginación. Propuso el concepto del calzado como obra artística que se puede utilizar en la vida cotidiana.

Lacroix, Christian (n. 1951)
Nació en Francia. Después de trabajar para Patou y otras compañías, abrió su propia casa de alta costura en 1987. A finales de los ochenta, cuando los estilos simples o minimalistas dominaban los círculos de la moda, su atrevida y extravagante ornamentación y sus vivos colores insuflaron nueva vida a la moda. Desde 1989 se dedicó al *prêt-à-porter*. La casa se cerró después de la Colección Haute Couture 2009 de París de Otoño/Invierno.

Laforcade (fechas desconocidas)
Se desconocen los detalles. La empresa estuvo en activo durante la década de 1880 en el 59 de Fifth Avenue, en Nueva York.

Lagerfeld, Karl (1933–2019)
Nació en Hamburgo y se trasladó a París en 1952. Después de trabajar para casas de alta costura como Pierre Balmain, diseñó para Fendi, Chloé y otras firmas a partir de los años sesenta. Fue conocido por su habilidad para intuir las nuevas tendencias. En 1983 se convirtió en director de diseño de Chanel y reformó su imagen tradicional. En 1984 lanzó por primera vez su propia colección.

Lanvin, Jeanne (1867–1946)
Nacida en Francia, abrió una tienda de sombreros en París en 1888 y otra especializada en combinar prendas para madres e hijas en 1890; este segundo establecimiento evolucionó hasta convertirse en una casa de alta costura. Presentó sus *robes de style*, con amplias faldas y talle estrecho, inspiradas en los estilos del siglo XVIII, y sus «vestidos cuadro» basados en formas victorianas y con gran profusión de bordados. En una época en la que otros diseñadores tendían más hacia la modernidad, sus románticas creaciones fueron muy apreciadas.

El elegante y sofisticado estilo de sus obras está respaldado por una amplia experiencia en la confección y unos magníficos bordados. Su recurrente utilización de un tono concreto de azul creó el llamado «azul Lanvin». La empresa sigue en activo, el diseñador es Alber Elbaz.

Le Monnier (1921–?)

Tienda de sombreros abierta en 1921 por Jeanne Le Monnier, quien nació en París en 1887. El establecimiento estaba situado en el 231 de la Rue Saint Honoré de París. Los hermosos bordados y diseños de Le Monnier gozaban de una excelente reputación, especialmente en los años treinta.

Lelong, Lucien (1889–1958)

Nacido en París, abrió una tienda en 1919. Fue muy admirado por su técnica y por unas obras que realzaban la belleza del material más que la originalidad del diseño. Empezó a producir ropa de confección en 1934. Fue el presidente de la Chambre Syndicale de la Couture de 1937 a 1947, y realizó grandes esfuerzos para garantizar la supervivencia de la alta costura parisina durante la Segunda Guerra Mundial.

Herbert Levine, Inc. (1948–1975)

Compañía dedicada a la producción de calzado, fundada en Estados Unidos en 1948 por el matrimonio Herbert y Beth Levine. Los fantásticos y exclusivos diseños que Beth Levine creaba con alegría e inspiración pop llegaron a ser muy populares, especialmente en Estados Unidos.

Liberty & Co. (1875)

En 1875, Arthur L. Liberty (1843–1917) fundó la East India House, que trababa con sedas y artesanía orientales en Londres. Más adelante el nombre cambió a Liberty & Co. En 1884 Liberty abrió una nueva sección de ropa femenina y promocionó una moda que iba en pos de la belleza universal. En 1889 participó en la Gran Exposición de París y adquirió gran popularidad; así mismo, ejerció una gran influencia en la creación del modernismo.
Fue la primera firma del mundo en proponer el concepto «estilo de vida», y estableció el nuevo «estilo Liberty», que otorgaba calidad artística a los objetos cotidianos. En el siglo XX la compañía estuvo en primera línea de la tecnología textil, utilizando por ejemplo la estampación con bloques de madera para producir diseños de tipo paisley.

Likarz, Maria (1893–1971)

Estudió con Josef Hoffmann y otros profesores en la Escuela de Arte y Artesanía de Viena (Akademie der bildenden Künste), y fue miembro del Wiener Werkstätte de 1912 a 1914, y de nuevo de 1920 a 1931. Creó obras de diseño gráfico, alfarería y *cloisonné*. También participó en la producción de un libro de bosquejos de moda: *Die Mode 1914/15*.

Linker, Amy (fechas desconocidas)

Se desconocen los detalles. Su casa estaba en la Rue Auber de París. Su obra y sus anuncios publicitarios aparecieron en las revistas de moda entre las décadas de 1910 y 1950.

Lucile (Lady Duff Gordon) (1863–1935)

Nacida en Londres, Lucile abrió una tienda de ropa para mujer junto con su madre en la década de 1890; más tarde, estableció sucursales en Nueva York, París y otras ciudades. Entre sus clientes se contaban los miembros de la clase alta. El estilo de sus creaciones era romántico y espectacular.

Maki, Hiroshige (n. 1957)

En 1989 lanzó su propia marca, Gomme, después de trabajar en Y's, una firma japonesa propiedad de Yohji Yamamoto. Gomme, que significa «goma» en francés, representa el tema de sus diseños: su objetivo es producir ropa que se ajuste tanto al cuerpo como un envoltorio de goma. Debutó en la Tokyo Collection en 1993 y en las pasarelas parisinas en 1998. Intenta producir prendas que expresen reacciones al movimiento corporal, y mostrar la belleza del cuerpo sin ocultar sus características individuales.

Margiela, Martin (n. 1957)

Nació en Bélgica y tras graduarse en la Real Academia de las Artes de Amberes, en 1984 empezó a trabajar con Jean-Paul Gaultier como ayudante de diseño. Posteriormente, en la temporada Primavera/Verano 1988, debutó en París e inauguró la Casa Martin Margiela. Su estilo asumió el liderazgo del movimiento *grunge* a principios de los noventa. Confeccionaba prendas deconstruyendo artículos adquiridos en mercadillos o bien pintándolos de manera burda. Su obra es un desafío al sistema de la moda, que continuamente produce elementos nuevos; crea ropa desde su exclusivo punto de vista, recicla prendas usadas y rehace sus antiguas creaciones. No utiliza el sistema tradicional de la pasarela, sino que presenta su obra con una innovadora dirección escénica. Por su fidelidad a su propio estilo vanguardista, la moda belga ha adquirido una nueva respetabilidad. De 1998 a 2004 fue director creativo de la línea femenina de *prêt-à-porter* de Hermès.

Marni (1994)

Firma establecida en 1994 por la diseñadora suiza Consuelo Castiglioni, que había trabajado en la compañía de peletería de su suegro. El estilo Marni es romántico y de tonos suaves. Al contrario que la moda urbana contemporánea, minimalista, han creado vestidos con aspecto artesanal, expresado mediante volantes, *patchwork*, bordados, etc., su estilo ha atraído poderosamente la atención.

Jane Mason & Co. (fechas desconocidas)

Se desconocen los detalles. La firma estaba situada en el 159 & 160 de Oxford Street, Londres.

Matsushima, Masaki (n. 1963)

Nacido en Japón, en 1985 Matsushima entró a trabajar en la Tokio Kumagai International Co. Ltd. Después de asumir el puesto del fallecido Kumagai como diseñador, presentó una colección con su propio nombre para la temporada Primavera/Verano 1993. Desde 1995, participa en las colecciones parisinas. Siempre intenta buscar materiales originales e innovadores.

McCardell, Claire (1905–1958)

Nacida en Estados Unidos, en 1940 empezó a diseñar ropa para su propia firma en Townley Frocks Inc., una compañía de ropa de confección neoyorquina. Intentó crear una indumentaria cómoda que favoreciera el movimiento del cuerpo. El traje de baño en forma de pañal que presentó en 1937 se convirtió en su estilo básico y fue evolucionando hasta llegar a la forma de mamelucos. Con un estilo simple y funcional, utilizaba materiales entonces infravalorados como el algodón, la tela vaquera, la zaraza, el género de punto, etc. En los años cincuenta desdibujó las fronteras entre la ropa diurna y nocturna, confeccionando vestidos con calicó y trajes infantiles informales de seda. Sus creaciones cultivaban el concepto de ropa informal y estableció el fresco, innovador y juvenil «American Look».

Sus prendas prácticas y sencillas, de construcción simple, ejercieron una gran influencia en la posterior evolución de la ropa de confección.

McQueen, Alexander (1969–2010)

Nacido en Inglaterra, después de aprender las técnicas de sastrería en Savile Row debutó con su propia marca en 1993. McQueen absorbió la firma Givenchy: empezó con la colección Primavera/Verano 1997 y siguió hasta la de Otoño/Invierno 2001. Las creaciones de McQueen, únicas e innovadoras, llevaron al resurgimiento de Givenchy.

Sus obras ostentan una línea estructural, como su perfecto traje sastre.

Misses Turner (fechas desconocidas)

Se desconocen los detalles. La casa estuvo en activo en la década de 1870 en el 151 de Sloane Street, en Londres.

Miu Miu (1994)

Marca de Prada para la generación más joven que empezó como línea de difusión en 1994.

Miyake, Issey (n. 1938)

Nacido en Japón, Miyake presentó sus primeras colecciones en Nueva York (1971) y en París (1972). Desde su línea titulada «A Piece of Cloth», presentada en 1976 y en la que mostró por primera vez su personal visión de la relación entre el tejido, bidimensional, y el cuerpo humano, tridimensional, éste ha sido el concepto principal subyacente en todos sus diseños. Desde 1988 ha venido produciendo vestidos con pliegues. Sus «Pleats Please» (Pliegues, por favor) se pueden considerar un producto industrial de gran calidad que combina material, forma y función de una manera orgánica original. Las prendas de Pleats Please combinan el sentido práctico con la calidad artística, y son adecuadas para el estilo de vida de las mujeres contemporáneas. En la colección Primavera/Verano 1999 presentó la línea «A-POC», que fusiona la tecnología informática de vanguardia con el género de punto, una técnica tradicional de elaborar tejido. Miyake considera que las camisetas y los pantalones vaqueros pueden ser un atuendo ideal, y está comprometido con un tipo de ropa que resulte funcional para la vida cotidiana y que se pueda producir en grandes cantidades. Debido a ello, su obra se adapta admirablemente a la vida contemporánea.

Molyneux, Edward (1891–1974)

Nació en Inglaterra y en 1919 abrió su establecimiento en París. A finales de los años treinta estaba establecido en Londres, pero regresó a París después de 1945. Su clientela de clase alta, entre la que se contaban muchas actrices, se sentía atraída por sus formas simples y elegantes y su estilo sofisticado. Aunque se retiró en 1950, volvió a abrir su tienda de París en 1965 y trabajó con ropa de confección en Estados Unidos.

Montana, Claude (n. 1949)

Nacido en Francia, tras una carrera que incluyó trabajar como diseñador para una compañía de artículos de piel, presentó su primera colección en

1977. Creó ropa dinámica y resistente para mujeres trabajadoras, que en los años ochenta se estaban abriendo camino en el mundo de los negocios. Su impactante silueta de hombros cuadrados, junto a la obra de otros diseñadores como Thierry Mugler, lideró la moda contemporánea.

Mugler, Thierry (1948–2022)

Nacido en Francia, Mugler debutó en las pasarelas parisinas en la temporada Primavera/Verano 1975. Sus obras expresan un estilo sexy y una conciencia corporal que realzan el cuerpo femenino. La clara y expresiva silueta de Mugler, con sus característicos hombros anchos y cintura entallada, gozó de una enorme popularidad en los años ochenta, una época que exigía una imagen impactante para la mujer. Sus creaciones también se hicieron famosas por sus vivos colores, su corte atrevido y el frecuente uso de inusuales materiales duros, como el metal o la piel de reptiles.

Paquin, Jeanne (1869–1936)

Nacida en Francia, después de formarse en Rouff abrió una tienda en París en 1891. Sus vestidos lujosos, románticos y bien confeccionados, con drapeados, eran muy apreciados por las mujeres ricas y las actrices en los círculos de la moda de principios del siglo XX. Su establecimiento era típico de la época. Ella fue la directora del departamento de indumentaria de la Gran Exposición de París de 1900. Avanzándose a otros diseñadores, abrió sucursales en muchas ciudades de todo el mundo, empezando por Londres. Su casa también era famosa por su departamento de lencería y su sección de peletería a gran escala. La firma continuó tras su retiro en 1920 y cerró en 1954.

Patou, Jean (1880–1936)

Nació en Francia y en 1912 abrió la Maison Parry, su tienda de ropa femenina en París. Después de participar en la Primera Guerra Mundial, en 1919 inauguró su salón, que llevaba su nombre. A principios de los años veinte diseñó vestidos para la estrella del tenis Suzanne Lenglen, y fue pionero en el campo de la ropa deportiva elegante. Sus trajes y vestidos diseñados según el espíritu de la ropa deportiva fueron adoptados por las mujeres de vida activa de los años veinte, conocidas como *garçonnes*. Trabajó con el fabricante textil francés Bianchini-Férier, entre otros, en el desarrollo de nuevos materiales para trajes de baño y ropa deportiva.

Peche, Dagobert (1887–1923)

Nacido en Austria, Peche empezó a trabajar en el Wiener Werkstätte en 1915 y continuó hasta convertirse en uno de los diseñadores más importantes del último período de dicho taller. Sus creaciones abarcan varios campos: decoración de interiores, artes escénicas, artículos de plata, bordados, ropa, etc., y actualmente su exclusivo y dinámico estilo decorativo vuelve a ser muy apreciado.

Perugia, André (1893–1977)

Nació en Italia y se crió en Niza. Se formó con su padre, que era zapatero, hasta la edad de 16 años. A principios de su carrera obtuvo cierto reconocimiento diseñando zapatos para Poiret. En el año 1920 se independizó en París y suministró calzado de diseño artísitico a Chanel y Schiaparelli, entre otros. Después de la Segunda Guerra Mundial siguió produciendo calzado para los principales modistos.

Piguet, Robert (1898–1953)

Nacido en Suiza, después de formarse en París desde 1918, en 1933 decidió independizarse. Trabajó principalmente en la década de 1930, creando vestidos largos de estilo romántico y línea esbelta, así como trajes. Era amigo íntimo de varios escritores y artistas y confeccionó muchos trajes para obras teatrales.

Pingat, Emile (fechas desconocidas)

Se desconocen los detalles. Abrió su establecimiento en la década de 1860. Su principal período de actividad se extendió entre 1860 y 1896, en coincidencia con el período álgido de Worth, otro prominente diseñador. Sus elegantes creaciones, expresión de su delicada sensibiliad, eran populares en Estados Unidos.

Poiret, Paul (1879–1944)

Nacido en París, trabajó para Doucet y Worth antes de abrir su propia casa en 1903. En 1906 presentó un vestido de forma recta y cintura alta que liberaba a las mujeres del restrictivo corsé. Influido por el japonismo y los Ballets Rusos, creó una sucesión de modas orientales: el abrigo kimono, el vestido de medio paso, el estilo pantalla de lámpara y otros. Debido a sus extravagantes y espectaculares obras, de colores atrevidos, se ganó el sobrenombre de «El sultán de la moda». A principios del siglo XX adaptó gustosamente las tendencias de la época y orientó la moda hacia una nueva dirección. También es conocido por ser el fundador de la École Martine, un taller textil para muchachas, y por haber patrocinado a numerosos artistas jóvenes, como Raoul Dufy. Su influencia declinó después de la Primera Guerra Mundial.

Porter, Thea (1927–2000)

Nacida en Siria, se fue trasladando de lugar en lugar por Oriente Medio antes de asentarse definitivamente en Londres, en 1966. El conocido estilo de Porter contiene elementos de diversos estilos, como el oriental, el gótico y el victoriano. En especial, su obra realizada con bordados y adornos étnicos, así como su línea vaporosa, sintonizaron con el movimiento hippie de finales de los años sesenta y se hicieron enormemente populares en Estados Unidos.

Prada (1913)

Prada, una casa de moda italiana que originalmente trabajaba con artículos de piel, emprendió un nuevo camino cuando Miuccia Prada (nacida en 1949) asumió la dirección en 1978 y presentó una serie de bolsos de nailon de gran funcionalidad. En 1988 lanzó su primera línea de *prêt-à-porter*. Sus vestidos son recombinaciones modernas que conservan la esencia de la ropa tradicional, y su obra ha gozado de un éxito generalizado gracias a su estilo típicamente minimalista, que ha transformado la anterior imagen de la moda de Milán.

Pucci, Emilio (1914–1992)

Nacido en Italia, en los años cincuenta su ropa deportiva fue muy apreciada. En los sesenta, sus prendas estampadas con colores psicodélicos y atrevidos motivos se convirtieron en tendencia universal de la moda. A finales del siglo XX sus exclusivas e inconfundibles creaciones fueron retomadas para una nueva era posmoderna.

Rabanne, Paco (n. 1934)

Nacido en España, tuvo un impactante debut en las colecciones parisinas Primavera/Verano 1966, con vestidos realizados con discos de plástico unidos por finos anillos metálicos. Su revolucionaria técnica de «costura» sin tejido, hilo ni aguja recibió el nombre de «la confección con tornillos y alicates». Los años sesenta fueron un período en el que muchos artistas abandonaron las técnicas y materiales tradicionales para emprender nuevos experimentos. Rabanne creó una sucesión de prendas totalmente novedosas que causaron sensación.

Reboux, Caroline (1837–1927)

Diseñadora de sombreros nacida en París, abrió su tienda en esa ciudad hacia 1870. En la década de 1920, con sus sencillas creaciones, generalmente realizadas con fieltro, se convirtió en una de las principales figuras de la sombrerería parisina. Suministró sombreros a Vionnet y a otros diseñadores.

Redfern (década de 1850–década de 1920)

Tienda de costura famosa por sus trajes sastre. El inglés John Redfern (1820–1895) trabajó como comerciante de paños en la isla de Wight desde la década de 1850. En 1881 estableció su negocio en Londres y París; más tarde, abrió sucursales en Nueva York y otras ciudades. En 1888 fue nombrado modisto de la reina Victoria, y la fama de su tienda, que producía trajes sastre y ropa deportiva, se vio consolidada. En 1916 diseñó el primer uniforme femenino para la Cruz Roja.

Rix (-Ueno), Felice (1893–1967)

Nacida en Viena, tras estudiar con Josef Hoffmann, entre otros, Rix creó diseños decorativos para papeles pintados, tejidos, etc. en el Wiener Werkstätte. Su punto fuerte era el diseño bidimensional con colores vivos y líneas finas. Casada con un japonés, en 1935 se estableció en Kyoto, donde siguió diseñando, en especial para decoración de interiores, y fundó la Escuela de Arte Municipal de Kyoto.

Peter Robinson Ltd. (fechas desconocidas)

Se desconocen los detalles. Esta casa trabajó durante la década de 1860 en la Regent Street de Londres.

Rodrigues, N. (fechas desconocidas)

Se desconocen los detalles. Era una firma parisina que llevó a cabo su actividad a finales del siglo XIX.

Rouff (fechas desconocidas)

Se desconocen los detalles. Esta firma parisina de la segunda mitad del siglo XIX estaba situada en el Boulevard Haussmann. Se cree que Jeanne Paquin se formó allí. (No hay que confundirla con Maggy Rouff, una casa bien conocida de principios del siglo XX.)

Rykiel, Sonia (1930–2016)

Nacida en París, en 1968 abrió una boutique en esa ciudad y sus originales e imaginativos suéteres pronto se hicieron populares. Aunque el género de punto ya se usaba habitualmente en aquella época, ella lo transformó en ropa de moda, por lo que se ganó el sobrenombre de «la reina del género de punto». Inventó una técnica revolucionaria, llamada «Sans Couture», en que las costuras y dobladillos de las prendas quedaban en la parte exterior. Las formas generales de sus creaciones son sencillas y utilizan tonos discretos sobre una base negra. Describió sus propias actividades creativas como «démodé» (pasadas de moda) y gozó del apoyo de muchas mujeres porque las animaba a vestir siguiendo su propio estilo.

Saint Laurent, Yves (1936–2008)
Modisto francés nacido en Argelia. En 1954 fue
contratado por Christian Dior, que tenía puestas
grandes esperanzas en su joven protegido. La
repentina muerte de Dior, en 1957, hizo que, a la
edad de 21 años, asumiera las riendas de la firma.
En 1958 presentó la línea «Campana», un nuevo
concepto que expresaba la abstracción del cuerpo
humano. En 1961 fundó su propia firma y presentó
su primera colección. En 1965 adaptó las pinturas
abstractas geométricas a sus vestidos, y su «Imagen
Mondrian» ejerció una gran influencia. Al año
siguiente su tema fue el «pop art», y durante los
años setenta y ochenta siguió creando obras
relacionadas con la pintura. Con colecciones como
«Tuxedo Look» (1966) y «Safari Look» (1968),
adaptó el estilo de la ropa de hombre a la moda
femenina y fue un pionero del concepto unisex.
Así mismo, con su «See-Through» (trasparente), un
estilo extremadamente vanguardista que presentó en
1968, predijo que el cuerpo en sí sería objeto de
expresión en épocas venideras. También, consciente
de los drásticos cambios que estaban teniendo lugar
en la sociedad de consumo de los años sesenta, abrió
una tienda de *prêt-à-porter*, Rive Gauche. Siempre
percibía con exactitud el estilo que cada nueva era
exigía, y es evidente que marcó el rumbo de la moda
de finales del siglo XX. En la temporada Primavera/
Verano de 2002 presentó su última colección.

Sander, Jil (n. 1943)
Nacida en Alemania, después de trabajar en la
industria de la moda en Hamburgo debutó en las
colecciones Otoño/Invierno de Milán, en 1985.
Las características principales de su obra son la
utilización de materiales elegantes y de gran calidad,
la elección de tonos discretos, como el azul oscuro
y el negro, y el diseño minimalista, que consigue
reduciendo los adornos superfluos. Cuando su
compañía se fusionó con Prada y después de
presentar la colección Otoño/Invierno 2000, dejó
de trabajar como diseñadora. En febrero de 2012
volvió a trabajar en las empresas que había fundado
44 años atrás.

Sant'Angelo, Giorgio (1936–1989)
Nacido en Italia, abrió una tienda de ropa de
confección en Nueva York. Su estilo folclórico y de
inspiración gitana, con brillantes colores y múltiples
capas, estuvo muy influido por el movimiento
hippie y atrajo considerablemente la atención a
finales de los sesenta y principios de los setenta.
Empezó a utilizar fibras artificiales, en especial
tejidos elásticos, mucho antes de que lo hicieran
otros diseñadores.

Schiaparelli, Elsa (1890–1973)
Nacida en Roma, en 1927 abrió una tienda, Pour le
Sport (Para el deporte) en París. Atrajo la atención
del público por primera vez con un suéter negro
tejido con un efecto trampantojo de un lazo blanco.
Su firma, Schaparelli, fue inaugurada en 1935.
Trabajó principalmente durante la década de 1930,
cuando adaptó varios elementos artísticos a la moda.
Creó ingeniosos vestidos gracias al eficaz uso de
nuevos materiales artificiales. Amiga íntima de Dalí,
la principal figura del surrealismo, Cocteau, Picabia,
Bérard y otros artistas contemporáneos, produjo
muchas obras en colaboración con ellos. Un tono
rosa creado con la ayuda de Bérard recibió el nombre
de «rosa chillón» y se hizo famoso. Su casa de alta
costura cerró en 1954 y durante un tiempo se dedicó
exclusivamente a los accesorios y los perfumes.

Shiino Shobey Silk Store (1864–1923)
Típica compañía japonesa de exportación de tejidos
de seda, ubicada en Yokohama en la primera época
del período Meiji (1867–1912) y fundada por Shiino
Shobey (1839–1900). Vendían tejidos de seda a
residentes extranjeros en Japón. Tras su participación
en la Exposición Mundial de Viena de 1873, crearon
y exportaron artículos de seda para el mercado
europeo.

Takada, Kenzo (1939–2020)
Nacido en Japón, en 1965 se trasladó a vivir a
Francia. En 1970 abrió en París su propia tienda
de *prêt-à-porter*, Jungle Jap. Inspirándose en los
atuendos tradicionales japoneses como el kimono
de uso cotidiano y la ropa de los campesinos, los
transformó en prendas occidentales exclusivas que
causaron sensación; en 1970 aparecieron en la
portada de *Elle*. Sus provocativos vestidos de capas,
que combinan libremente una gran variedad de
dibujos, colores y formas, ejercieron un gran
impacto en la moda occidental, más estructurada.
En sintonía con la tendencia de una moda informal
y libre, llamada *déstructuré*, sus creaciones abrieron
el camino a la moda de los años setenta. Más tarde
buscó inspiración en indumentarias étnicas de todo
el mundo y afianzó su posición como diseñador en
París con unas creaciones hábilmente conjuntadas
y coloridas. Takada se retiró como diseñador de
moda tras presentar su colección Primavera/Verano
2000. La firma Kenzo sigue existiendo como
subsidiaria de LVMH.

Takahashi, Jun (n. 1969)
Nacido en Japón, Takahashi lanzó la firma japonesa
Undercover junto con unos amigos cuando todavía
era estudiante de la escuela de moda. Empezaron a

diseñar camisetas y después debutaron en Tokio con la colección Otoño/Invierno 1994. Undercover presentaba una moda de calle desgarrada y decorativa, que expresaba directamente los intereses de Takahashi, conocedor y experto de la cultura musical (había sido miembro de una banda de punk-rock independiente). Sus obras vanguardistas, expresión de su originalidad subcultural, han recibido un fuerte apoyo por parte de las generaciones jóvenes japonesas, y Takahashi se ha convertido en una figura de culto del «Ura-Harajuku» (las calles secundarias de Hara-juku, Tokio, el centro de la subcultura japonesa de la moda). Sus creaciones parecen sencillas a primera vista, pero están repletas de ideas que marcan época. Takahashi se ha ido labrando una reputación como uno de los principales diseñadores de la nueva generación de la capital japonesa.

Tsumura, Kosuke (n. 1959)
Nacido en Japón, en 1983 Tsumura entró en el Issey Miyake Design Studio. En la colección parisina de la temporada Otoño/Invierno 1994 presentó un abrigo de nailon con docenas de bolsillos que tituló «Hogar final». Esta obra, que se vendió con una conciencia ecologista (se puede reciclar en la misma tienda en lugar de tirarlo), permitió a su creador sobrevivir en París. Tsumura no sigue la rápida metamorfosis del actual ciclo de la moda, sino que intenta establecer una base realista contemporánea para la creación de ropa. También trabaja en otros ámbitos; por ejemplo, participó en la Bienal de Arquitectura de Venecia del 2000.

Vionnet, Madeleine (1876–1975)
Nacida en Francia, trabajó en las firmas Callot Sœurs y Doucet y en 1912 abrió su propia casa en París. El establecimiento volvió a abrir después de la Primera Guerra Mundial, y hacia los años veinte era considerado uno de los de mayor éxito. Exploró el cuerpo desde su propio punto de vista, y supo expresar la belleza de la figura femenina con sus innovadoras formas y exclusivas técnicas de corte. A principios de los años veinte presentó vestidos de estructura simple, influida por el kimono japonés. Más adelante inventó el corte al bies, una nueva técnica para la confección de ropa. Creó todos sus diseños originales mediante su exclusivo método de vestir a un maniquí en miniatura (la mitad del tamaño natural). Se retiró del campo del diseño en 1939. Las obras que Vionnet creó reconsiderando de forma drástica la relación entre cuerpo y ropa ejercieron una gran influencia en la moda del siglo XX.

Vivier, Roger (1907–1998)
Nacido en París, después de estudiar arquitectura se convirtió en diseñador de calzado. Abrió su propio negocio hacia 1936, y en 1953 empezó a trabajar como diseñador para la división de calzado de Dior. Fue famoso por su estilo único: sus creaciones tenían formas originales y utilizaban materiales inusuales, bordados de vivos colores y joyas y pieles como decoración.

Watanabe, Junya (n. 1961)
Nacido en Japón, entró en Comme des Garçons en 1984, después de haber estado al mando de Comme des Garçons Tricot desde 1982. Debutó con la firma Comme des Garçons Junya Watakabe en las colecciones de Tokio de la temporada Otoño/Invierno 1992, y después en París en la Primavera/Verano 1994. Desde entonces ha seguido perfeccionando sus propias técnicas de corte y reconsiderando sus materiales. Particularmente notable ha sido su utilización en estos últimos años de tejidos de alta calidad y tecnología punta. Sus innovadoras ideas se traslucen en la totalidad de sus creaciones, y su obra ha obtenido un reconocimiento general.

Westwood, Vivienne (n. 1941)
Nacida en Inglaterra, en 1971 abrió una tienda en Londres con Malcolm McLaren (1946–2010) llamada Let It Rock. Su estilo punk, que expresaba la cultura de los jóvenes urbanos que renegaban de la sociedad, abrió paso a la moda callejera contemporánea. En 1982 participó por primera vez en las colecciones de París. Inspirada por la indumentaria del pasado, la pintura y la literatura, diseñó sus prendas desde su propia y original perspectiva. La ropa sexy y vanguardista que produce está al margen de la moda contemporánea llevadera, cómoda y funcional. Ella sigue defendiendo su original concepto de elegancia, aun cuando a veces fuerza el cuerpo a permanecer constreñido.

Worth, Charles-Frederick (1825–1895)
Nacido en Inglaterra, en 1845 se trasladó a París para trabajar como vendedor en la Maison Gagelin, un selecto comercio de tejidos. Más adelante se hizo cargo del departamento de confección de ropa femenina. Las obras que realizó en este período fueron muy alabadas en las Grandes Exposiciones de Londres y París. En 1857 abrió su propia casa de alta costura en la capital francesa. Hombre de negocios con talento, fue el primero en presentar sus creaciones mediante un desfile de moda, tal como se sigue haciendo. Estableció las bases del actual

sistema de alta costura. La característica más notable de sus creaciones fue el abundante uso de tejidos de seda de Lyon, de elevado coste. Uno de los modistos favoritos de la emperatriz Eugenia, esposa de Napoleón III, también trabajó para casas reales de todo el mundo, damas de la nobleza, actrices y el *demi-monde* de las prostitutas de lujo. A finales del siglo XIX dominaba los círculos de la moda y adquirió popularidad entre los estadounidenses acaudalados. Tras su muerte, sus dos hijos, Gaston y Jean-Philippe, lo sucedieron en el negocio hasta 1924. La casa se volvió a abrir en 1952 y acabó por cerrar sus puertas en 1954.

Yamamoto, Yohji (n. 1943)

Yamamoto presentó sus primeras colecciones en Tokio (1977) y París (1981). En su colección Primavera/Verano 1983 presentó unos vestidos sueltos y toscos. Su estilo, que de forma arbitraria deja las prendas inacabadas, se supone que expresa una estética muy japonesa. Sus obras, junto con las de Rei Kawakubo, causaron una «conmoción japonesa» en Europa y Estados Unidos. En oposición a la forma europea de confección, Yamamoto expresó claramente un nuevo intento de encontrar la belleza en el movimiento del cuerpo humano envuelto en prendas holgadas. Aunque sus últimas creaciones están basadas en la indumentaria tradicional europea, ha sacado el máximo partido a la relación entre el tejido bidimensional y el cuerpo tridimensinal, y ha conseguido dar forma a sus ideas mediante su propia y exclusiva técnica. Ha prestado especial interés a la silueta, y su corte artesanal sigue su propio sentido de la estética.

Zimmermann (fechas desconocidas)

Se desconocen los detalles. Firma parisina situada en el número 10 de la Rue des Pyramides. El nombre apareció en *Vogue* hacia el año 1910.

20 471 120(1994)/Nakagawa, Masahiro (n. 1967) y Lica (n. 1967)

20 471 120 es una marca lanzada en 1994 por dos diseñadores japoneses, Masahiro Nakagawa y Lica, que habían trabajado en Osaka. Participaron en la Tokyo Collection por primera vez en la temporada Primavera/Verano 1995. Su atrevida y extrema moda callejera, que adopta el espíritu de «hoy» recogido de campos ajenos al de la moda, como la subcultura y el arte, goza en Japón del apoyo casi generalizado de las jóvenes generaciones.

GLOSARIO

Los términos que aparecen en mayúsculas tienen su propia definición en el glosario

Abalorios
Cuentas de cristal que se fabrican desde la Antigüedad en varios lugares, como Venecia. Mariano Fortuny los utilizó en abundancia en sus diseños.

Acolchado de Marsella
Tela tejida con efecto de acolchado en ambos lados. Lleva el nombre de la ciudad francesa donde se fabricó por primera vez.

Adherido
Proceso textil mediante el cual se unen dos tejidos en uno solo, reforzándolo con adhesivo o espuma.

Alençon, Encaje de
Tipo de encaje de punto de aguja que toma su nombre de la ciudad francesa de Alençon. *véase* ENCAJE DE PUNTO DE AGUJA

Alta costura
Nivel superior de la ropa parisina hecha a medida y su exclusivo sistema de creación. A finales del siglo XIX Charles Frederick Worth estableció las bases de la industria de la alta costura que perdura hoy en día. *véase* CHAMBRE SYNDICALE DE LA COUTURE PARISIENSE

Amazona
Traje de montar femenino, popular en el siglo XIX. Recibe su nombre por las amazonas, las guerreras de la mitología griega.

Argentan, Encaje de
Tipo de encaje de punto de aguja similar al de Alençon. *véase* ENCAJE DE PUNTO DE AGUJA

Aspecto «boro» o «andrajoso»
Nombre acuñado para las colecciones de Rei Kawakubo y Yohji Yamamoto de 1982. *Boro* significa «andrajoso» en japonés. Sus prendas monocromáticas, rasgadas y nada decorativas pusieron de moda lo andrajoso y expresaban deliberadamente una sensación de ausencia en lugar de presencia.

Baby doll
Describe un estilo de vestido femenino corto, con mangas cortas abullonadas y cintura indefinida, habitual en camisones o vestidos. El término se popularizó a raíz de la película *Baby Doll*, de 1956.

Baniano
Chaquetón informal, normalmente holgado y hasta las rodillas, que los hombres utilizaban en la Inglaterra de los siglos XVII y XVIII. Su nombre hace referencia a la prenda que usaban los banianos, la casta comerciante de la India.

Berta, Cuello
Cuello grande en forma de capa que rodea el escote. Se empezó a utilizar en la moda femenina en el siglo XIX.

Bicornio
Sombrero masculino en forma de media luna usado en el período napoleónico, con dos picos formados al presionar las alas. Solía llevarlo Napoleón I.

Binche, Encaje de
Encaje de bolillos flamenco que toma su nombre de la ciudad belga de Binche. *véase* ENCAJE DE BOLILLOS

Bisutería
Joyas elaboradas con piedras de imitación o semipreciosas. Se puso de moda gracias a Gabrielle Chanel, quien la utilizó en la década de 1920.

Blonda
Un tipo muy fino de encaje de bolillos francés, producido en Bayeux, Caen y Chantilly, que fue popular desde mediados del siglo XVIII hasta el XIX. Originalmente se hacía con hilo de seda de China sin blanquear, de color crema.

Blusa camisera
Término acuñado en la década de 1890 paradescribir las blusas femeninas diseñadas como camisas de hombre. También se usa para referirse a un estilo de vestido de mujer con botones delante como en una camisa de hombre.

Bolero o Spencer
Chaqueta masculina cruzada que llega hasta la cintura, llamada así por Lord Spencer (1758–1834). Fue popular desde finales del siglo XVIII hasta principios del XIX como chaqueta para mujer.

Bolsillo
Bolsita para llevar objetos pequeños que iba bajo el

vestido durante el período rococó. Cuando se puso de moda el vestido camisa, a finales del siglo XVIII, fue sustituido por el ridículo. A partir de finales del siglo XIX se empezaron a coser bolsillos a los vestidos y las blusas camiseras.

Bombachos
Calzones femeninos de pierna ancha recogidos con un elástico a la altura de la rodilla, utilizados también para practicar gimnasia. Amelia Bloomer impulsó este tipo de pantalones –*bloomers* en inglés– a mediados del siglo XIX para promover una reforma de la indumentaria femenina.

Calado, Labor de
Bordado abierto que se hace sacando algunos hilos del tejido en ambas direcciones y entrecruzando el resto con puntos de bordado.

Calzas o Ccalzones (ropa interior)
Pantaloncitos que utilizaron tanto los hombres como las mujeres a partir de principios del siglo XIX como ropa interior.

Calzones o Culottes
Pantalones de pernera ajustada que llegaban hasta la rodilla, donde se ensanchaban ligeramente, utilizados por los hombres en el siglo XVIII.

Canalé
Tejido de superficie acanalada debido a los continuos bucles del hilo de la urdimbre. Es un tejido típicamente francés del siglo XVIII.

Cárdigan
Abrigo o chaqueta de punto sin cuello, abierto por delante, que recibió su nombre por James Thomas Brudenell, conde de Cardigan (1797–1868) y miembro del ejército británico, a quien se atribuye su diseño durante la guerra de Crimea.

Carmañola
Casaca de solapa y cuello anchos y botones metálicos que llevaban los revolucionarios franceses a finales del siglo XVIII. Originalmente se desarrolló a partir de la chaqueta que utilizaban en Francia los trabajadores procedentes de Carmañola, Italia.

Chaleco
Prenda masculina sin mangas que llega a la altura de la cintura y que se lleva sobre la camisa y debajo de la chaqueta, normalmente como parte de un traje de tres piezas.

Chambre Syndicale de la Couture Parisiense
Asociación fundada en 1911 para promover la tradición parisina de la alta costura. Entre sus actividades están la organización y regulación de las colecciones, las relaciones con la prensa, la defensa de los derechos de autor y la gestión de centros de formación profesional.

Chanclos o Galochas
Calzado que se lleva por encima de los zapatos normales para elevar los pies y protegerlos de suelos enfangados.

Chantilly, Encaje de
Encaje de bolillos que toma su nombre de la ciudad francesa de Chantilly. *véase* ENCAJE DE BOLILLOS

Chaqueta norfolk
Chaqueta con cinturón y dos pliegues desde los hombros hasta el bajo, por delante y por detrás. La llevaban los hombres para viajar y practicar deporte durante la segunda mitad del siglo XIX.

Chemise à la reine
Estilo de vestido que popularizó María Antonieta, esposa del rey Luis XVI de Francia, en la década de 1780. Era un estilo más ligero que el de la mayoría de los vestidos de la época y dio origen al vestido camisa o camisero.

Chenilla o felpilla
Hilo velludo de algodón, seda, lana o rayón. Procede de la palabra francesa *chenille*, que significa «oruga».

Chica Gibson
Personaje creado por el ilustrador estadounidense Charles Dana Gibson, que apareció en sus dibujos entre 1895 y 1910 y popularizó la imagen de la muchacha con blusa camisera durante la era Pompadour.

Chiné, chiné rameado
Técnica de estampar un dibujo sobre la urdimbre antes de tejer; el tejido acabado muestra el dibujo con un contorno difuminado. Es similar al *hogushi* japonés, una de las técnicas *kasuri*.

Chinela o Pantufla
Zapatilla sin talón.

Chintz
Tejido de calicó de peso medio generalmente estampado con un acabado glaseado. En su origen se empleaba en colgaduras y fundas, antes de incorporarse a la indumentaria.

Chorrera
Ornamento de encaje o volantes que se lleva en el cuello y sobre el pecho. En su origen una prenda masculina, se hizo popular en el atuendo femenino a partir de mediados del siglo XIX.

Combinación
Prenda interior femenina que empieza por encima del busto y con tirantes finos; sirve de forro.

Compères
Dos paneles de tela para los vestidos femeninos abiertos de mediados del siglo XVIII, sujetos a la parte frontal interior del cuerpo con corchetes o botones. En comparación con el peto, que tenía que sujetarse con alfileres al vestido cada vez que se usaba, los *compères* resultaban mucho más funcionales.

Confección
Término que empezó a utilizarse en Francia a mediados del siglo XIX para describir la producción en serie de prendas económicas y listas para usar.

Corbata
Pañuelo masculino anudado en un lazo o un nudo en la parte frontal central del cuello. En su origen era de muselina o seda, y fue popular desde finales del siglo XVII hasta finales del XIX.

Corpiño *véase* CORSÉ

Corsé
Prenda interior usada por las mujeres para moldear el cuerpo. Suele tener forma de corpiño sin mangas, reforzado con ballenas, varillas de metal o de madera, y va anudado. El término «corsé» no apareció hasta el siglo XIX, aunque esta prenda interior ya se utilizaba en el siglo XVIII con el nombre de «corpiño».

Corte al bies
Forma de cortar el tejido oblicuamente respecto a la dirección de los hilos, lo cual aporta elasticidad a la tela, que así se adapta a las curvas del cuerpo. La diseñadora francesa Madeleine Vionnet popularizó este corte en las décadas de 1920 y 1930.

Cotilla véase CORSÉ

Cuello tipo cogulla
Cuello drapeado que se extiende casi hasta los hombros en forma circular, como las cogullas.

Culottes véase CALZONES

Dandy
Término utilizado a partir del siglo XIX para referirse a los hombres que se preocupaban en extremo por la elegancia de su vestimenta y su aspecto.

Dril
Tela fuerte y resistente de algodón o lino, con ligamento de sarga, utilizada para prendas de ropa interior, en especial corsés.

Droguete
Tela de seda de fantasía del siglo XVIII tejida con pequeños dibujos intrincados.

Échelle
Puntilla decorativa hecha con cintas de forma escalonada que adornaba el cuerpo del vestido por delante, popular desde finales del siglo XVII hasta finales del XVIII. Este término francés significa «escalera».

Encaje de bolillos
Nombre genérico para todo tipo de encaje realizado sobre un cojín en el cual se marca el dibujo con alfileres y los bolillos o huesos se van entrecruzando por encima. Entre las diversas variedades están los de Bruselas, Binche, Chantilly y Malinas.

Encaje de ganchillo irlandés
Encaje hecho a mano con punto de cadeneta producido originalmente en Irlanda, que imita el estilo del encaje de punto de aguja de España y Venecia.

Encaje de punto de aguja
Encaje hecho exclusivamente con una aguja de coser en lugar de bolillos, que se trabaja con punto de ojal y pespuntes siguiendo un dibujo sobre papel. Algunas de sus variedades son el punto veneciano, el de Alençon y el de Argentan.

Engageantes
Término francés que designa los volantes fruncidos utilizados en las bocamangas, hechos de encaje fino o calado, de dos y tres capas, que se utilizaron en los siglos XVII y XVIII.

Escarapela
Roseta de cinta plisada, originalmente una insignia militar.

Escarcela u aumônière
Bolsita medieval de seda o piel que usaban tanto hombres como mujeres para llevar el dinero para las limosnas. Las mujeres la utilizaron como accesorio de moda y de uso práctico en el siglo XVIII. Es la predecesora del ridículo y del posterior bolso.

Esclavina
Capa corta femenina que cubre los hombros, utilizada desde mediados del siglo XVIII hasta finales del XIX.

Esmoquin
Los franceses lo llaman *smoking* y los estadounidenses, *tuxedo*. Es una chaqueta para hombre de media etiqueta con solapas satinadas. Yves Saint Laurent lo adaptó para la mujer a finales de la década de 1960.

Espolín
Colgadura o cinta larga de tela, generalmente ribeteada con encaje, que colgaba del sombrero o la cofia, utilizada en los siglos XVII, XVIII y XIX.

Estampado de Jouy o Toile de Jouy
Estampado textil floral o de escenas bucólicas. Lo creó Christophe P. Oberkampf, quien fundó una fábrica en Jouy, cerca de Versalles. Se usa sobre todo en decoración de interiores, pero también puede verse en indumentaria.

Estarcido
Estampado realizado mediante la colocación de una plantilla de cartón o de metal sobre la tela y la aplicación de pintura con aerosol o rodillo. Es la misma técnica que la japonesa *katagami-zome*.

Estilo Dolly Varden
Moda femenina popular en las décadas de 1870 y 1880, una recuperación del estilo del vestido a la polonesa. Toma su nombre de la protagonista de la novela *Barnaby Rudge* (1841) de Charles Dickens.

Estilo húsar o à la hussarde
Los húsares eran la caballería ligera del ejército francés, y su uniforme derivaba del de las unidades de la caballería húngara. A partir de finales del siglo XVIII el estilo húsar –*à la hussarde* en francés– se fue popularizando hasta ponerse de moda.

Estilo Imperio
Estilo de los vestidos que se llevaron en Francia durante el Primer Imperio (1804–1815), caracterizados por la cintura alta, la falda recta y las mangas abullonadas en el caso de las mujeres.

Estilo línea princesa
Estilo de vestido femenino popular en la década de 1870. Se trata de una línea de vestido recto confeccionado con paneles verticales cortados al bies sin costura en la cintura.

Faja
Prenda interior femenina que sirve para modelar la parte inferior del torso y en ocasiones las piernas.

Faja-sujetador
Combinación de faja y sujetador de una sola pieza.

Falda de medio paso
Falda redondeada por las caderas y ajustada hasta los tobillos, tan estrecha que impedía caminar de forma normal. Realizada por Paul Poiret en 1910.

Fichú
Estilo de pañoleta para mujer, generalmente de muselina, que se llevó en los siglos XVIII y XIX.

Fleco de pasamanería
Fleco de seda consistente en penachos o pequeñas borlas, utilizado a menudo para rematar los trajes femeninos en el siglo XVIII.

Frac (versión actual)
Chaqueta masculina que se lleva como parte de un traje en situaciones formales, abierta hasta la cintura por delante y cortada por detrás hasta las rodillas; el largo corte posterior crea dos faldones que recuerdan la cola de una golondrina.

Frac (versión antigua)
Palabra de origen francés equiparable a «levita».

Fuki
Forro que sobresale por las aberturas del bajo y de la manga en el quimono japonés, habitualmente de color contrastado y en ocasiones muy acolchado.

Garçonne
Epíteto que surgió después de la Primera Guerra Mundial para describir a las mujeres que optaban por el aspecto masculino de moda en la década de 1920, para lo cual se cortaron el pelo y usaban vestidos que disimulaban su busto y cadera. Palabra francesa extraída de la novela del mismo título de Victor Margueritte, publicada en 1922.

Gazar
Gasa de seda de textura tersa y quebradiza fabricada por primera vez en Suiza.

Gorro frigio
Antiguo gorro o bonete griego de material suave, como fieltro o cuero, y de copa alta, con pico curvado y correa bajo la barbilla, adoptado por los revolucionarios franceses como símbolo de libertad.

Guardainfante
Estructura hecha de caña o ballenas destinada a
ampliar la anchura de la falda a la altura de las
caderas, popular en el siglo XVIII.

Habit
Vestido o traje específico de determinadas
funciones o rangos, como el hábito religioso.

Habutae
Tela japonesa de seda suave y ligera, tejida a
la plana, a veces llamada *hiraginu* en japonés.

Hot pants
Término coloquial inglés acuñado en 1971 por el
periódico especializado en moda *Women's Wear
Daily* para describir los pantalones supercortos
femeninos.

Incroyable
Término –que en francés significa «increíble»–
utilizado para describir a los hombres que llevaban
la moda al extremo durante el período del Directorio (1795–1799), con grandes solapas, corbatas
drapeadas desaliñadas y aspecto despeinado.

Indiana
Originalmente designaba la muselina pintada
o estampada procedente de la India; ahora se
refiere a la tela de algodón francesa estampada con
pequeños dibujos.

Japonsche rock
Término holandés para el quimono japonés con
acolchado de algodón que importaba la Compañía
Neerlandesa de las Indias Orientales y que en los
siglos XVII y XVIII los hombres europeos usaban
como batín para estar por casa. Dada la escasez
de quimonos japoneses importados, empezaron
a confeccionarse batines orientales con indiana
para cubrir la demanda. En Holanda a todos se los
llamaba *Japonsche rocken* («batines japoneses»).

Jubón
Corpiño ligero, sin varillas rígidas, que las mujeres
solían utilizar en casa o durante el embarazo en
lugar de un corsé en el siglo XVIII.

Levita
Chaqueta masculina ajustada, recta o cruzada, con
faldón, que se utilizó desde finales del siglo XVIII
y durante todo el XIX.

Lycra * *véase* SPANDEX

Malinas, Encaje de
Frágil encaje de bolillos que toma su nombre de la
ciudad belga de Malinas. *véase* ENCAJE DE BOLILLOS

Mameluco
Traje holgado de una sola pieza, con camisa y bombachos unidos en la cintura. Se empezó a utilizar
para los niños pequeños a principios del siglo XX.

Manga de pernil o de jamón
Manga amplia y redondeada desde el hombro
hasta el codo y después ajustada hasta la muñeca.
La actriz Sarah Bernhardt la popularizó a finales
del siglo XIX.

Manga mameluco
Manga con una serie de bullones, más grandes
en la parte superior y cuyo volumen disminuye
hacia la muñeca, rematada con volantes. Se puso
de moda en los vestidos de día a principios del
siglo XIX, y tomó su nombre del escuadrón de
caballería egipcio de los mamelucos, creado por
Napoleón I.

Manga pagoda
Manga en forma de embudo, acampanada en la
muñeca. Se llama así por su forma, parecida al
tejado de una pagoda oriental.

Manga raqueta
Tipo de manga femenina del siglo XVIII con
forma de raqueta.

Manga zueco
Manga femenina del siglo XVIII con forma de
zueco, ajustada hasta el codo y después acampanada, con un remate de volantes.

Manguito
Cubierta tubular para calentar las manos, abierta
por ambos extremos, a menudo hecha de piel.

Marchand de mode
Mercero francés. El término se popularizó gracias a
una asociación fundada en 1776.

Merveilleuse
Término –que en francés significa «maravillo-
sa»– aplicado a las mujeres que llevaban la moda
al extremo durante el período del Directorio
(1795–1799).

Microfibra
Fibra o filamento extremadamente fino, en general
inferior a 1,0 denier. Desde que una ábrica textil

japonesa la creó a partir del poliéster en 1970, se han producido tejidos de microfibra de alta volatilización y ventilación.

Mini o Minifalda
Falda corta que llega a medio muslo, popular desde principios de la década de 1960.

Miriñaque o crinolina
Enagua almidonada de mediados del siglo XIX que servía para aportar volumen a la falda. Se hacía con una tela tejida con crin de caballo y lino, de ahí el nombre de «crinolina». Durante la década de 1850 apareció el miriñaque con armazón, confeccionado con aros metálicos o ballenas.

Mitones
Guantes sin dedos, típicamente de encaje o tela muy fina, que llegan por encima de la muñeca.

Moda unisex
Estilo adecuado tanto para hombres como para mujeres, que surgió a finales de la década de 1960.

Monoquini
Bañador sin la parte superior lanzado por Rudi Gernreich en 1964. Su nombre deriva de la palabra «biquini».

Muscadin
Nombre dado a los extravagantes jóvenes partidarios del régimen durante la Revolución francesa, que se rebelaron contra la moda de los *sans-culottes*.

Nailon
Término genérico para una fibra manufacturada en la que la sustancia que se crea es una larga cadena de poliamida sintética con grupos amida recurrentes. Se inventó en 1937 y la compañía Du Pont la empezó a fabricar industrialmente en 1939. En 1940 Du Pont produjo las primeras medias de nailon, una fibra que desde entonces se utiliza mucho en la manufactura de ropa interior y vestidos.

Nanquín
Tela de algodón de color pardo amarillento, muy resistente, tejida con hilo hilado a mano, que originalmente se producía en la población china del mismo nombre.

Netsuke
Pasador decorativo japonés de unos 3–4 cm que se lleva colgando del *obi* (fajín), con un *inro* (cestita) o pitillera. Popular desde finales del período Edo hasta el Meiji, se exportó también a Occidente.

New Look
Estilo presentado por Christian Dior en 1947. El estilo «New Look» marcaba un retorno a la silueta femenina, acentuando el busto y la cadera con una cintura entallada, gracias a ropa interior reforzada con ballenas y faldas largas acampanadas.

Paisley
En la década de 1840, en la ciudad escocesa de Paisley se producían masivamente chales de cachemira estampados de imitación. La denominación «Paisley» se popularizó tanto que se convirtió en sinónimo del dibujo cónico típico de la cachemira, que originalmente deriva de motivos indios y persas.

Pantalón
Los revolucionarios franceses empezaron a usar pantalones largos en sustitución de los calzones.

Pantalón de odalisca
Pantalón ancho recogido con puños en los tobillos, copiado del estilo de Oriente Medio.

Patchwork
Técnica mediante la cual se cosen entre sí pequeños retales para formar una tela más grande o una colcha. Se puso de moda en la década de 1970.

Percal
Tejido a la plana de algodón con un acabado firme y suave.

Pet-en-l'air
Vestido femenino compuesto por un corpiño ajustado que llegaba hasta los muslos, con mangas hasta los codos, que se llevaba sobre una enagua larga. Se usó durante la segunda mitad del siglo XVIII.

Peto
Panel en forma de V que en el siglo XVIII las mujeres llevaban sobre la parte del pecho de los vestidos abiertos. A menudo presentaban una elaborada decoración con abalorios y bordados.

Pierrot
Corpiño corto y ajustado que se llevaba con una falda a juego, popular en la indumentaria femenina desde mediados de la década de 1780 hasta la de 90.

Pijama
Prenda de una o dos piezas para dormir.

Pijama de playa
Pantalón largo y holgado que las mujeres usaban como prenda deportiva en las décadas de 1920 y 1930.

Poliéster
Nombre genérico de las fibras artificiales hechas con etilenglicol y ácido tereftálico. La compañía Imperial Chemical Industries (ICI) fue la primera en comercializar el poliéster, en 1946.

Polisón
Almohadilla o armazón de muelles de acero que se llevaba bajo la falda para abultarla por detrás. Fue muy popular en sus diversas formas en la segunda mitad del siglo XIX. El estilo conocido como *tournure* estuvo muy de moda en la década de 1870.

Prendas Utility
Prendas funcionales diseñadas en el Reino Unido siguiendo el Utility Clothing Scheme, un sistema de racionamiento desarrollado por la Junta de Comercio Británica durante la Segunda Guerra Mundial. Muchos creadores de renombre cooperaron en el diseño de prendas Utility.

Prêt-à-porter *véase* ROPA DE CONFECCIÓN

Punto francés
Encaje de punto de aguja producido en Francia a finales del siglo XVII. *véase* ENCAJE DE PUNTO DE AGUJA

Quimono
Esta prenda tradicional japonesa es una túnica de seda o algodón, amplia y de corte recto, de mangas anchas, complementada con un fajín atado a la cintura. Durante el siglo XX algunos elementos del quimono, como las mangas y el fajín, se introdujeron en la moda occidental.

Rafia
Fibra de una especie de palmera de Madagascar que se emplea en sombreros, bolsos y telas.

Ramoneur
Estampado marrón oscuro popular a finales del siglo XVIII. *Ramoneur* significa «deshollinador» en francés.

Rayas de Pekín
Tejido de rayas de anchura regular fabricado en Pekín, China.

Rayón
Término genérico para las fibras artificiales creadas a partir de la celulosa. El conde Hilaire de Chardonnet lo produjo por primera vez en 1889. Su uso es muy común gracias a su bajo coste.

Redingote
Casaca para hombre de los siglos XVIII y XIX, y también un vestido o abrigo de mujer derivado del estilo masculino. El ejército francés utilizó la «casaca de montar» inglesa, y el nomnombre original inglés, *riding coat*, se convirtió en francés en *redingote* a finales del siglo XVIII.

Revolución del pavo real
Término utilizado para designar los cambios radicales en la moda masculina de finales de la década de 1960.

Ribete encarrujado o Quilla
Tipo de ribete que rodeaba la abertura frontal del vestido femenino en el siglo XVIII.

Ridículo o Réticule
Pequeño bolso de mujer que apareció a finales del siglo XVIII para sustituir al bolsillo.

Ropa de confección o Prêt-à-porter
Prendas fabricadas en serie, en tallas estándares, como alternativa a la ropa hecha a medida o a hacerse la ropa uno mismo. Su popularidad y su calidad aumentaron a partir de la década de 1960.

Rosa chillón
Color rosa brillante que fue llamado así por Elsa Schiaparelli.

Sans-culottes
Nombre dado a los revolucionarios franceses o jacobinos para distinguirlos de los aristócratas. El término se refería al hecho de que estos hombres llevaban pantalones en lugar de los calzones *(culottes)* de la nobleza.

Sarouel
Pantalón muy ancho recogido con una cinta en el tobillo, parecido al pantalón de odalisca.

Seda artificial
Término para designar el rayón antes de 1925.

Seda de China
Tejido a la plana de seda ligera, con un acabado satinado, fabricado en China o Japón.

Seda extravagante
Tela de seda de influencia oriental tejida con dibujos exóticos que a menudo combinan motivos florales asimétricos con líneas angulosas o detalles arquitectónicos, popular entre finales del siglo XVII y principios del XVIII.

Seigaiha
Dibujo con ondas de color azul utilizado en Japón y China. En Occidente al mismo dibujo se le llama «de escamas de pescado».

Silueta en forma de «S»
Silueta de moda entre las mujeres hacia el año 1900 que se conseguía con un tipo de corsé concreto que ceñía el talle y realzaba el pecho por delante y las caderas por detrás, dando al torso de la mujer una curva en forma de «S».

Sobretodo de corte
Vestido de corte de cola larga. La emperatriz Josefina implantó esta moda en la ceremonia de coronación de Napoleón I.

Sobretodo para el teatro
Prenda holgada de uso exterior para asistir al teatro por la noche, popular a principios del siglo XX. Algunos sobretodos al estilo túnica de mandarín chino se confeccionaban en Japón.

Sombrero de campana o Cloche
Sombrero en forma de campana ajustado a la cabeza, popular en la década de 1920.

Spandex
Término genérico para las fibras artificiales compuestas básicamente de poliuretano segmentado, elásticas y ligeras. Lycra es una marca registrada de la casa Du Pont para la fibra de filamentos de spandex.

Tafilete
Piel de cabra muy suave, por lo general teñida de color rojo; originalmente se producía en Marruecos.

Tarlatana
Tejido de algodón transparente parecido a una malla, generalmente teñido de un solo color y con un acabado rígido. Fue popular en el vestuario de teatro del siglo XIX.

Tartán o Cuadros escoceses
Tejido de lana de ligamento apretado originario de Escocia, donde se utilizan diferentes dibujos para identificar a los distintos clanes. El tejido está cruzado por rayas de colores. A partir de mediados del siglo XIX, las frecuentes visitas de la reina Victoria a su finca de Balmoral fomentaron la popularidad de las prendas de cuadros escoceses.

Teddy
Prenda de ropa interior que combina una camisola, una combinación corta o una camiseta fina con unas calzas. Apareció por primera vez en la década de 1920.

Terno a la francesa o Habit à la française
Atuendo masculino formado por una casaca, un chaleco y calzones, popular desde mediados del siglo XVII y durante todo el XVIII.

Toca
Estilo de sombrero sin ala ajustado a la cabeza. Popular en la segunda mitad del siglo XIX, fue recuperado en la década de 1950.

Top corto
Prenda ajustada al cuerpo que cubre el pecho y deja el abdomen descubierto hasta la cintura o la cadera.

Tournure *véase* POLISÓN

Traje pantalón
Traje femenino con pantalón en vez de falda. Se popularizó a finales de la década de 1960, cuando Yves Saint Laurent y André Courrèges lo lanzaron como prenda de moda urbana y de etiqueta.

Traje sastre
Traje femenino que consiste en una falda y una chaqueta, confeccionado por un sastre en lugar de una modista. Data de la segunda mitad del siglo XIX.

Transparencias
Estilo que se define por un tejido transparente que se lleva directamente sobre la piel. Yves Saint Laurent lo potenció en la década de 1960.

Tricornio
Sombrero de tres picos con el borde vuelto hacia arriba en los tres lados.

Turbante
Originalmente un tipo de tocado utilizado por los hombres en Oriente Próximo, que se crea enrollando una tira larga de tela alrededor de la cabeza. Se puso de moda entre las mujeres en diversos momentos a lo largo del siglo XX.

Ungen
Originalmente una técnica de colorear china, que crea un aspecto tridimensional al colocar franjas horizontales de diferentes colores una tras otra.

Valenciennes, Encaje de
Fino encaje de bolillos hecho a mano que toma su

nombre de la ciudad francesa de Valenciennes. *véase* ENCAJE DE BOLILLOS

Velvetina o pana lisa
Tejido afelpado de algodón o rayón con ligamento a la plana o de sarga; al tejerse por separado, los bucles se cortan para formar una superficie suave y aterciopelada.

Vestidito negro
El llamado «vestidito negro» surgió en la década de 1920. Se basaba en las líneas simples del vestido camisero y estaba realizado por completo en tela negra, un color hasta entonces estrictamente reservado al luto. A Gabrielle Chanel y Edward Molyneux les encantaba esta prenda.

Vestido a la francesa o Robe à la française
Vestido femenino típico en la Francia del siglo XVIII. Se trataba de un vestido con el cuerpo abierto por delante, falda, un peto y grandes paneles plisados que caían por la espalda desde los hombros hasta abajo. Se utilizó como atuendo de etiqueta durante el período de la Revolución.

Vestido a la inglesa o Robe à l'anglaise
Estilo de vestido femenino sin guardainfante de finales del siglo XVIII. Era un vestido con falda y el cuerpo cerrado por delante y puntiagudo en la parte inferior de la espalda. Apareció en Francia como «vestido de estilo inglés» en la década de 1770.

Vestido a la polonesa o *Robe à la polonaise*
Estilo de vestido femenino de finales del siglo XVIII que consistía en un cuerpo y una sobrefalda de una sola pieza; la parte trasera de la falda se sujetaba con cordones para dividirla en tres partes drapeadas.

Vestido arremangado o Retroussée dans les poches
Estilo de vestido popular en Francia en el siglo XVIII. La falda salía de las incisiones para los bolsillos a ambos lados del vestido, creando un drapeado en la parte trasera.

Vestido camisa o Camisero
Vestido de muselina del período Imperio, de cintura alta, escote bajo y falda lisa, que se llevaba sin corsé ni guardainfante. Posteriormente el término se usó para designar un tipo de vestido que se puso de moda tras la Primera Guerra Mundial y que se convirtió en la silueta característica de la década de 1920.

Vestido campana
Vestido de hombros estrechos y muy acampanado

por debajo, diseñado por Yves Saint Laurent para la casa Dior en 1958.

Vestido de anfitriona
Vestido informal femenino que se llevaba en casa para recibir invitados.

Vestido de tarde
Vestido largo y holgado, que se llevaba sin corsé, como vestido de anfitriona informal a finales del siglo XIX y principios del XX.

Vestido redondo o Round gown
Vestido de una sola pieza sin cola ni enagua a la vista por delante, que se llevó a finales del siglo XVIII.

Vestido saco
Vestido recto sin cintura y con pocas pinzas introducido en 1957 por Hubert de Givenchy; también se conoce como vestido camisa o camisero.

Vestido tubo
Vestido femenino de forma tubular, popular en la década de 1920.

Vestido túnica
Vestido de dos piezas con túnica (blusón largo) que se lleva por encima de una falda más larga.

Vestido volante o Robe volante
Popular estilo de vestido ancho para mujer de principios del siglo XVIII, con grandes pliegues y falda redonda. Se trata de una derivación del négligé de la última época del reinado de Luis XIV.

Visita
Término general que describe una prenda femenina para salir a la calle, parecida a una capa, utilizada en la segunda mitad del siglo XIX.

Volante guardapolvo
Volante que se cosía al interior del dobladillo de un vestido largo o enagua a finales del siglo XIX y principios del XX para protegerlo de la suciedad al caminar por la calle.

Zapatos de plataforma
Zapatos de suela gruesa, a menudo de corcho o gomaespuma, que fueron populares en la década de 1940 y de nuevo en la de 1970.

Zueco
Calzado tallado de un trozo de madera, que en su origen usaban los campesinos de toda Europa.

ÍNDICE ONOMÁSTICO

AGRADECIMIENTOS Y CRÉDITOS FOTOGRÁFICOS

Numerosas personas e instituciones han colaborado en la creación de esta obra. Nos gustaría dar las gracias, de forma colectiva e individual, a las siguientes: Comme des Garçons Co., Ltd. / Fashion Institute of Technology, SUNY. / Mr. Maurizio GALANTE / Mr. Yoshitaka HASHIZUME / Mr. Tokutaro HIRANO / Ms. Shoko HISADA / Mr. Martin KAMER / Ms. Sumiyo KOYAMA / Maki Hiroshige Atelier Co., Ltd. / Masaki Matsushima Japan Co., Ltd. / Miyake Design Studio / Ms. Mona M. LUTZ / Ms. Fusako NISHIBE / Ms. Yoshiko OKAMURA / Ms. Yoko OTSUKA / UNDER COVER Co., Ltd. / Mr. Hiroshi TANAKA / Teijin Limited / Mr. Richard Weller / Yohji Yamamoto Inc. / Ms. Mari YOSHIMURA

a = arriba, ab = abajo, c = centro, d = derecha, i = izquierda, ad = arriba a la derecha, ai = arriba a la izquierda, abd = abajo a la derecha, abi = abajo a la izqierda

Foto: AKG Berlin: 29, 42/43, 67
Foto: AKG Berlin / Erich Lessing: 219 d
Peter Willi – Artothek: 82 i
Westermann – Artothek: 198
UK/Bridgeman Images: 26 i, 32 i, 44, 64 i, 92/93, 193, 256
Jean Pagès © Vogue The Condé Nast Publications Ltd: 428
© Naoya Hatakeyama / © KCI: 176 ab, 181, 386, 562
© Takashi Hatakeyama / © KCI: 9, 29, 34, 35, 46, 47, 52, 65, 87, 106, 107–109, 122, 123, 138, 139, 148, 162, 166, 167, 179, 182, 183, 186, 192, 202, 203, 210–213, 216, 221, 228, 229, 232, 233, 236, 243, 244, 246–247, 250, 252–255, 280, 286 d–289, 298, 302, 303, 305, 306, 309, 311, 313 i, 325, 335, 346, 347, 349, 351, 354, 355, 357, 360, 361, 363, 370, 377, 390, 393, 395 a, 399–400, 404–406, 408, 409, 412, 413, 415, 416, 417, 420, 421, 427, 429, 430, 434, 436, 440–443, 452, 455, 458, 459, 462 i, 463 d, 465–472, 474, 476–481, 484–487, 489–492, 495, 496, 497, 500, 501, 502–507, 509, 510–513, 518–523, 525, 528–536, 538–544, 546–551, 554, 556, 557, 559, 561, 563, 564, 565, 569 i, 570–575, 576–581, 584, 590, 591, 593, 594, 596–599, 601–605, 608, 609, 610, 612–613, 614–617, 618, 619
© Richard Haughton / © KCI: 242, 257, 258 i, 260, 261, 266, 267, 269, 274, 275, 278, 279, 312, 323, 328–330, 331 d, 364–366 i, 378 d, 379 i, 380–384, 389, 398 d, 401 d, 402, 406
© Masayuki Hayashi / © KCI: 58 ab, 160, 161 d, 170, 177, 259 d, 310 c, 310 ab, 394 ab, 398, 425, 438, 456 a, 456 ab, 498, 514, 515, 552, 553
© Taishi Hirokawa / © KCI: 2, 6, 10, 25 i, 51, 58 a, 79 i, 102 i, 106 ab, 124–127, 161 i, 164, 165, 168–169, 170–175 a, 184–185, 188–191, 194, 195, 199, 200, 201, 204–208, 214, 217–219 i, 222–225, 230, 231, 234, 235, 237–241, 248, 249, 263, 266, 277, 280, 282–284, 299–301, 304 d, 307, 310 a, 313 d, 324, 326, 327, 332, 338, 339, 340, 348, 352, 353, 358, 359, 369, 372–375, 377, 392, 394 a, 395 ab, 397, 410, 411, 414 a, 418, 419, 428, 432, 433, 435, 439, 454, 456 c, 464, 473, 475, 476, 499, 508, 516, 517, 545, 555, 582, 595, 606
© Taishi Hirokawa / © Yoshitaka Hashizume: 611
© Tohru Kogure / © KCI: 22–24, 25 d, 27, 30, 31, 33, 36–38 a, 39, 40–42 i, 43 d, 46, 48–51, 54, 56–58 a, 59, 60 ab, 62–63, 66, 67 d, 68–72, 75, 76, 78, 79 d, 80, 81, 83, 84, 87, 88 a, 89–91, 94, 95, 97–101, 103–105, 110, 114–115, 116–119, 121, 136, 140–145, 146 d, 147, 150–153, 154–157 i, 158, 178, 196
© Kazumi Kurigami / © KCI: 264, 270 a–272, 314 d, 315 d, 316 d, 318, 321, 361, 367, 388, 391, 403, 460, 461, 469, 476, 477, 583, 585, 587–589, 607
© Kyoto Costume Institute (KCI): 60 ai, 64 abd, 96 a, 102 abd, 104 abd, 112 ab, 120, 157 abd, 163, 180, 262, 315 abi, 317, 320, 331 abi, 362, 366 abd, 371, 537
© Francis G. Mayer, Picture Press Hamburg: 285
© Morimura Yasumasa: 568/569
© Musée d'art et d'histoire, Ville de Genève: 38 ab
© Foto RMN – Gérard Blot: 154
Cecil Beaton Photograph/con la amable autorización de Sotheby's London: 437
Louise Dahl-Wolfe/con la amable autorización de la Staley-Wise Gallery, New York, 482
© Steichen Carousel, New York, 368, 387
© Minsei Tominaga / © KCI: 335, 340/341, 343, 345

100 Illustrators

The Package Design Book

Logo Design. Global Brands

D&AD. The Copy Book

Modern Art

Design of the 20th Century

1000 Chairs

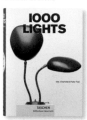
1000 Lights

Scandinavian Design

Industrial Design A–Z

Bauhaus

**Bookworm's delight:
never bore, always excite!**

TASCHEN
Bibliotheca Universalis

David Bowie. The Man Who Fell to Earth

1000 Record Covers

100 All-Time Favorite Movies

The Stanley Kubrick Archives

The Golden Age of DC Comics

Norman Mailer. MoonFire

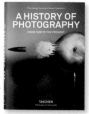
A History of Photography

Photographers A–Z

20th Century Photography

Eugène Atget. Paris

Stieglitz. Camera Work

Curtis. The North
American Indian

Karl Blossfeldt

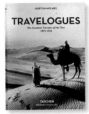

Burton Holmes.
Travelogues

New Deal
Photography

Lewis W. Hine

Photo Icons

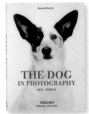

The Dog in
Photography

1000 Tattoos

Tiki Pop

The Grand Tour

Modern Architecture
A–Z

100 Interiors Around
the World

100 Contemporary
Houses

Small Architecture

Green Architecture

100 Contemporary
Wood Buildings

Contemporary
Concrete Buildings

Cabins

Tree Houses

Fashion History

20th Century Fashion

100 Contemporary
Fashion Designers

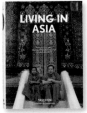

Living in Asia

Living in Provence

Living in Tuscany

PIE DE IMPRENTA

CADA LIBRO DE TASCHEN SIEMBRA UNA SEMILLA
TASCHEN es una editorial neutra en emisiones de carbono. Cada año compensamos nuestras emisiones de carbono con créditos de carbono del Instituto Terra, un programa de reforestación de Minas Gerais (Brasil) fundado por Lélia y Sebastião Salgado. Para saber más sobre esta colaboración para la protección del medio ambiente, consulte: www.taschen.com/zerocarbon
Inspiración: infinita. Huella de carbono: cero.

Si desea información acerca de las nuevas publicaciones de TASCHEN, solicite nuestra revista gratuita en www.taschen.com/magazine; también puede seguirnos en Instagram y Facebook o escribirnos a contact@taschen.com si tiene alguna pregunta sobre nuestro catálogo.

Printed in Bosnia-Herzegovina
ISBN 978-3-8365-5717-7

Editora en jefe: Akiko Fukai (KCI)
Textos: Akiko Fukai, Tamami Suoh, Miki Iwagami, Reiko Koga, Rie Nii, Junko Nishiyama
Traducción del inglés: Montserrat Ribas para Delivering iBooks & Design, Barcelona
Diseño: Tsutomu Nishioka

Página 2
Encaje de punto de nieve
Finales del siglo XVII. Italiano
Encaje de punto de aguja de lino blanco.

Página 6
Corpiño, hacia 1600. Inglés
Donación de Wacoal Corp.
Tejido a la plana de lino bordado con hilo de seda y metálico; motivos de plantas y flores; confeccionado probablemente como regalo para la reina Isabel I (1533–1603).

Página 9
Casaquin, finales del siglo XVII. Italiano
Lino y algodón blanco bordado con lanas polícromas; motivo floral; manga zueco; con faldón.

Página 10
Corsé, hacia 1580–1600. Francés
Donación de Wacoal Corp.
Hierro con arabescos; una pieza frontal y dos traseras; se abre por el centro de la espalda.